STEAM
课程开发与评价

张辉蓉 主编

西南大学出版社
国家一级出版社 全国百佳图书出版单位

图书在版编目（ＣＩＰ）数据

STEAM 课程开发与评价 / 张辉蓉主编. -- 重庆：西南大学出版社，2025.5
ISBN 978-7-5697-1609-2

Ⅰ.①S… Ⅱ.①张… Ⅲ.①课程设计－教学研究－中小学 Ⅳ.①G632.3

中国版本图书馆 CIP 数据核字(2022)第 163030 号

STEAM课程开发与评价
STEAM KECHENG KAIFA YU PINGJIA

张辉蓉　主　编

责任编辑｜时曼卿
责任校对｜张　庆
装帧设计｜起源设计
排　　版｜杜霖森
出版发行｜西南大学出版社（原西南师范大学出版社）
　　　　　地址｜重庆市北碚区天生路2号
　　　　　邮编｜400715
　　　　　网址｜http://www.xdcbs.com
　　　　　市场营销部电话｜023-68868624
经　　销｜全国新华书店
印　　刷｜重庆市圣立印刷有限公司
成品尺寸｜185 mm×260 mm
印　　张｜14.5
字　　数｜282千字
版　　次｜2025年5月　第1版
印　　次｜2025年5月　第1次印刷
书　　号｜ISBN 978-7-5697-1609-2
定　　价｜68.00元

编 委 会
―― STEAM ――

主　编： 张辉蓉

副主编： 罗士琰　盛雅琦

编　委： 刘　燚　毋靖雨　谢小蓉　李东香
　　　　　念　创　赵云娜　朱予橦　熊张晓
　　　　　刘　峰　唐佳欣

序一

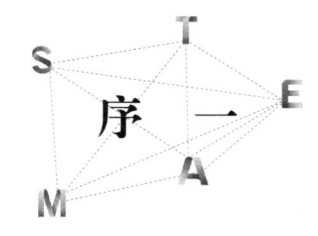

在时代高速发展的今天,"人力资本"在国家经济社会发展中的战略优势逐步超越了"物质资本",成为影响国家竞争力的关键要素。《中国教育现代化2035》提出要"加强创新人才特别是拔尖创新人才的培养,加大应用型、复合型、技术技能型人才培养比重",为我国人才培养和教育改革指明了方向。《中国STEAM教育发展报告》指出,STEAM教育能够有效培养学生的创造和参与素养,其贯通科技与人文的属性能够有力促进学生创新能力提升,美国、英国、德国、韩国、日本、澳大利亚等国家都在大力发展STEAM教育。可见,STEAM教育不仅是创新人才培养的重要抓手,也成为知识经济时代一种全球性的科技教育战略,加快推进STEAM教育成为国际教育改革与发展的重要战略趋势。

作为STEAM教育的"心脏",STEAM课程不仅是STEAM教与学的基本依据,也决定了人才发展的方向、水平和素质结构,建立融合时代要求和现实情境的STEAM课程体系至关重要。然而,目前我国STEAM课程体系建设存在诸多问题。首先,现行STEAM课程多以地方课程和校本课程的形式存在,尚未受到国家课程的应有关注,STEAM教育呼唤纳入国家课程体系之中。其次,实践中仍有众多学校尚未将STEAM课程纳入人才培养方案,而是仅将其融入创客教育或其他非正式教育活动之中,STEAM教育仍缺位于常态的课程与教学。再者,STEAM课程开发与评价乱象等层出不穷,现行的STEAM课程多为国外课程的机械移植、二次开发或直接购买的第三方教育公司"产品",STEAM课程的科学性、合理性、适用性、规范性等亟待提高。最后,STEAM课程建设还存在支撑体系不健全的问题,专项资金注入不足、学习空间建设滞后等也制约了STEAM课程体系建设,加快STEAM课程体系建设(尤其是STEAM课程开发与评价)的重要性、合理性、紧迫性可见一斑。

张辉蓉教授团队撰写的《STEAM课程开发与评价》一书,立足本土场域下我国发展STEAM教育的迫切需求,在明确提出加快推进我国STEAM教育改革的基础上,以建立适应时代要求和现实需要的STEAM课程体系为价值追求,重点聚焦STEAM课程的开发与评价。在厘清STEAM课程开发与评价相关理论的基础上,通过大量的STEAM课程案例来关照中小学STEAM课程教学实践。总体来看,《STEAM课程开发与评价》一书通过生动的理论指引和鲜活的案例支撑,不仅绘制了STEAM课程的新蓝图,更具有一定的创新性和实践操作性,对促进STEAM教育的理论生长、助推一线STEAM课程教学常态化发展、帮助探索一条具有中国特色的STEAM教育发展道路等具有重要作用,是一部非常有理论价值与实践意义的学术著作。

2022年9月8日

（钟启泉,华东师范大学终身教授,博士生导师,教育部人文社会科学重点研究基地华东师范大学课程教学与比较研究所名誉所长。全国教师教育课程资源专家委员会主任委员,教育部教师教育专家委员会委员,教育部基础教育课程改革专家工作组专家,全国教育科学规划领导小组学科评议组成员）

序 二

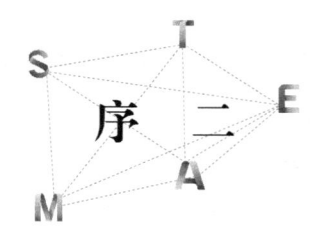

随着信息技术的飞速发展,国家的竞争力为培养创新型、综合型人才做好准备。为培养未来社会需求的新型人才,20世纪80年代STEM教育在美国首先被提出,并在全球范围内引发广泛关注。进入21世纪后,STEM教育迅速发展,并逐渐融入艺术、人文、社会等元素,也产生了STEAM教育。STEAM教育运用数学思维,借助于工程、技术、艺术的工具和途径来认知科学,探索改造世界。其主要特点是支持学生以学科整合的方式认识世界,以综合创新的形式改造世界,培养学生创新解决问题的能力,其中基于项目、问题、设计和探究的学习是其主要教学(学习)方式。因此,可以说STEAM(STEM)教育是一种有别于传统的知识传授教育模式,它以STEAM(STEM)教育为切入点,有利于进一步创新人才培养模式,撬动课程改革,对教育领域的综合改革起到牵一发而动全身的作用,在整个教育领域产生系统性影响。

美、德、英、韩等发达国家非常重视STEAM(STEM)教育,这些发达国家的STEAM(STEM)教育大多有国家层面的顶层设计,获将一定的政策与经费支持,有一定的课程,有广泛的社会组织机构参与,形成完整的生态体系。近年来,虽然STEAM(STEM)教育在中国也得到蓬勃发展,在理论研究和实践探索上取得了一定的成绩,但是中国的STEAM(STEM)教育更多是国际大环境下的自发行为,STEAM(STEM)教育实践呈现出零散的多样化的态势,政府部门、科研机构、高新企业、社区和学校相融合的STEAM(STEM)教育生态体系尚未形成,在理论研究和实践应用方面上均存在一些问题和短板。课程在教育活动中处于基础和核心地位,STEAM(STEM)教育和人才培养质量在很大程度上取决于STEAM(STEM)课程体系的建设与发展水平。然而,目前中国本土化的STEAM(STEM)课程体系仍未建立、健全,STEAM(STEM)课程开发还处于自发和无序状态,对STEAM(STEM)课程的评价也处于探索阶段。这些问题成为一大批研究者和实践者前进的动力。

西南大学教育学部张辉蓉教授领衔的团队积极关注并投入STEAM教育研究之中,围绕STEAM教师培养、STEAM学习评价、项目学习等主题产出一系列研究成果,《STEAM课程开发与评价》一书是该团队STEAM教育研究的又一力作。全书在博采众长的基础上,以"STEAM课程"为生长点,重点聚焦"STEAM课程开发与评价",首先梳理了STEAM教育的发展历程和内涵,然后聚焦STEAM课程的基本理论与开发原理,以此为基础开发出四个STEAM课程与教学设计案例，继而构建了STEAM课程评价的理论指标，最后展示了课程评价的案例，呈现出三大特点。

第一，历史与现实相结合。全书对"STS－STEM－STEAM－STEAM+"的发展历程进行了系统回顾，基于已有的课程理论和课程评价模式，结合STEAM课程的特点和现实需要进行了新的解读。

第二，理论与实践相结合。全书不仅进行了STEAM课程开发与评价的理论阐释，而且有完整且具代表性的课程及教学设计案例，还有评价案例的示范，增强了理论的可操作性和实际指导价值。

第三，国际借鉴与本土探索相结合。全书不仅广泛吸取了国际上STEAM教育与课程发展的丰硕成果，还结合中国实际，围绕特定主题开发出了具有本土特色的STEAM课程与教学设计案例，如探究型、设计型和项目型等案例。

STEAM本土课程资源的匮乏和评价标准的欠缺是目前中国STEAM教育发展面临的最突出的问题之一，这部著作的面世，无疑对弥补中国STEAM教育发展的短板，显著提升有中国特色的STEAM课程开发的质量与评价水平起到积极作用。

我热切地期盼，中国的STEAM（STEM）教育在未来能得到更大的发展，形成完整的生态体系，不断走向繁荣和辉煌！

李业平

2022年9月15日

（李业平，美国德克萨斯农工大学教学与文化系教授，教学与文化系原主任，国际STEAM（STEM）教育专家，《国际STEM教育》(Springer出版)杂志主编，国际《STEM教育研究》(Springer出版)杂志主编）

前 言

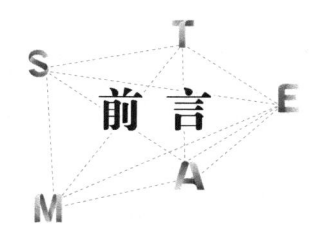

STEAM教育是将科学（Science）、技术（Technology）、工程（Engineering）、艺术（Art）、数学（Mathematics）五大学科体系有机整合的新型教育模式。为在全球化竞争中的占据优势，美国、英国、德国、韩国、日本、澳大利亚等发达国家十分重视STEAM教育，并提升到国家战略发展的高度，我国《教育信息化"十三五"规划》等文件也明确提出发展STEAM教育的相关要求，STEAM教育已成为国际教育改革与发展的重要战略趋势。

STEAM教育需要依托高质量的课程来推广和发展。STEAM课程作为STEAM教育改革的先行者和风向标，直接影响着STEAM教育质量和人才培养质量。然而，实践中的STEAM课程却多为国外课程的机械移植、二次开发或直接购买第三方教育公司的"产品"，以"求异"为出发点的"被特色化"STEAM课程引发"质量危机"，STEAM课程开发与评价乱象层出不穷。因此，为促进我国STEAM教育发展，迫切需要建立融合时代要求和现实情境的统整性STEAM课程体系。缘此，全书重点聚焦"STEAM课程开发与评价"这一核心内容，共分为六章：

第一章"STEAM教育概述"，论述了STEAM教育作为一种新的教育理念和教育实践，经历了"STS－STEM－STEAM－STEAM+"的发展历程，认为STEAM教育对促进跨学科学习、发展学生核心素养、培养创新创业型人才等具有重要价值。在中国特色社会主义新时代，加快推进我国STEAM教育改革不仅是培养社会所需的综合型、创新型、应用型人才的必由之路，也是提升国家竞争力和教育发展应对自身危机的可行之径。

第二章"STEAM课程的基本理论"，阐释了STEAM课程的内涵、特征、意义及价值取向，介绍了STEAM课程的哲学、心理学和社会学基础，论述了三种基本的学习模式与STEAM课程相结合的应然样态。STEAM课程是由科学、技术、工程、艺术与数学五大学科领域整合而成，强调以项目为导向，以问题为主线，关注学生在实践探究中综合应用各学科知识探究真实世界问题，提升STEAM素养的一种综合课程。STEAM课程作为STEAM教育的重要载体，是落实STEAM教育的关键。

第三章"STEAM课程开发的原理"，提出STEAM课程开发的目标应依据学生、社会、专家及教师等各方需求，遵循学科整合、学生中心、问题导向、协商协作及动态开放原则，以学科核心素养、学科课程目标及相关文件为来源；STEAM课程开发的内容须结合整体规划、注重本土特色、选择丰富素材、合理设计形式、考虑认知发展等要求来进行选择与组织，形成验证型、探究型、制造型和创造型四类STEAM课程；STEAM课程开发可采取多方联动、因地制宜、接轨国际等途径，遵循组建STEAM课程开发团队、拟定STEAM课程目标、选择STEAM课程开发主题、收集STEAM主题内容资源、组织STEAM课程内容资源、修改完善STEAM课程的程序。

第四章"STEAM课程与教学设计"是对上一章理论知识的实践应用，提供了四个具有代表性的不同主题的STEAM课程设计及STEAM教学设计案例，分别是"光芒四射"STEAM课程、"雨落世界"STEAM课程、"奇妙的时间"STEAM课程和"台风"STEAM课程。这些STEAM课程分别从课程理念、课程目标、课程内容、教学背景目标、重难点、课程领域、建议年级及时间、教学任务、教学过程等方面展开详细阐述，希冀能为读者在STEAM课程开发实践中提供一定指导与帮助。

第五章"STEAM课程评价的原理"，首先通过梳理STEAM课程评价的相关文献，详细阐述了STEAM课程评价的内涵、内容、特点、功能和原则。然后基于泰勒的目标评价模式和CIPP评价模式，构建了STEAM课程评价的两种模式，明确了STEAM课程的目标评价模式和CIPP评价模式的内容、构成要素与操作流程。在此基础上，结合STEAM课程的目标和实施，形成了STEAM课程的目标评价模式指标体系和STEAM课程的CIPP评价模式评价指标体系。

第六章"STEAM课程评价的应用"，主要运用STEAM课程的CIPP评价指标体系对四个STEAM课程开发案例进行评价应用，进而总结STEAM课程开发的成功经验，发现需要进一步改进的问题，为其他STEAM课程开发与评价提供借鉴，同时也进一步验证了第五章构建的STEAM课程CIPP评价指标体系。

总体来看，《STEAM课程开发与评价》力图凸显三大特色：第一，坚持系统性与实用性相结合。本书在概述STEAM教育产生与发展、内涵与价值等内容的基础上，以系统性原则和实用性原则为指导重点聚焦STEAM课程的开发与评价，旨在增强读者对STEAM课程开发与评价的整体认识，并为其在实际STEAM课程开发与评价中提供参考。第二，坚持理论与实践相结合。本书不仅包含了STEAM教育、STEAM课程开发与评价的基本理论，更将理论知识与案例分析相结合，为读者提供了丰富的、可供参考借鉴的STEAM课程开发与评价案例。第三，坚持通用性与特色性相结合。本书以当前教育改革与发展（尤其是课程改革与发展）中认可度较高、较为成熟和具有普遍推广价值的理论、思想、观点等为主要参照，在综合考虑STEAM教育特殊性的基础上进行STEAM课程的开发与评价。

由于我们水平有限，加之时间紧、任务重，书中难免有不尽完善之处，敬请读者朋友们批评指正。同时，对所有给予支持和帮助以及所有参与书稿撰写的人员表示衷心的感谢！

总体设计：张辉蓉　宋乃庆

主　　编：张辉蓉

副 主 编：罗士琰　盛雅琦

第一章　　STEAM教育概述：张辉蓉　盛雅琦　丁　丁　朱　山

第二章　　STEAM课程的基本理论：罗士琰　赵云娜　念　创　李东香

第三章　　STEAM课程开发的原理：张辉蓉　朱予橦　李东香　熊张晓
　　　　　　　　　　　　　　　　唐佳欣　王　静

第四章　　STEAM课程与教学设计：张辉蓉　朱予橦　熊张晓　刘　峰
　　　　　　　　　　　　　　　　唐佳欣　姚　慧　宋　欢

第五章　　STEAM课程评价的原理：刘　燚　毋靖雨　谢小蓉

第六章　　STEAM课程评价的应用：刘　燚　毋靖雨　谢小蓉

目录

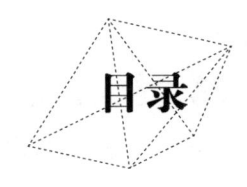

第一章　STEAM教育概述　001

第一节　STEAM教育的产生与发展　/ 003
一、从STS研究走向STEM教育　　003
二、从STEM教育走向STEAM教育　　005

第二节　STEAM教育的内涵与价值　/ 008
一、STEAM教育的内涵　　008
二、STEAM教育的价值　　011

第三节　我国STEAM教育改革的困境与出路　/ 013
一、我国STEAM教育改革的困境　　014
二、我国STEAM教育改革的出路　　018

第二章　STEAM课程的基本理论　023

第一节　STEAM课程概述　/ 025
一、STEAM课程的内涵　　025
二、STEAM课程的特征　　027
三、STEAM课程的意义　　028
四、STEAM课程的价值取向　　030

第二节　STEAM课程的理论基础　/ 033
一、STEAM课程的哲学基础　　033
二、STEAM课程的心理学基础　　036
三、STEAM课程的社会学基础　　039

第三节　STEAM课程的学习模式　/ 042
一、基于探究的STEAM学习模式　　042
二、基于设计的STEAM学习模式　　044
三、基于项目的STEAM学习模式　　046

第三章　STEAM课程开发的原理　　049

第一节　STEAM课程开发的目标　　/ 049
一、STEAM课程目标开发的依据　　051
二、STEAM课程目标开发的原则　　053
三、STEAM课程目标开发的来源　　054

第二节　STEAM课程开发的内容　　/ 056
一、STEAM课程内容开发的要求　　056
二、STEAM课程内容的选择　　057
三、STEAM课程内容的组织　　060
四、STEAM课程内容的类型　　062

第三节　STEAM课程开发的途径与程序　　/ 066
一、STEAM课程开发的途径　　066
二、STEAM课程开发的程序　　068

第四章　STEAM课程与教学设计　　077

第一节　"光芒四射"STEAM课程与教学设计案例　　/ 079
一、"光芒四射"STEAM课程设计　　079
二、"光芒四射"STEAM教学设计案例　　083

第二节　"雨落世界"STEAM课程与教学设计案例　　/ 097
一、"雨落世界"STEAM课程设计　　097
二、"雨落世界"STEAM教学设计案例　　100

第三节　"奇妙的时间"STEAM课程与教学设计案例　　/ 114
一、"奇妙的时间"STEAM课程设计　　114
二、"奇妙的时间"STEAM教学设计案例　　118

第四节　"台风"STEAM课程与教学案例　　/ 127
一、"台风"STEAM课程设计　　127
二、"台风"STEAM教学设计案例　　129

第五章　STEAM课程评价的原理　　143

第一节　STEAM课程评价的概述　　/ 145
一、STEAM课程评价的内涵与内容　　145
二、STEAM课程评价的特点与功能　　150
三、STEAM课程的评价原则　　152

第二节　STEAM课程的目标评价模式　　/ 156
一、基于目标评价模式的STEAM课程评价　　156
二、STEAM课程的目标评价模式指标体系　　162

第三节　STEAM课程的CIPP评价模式　　/ 166
一、基于CIPP评价模式的STEAM课程评价　　166
二、STEAM课程的CIPP评价模式指标体系　　172

第六章　STEAM课程评价的应用　　177

第一节　"皮影戏工作坊"STEAM课程设计与评价　　/ 179
一、"皮影戏工作坊"STEAM课程的设计　　179
二、"皮影戏工作坊"STEAM课程的评价　　186

第二节　"白鸽无人机"STEAM课程设计与评价　　/ 188
一、"白鸽无人机"STEAM课程的设计　　188
二、"白鸽无人机"STEAM课程的评价　　193

第三节　"吊脚楼的前世今生"STEAM课程设计与评价　　/ 196
一、"吊脚楼的前世今生"STEAM课程的设计　　196
二、"吊脚楼的前世今生"STEAM课程的评价　　200

第四节　"无影千年·陕西皮影戏"STEAM课程设计与评价　　/ 203
一、"无影千年·陕西皮影戏"STEAM课程的设计　　203
二、"无影千年·陕西皮影戏"STEAM课程的评价　　208

参考文献　　/ 211

第一章

STEAM 教育概述

为了占据全球化竞争中的优势地位,美国、英国、德国、韩国、日本、澳大利亚等国家纷纷将STEAM教育上升为国家战略。在我国,《教育信息化"十三五"规划》《义务教育小学科学课程标准(2012年版)》等文件提出了发展STEAM教育的相关要求,STEAM教育被纳入我国教育战略发展的政策规划之中。可见,发展STEAM教育成为当前国际教育改革与发展的重要战略趋势。在中国特色社会主义新时代这一特殊的历史节点和关键的时代背景中,以国际STEAM教育为"借镜",加快推进我国STEAM教育课程教学改革显得紧迫而必要。

第一节　STEAM教育的产生与发展

STEAM教育作为一种新的教育理念和教育实践,其产生与发展伴随着一定的历史背景,与时代发展、社会进步、人才需求等有着密切关联,经历了从STS研究走向STEM教育,从STEM教育走向STEAM教育,并可能走向STEAM+的发展历程。

一、从STS研究走向STEM教育

人类社会的更迭与进步常以科技创新与发展为标志。进入20世纪后,科学技术的空前发展充分彰显了其作为"第一生产力"的功能与价值,极大地推动了人类社会的文明与进步。然而,科学技术狂飙猛进的发展势头也带来了人口膨胀、生态环境污染与破坏、资源过度开发、社会冲突和国家竞争愈演愈烈等诸多负面影响。由此,人们意识到科技是把双刃剑,开始关注科学技术异化所带来的消极影响,反思人类利用科技改造自然和社会的程度和方式,并认为应从社会层面出发处理好科技、自然、社会三者之间的关系。在公众意识的觉醒下,身处复杂多元的时代背景中的人们开始关注STS(科学Science、技术Technology、社会Society)研究。其中,以欧美国家的相关研究为主要代表。具体来看,欧洲STS研究遵循其分析哲学和实证论的传统,注重对科学技术的本源探究以及解释科学技术知识对社会的影响等认识论问题,侧重对科学技术本体论和认识论的探讨。在这种研究取向的影响下,欧洲STS研究多停留在理论研究层面,这对我们重新思考科学、技术、社会之间的关系大有裨益,但对实践层面的关注却明显不足。与欧洲STS研究不同的是,美国STS研究秉承人文主义和实用主义结合的传统,更加关注科学技术的价值论问题,致力于揭示科学技术对社会与人文的价值,注重将科学技术所产生的成效服务于人才培养与社会发展,强调科学技术的实践价值取向,并形成了技术占主导地位的教育课程范式。总体来看,坚持实践价值取向的美国STS研究在一定程度上促进了STEM教育的形成。

STEM教育能发展起来,除了前期STS研究成果的铺垫,还与经济社会发展对学校教育提出的新需求以及美国政府和民间组织的大力推动有关,它成为美国为应对未来社会的挑战而提出的国家发展战略。第二次世界大战结束后,美国与苏联为争夺世界霸权地位开始了长达44年的冷战。为彰显国家实力,占据太空新据点成为两国进行综合国力较量的主要途径。为取得太空据点争夺赛的胜利,1957年苏联率先发射了世界上第一颗人造卫星"斯普特尼克1号",并于1961年使用"东方一号"飞船将宇航员加加林送至太空,他成为第一个进入太空的地球人。在苏联军事实力与太空探索领先的压力下,美国这个极具危机感与反思精神的国家陷入了恐惧与不安。面对这场太空据点争夺赛的失利,美国政府和各机构组织认为宇航技术落后于苏联的主要原因是学校教育质量的滑坡,其关键在于学校教育不重视数学与科学教育。由此,美国教育界掀起了一场以科学技术为主题的改革运动,STEM教育就此萌芽。

20世纪80年代,随着时代的进步和社会的发展,科学、技术与工程的联系愈发密切,科学技术人才与工程技术人才的交叉与重叠也越来越普遍,科学教育、工程教育、技术教育等教育形式培养的单一类型人才难以满足社会经济发展的需求,大力培养多元型、复合型、综合型人才成为当时美国教育发展的共识和趋势,这在一定程度上加速了美国STEM教育的形成。在历经多年的教育考察与反思后,美国的学术组织与政府着手推动STEM课程体系的建立与实施。其中,美国国家科学基金会(NSF)、美国国家科学技术委员会(NSTC)以及美国教育部(ED)等机构成为促成STEM教育的主要力量。1986年,美国国家科学委员会(NSB)发布了《本科的科学、数学和工程教育》,报告明确提出了"科学、数学、工程和技术教育集成"的纲领性建议,强调"使美国下一代成为世界科学和技术领导者",这被视为STEM教育的开端。具体来说,STEM教育是指科学(Science)、技术(Technology)、工程(Engineering)和数学(Mathematics)四门学科组合而成的有机整体,旨在为国家培养更多的工程技术人才,提高国家竞争力。需要指出的是,STEM教育最早提出并实施是在高等教育中,后因效果不好开始逐步将目标转移到基础教育阶段。

随着美国STEM教育的不断推进,美国K-12阶段STEM教师素质普遍难以满足现实需求的问题逐步凸显。为解决这一问题,美国国家科学基金会于1996年发布了《塑造未来:透视科学、数学、工程和技术的本科教育》,该报告回顾了过去十年美国STEM教育历程,提出未来STEM教育的基本设想与规划,并指出要重点关注K-12阶段STEM师资的培养问题,是一份承上启下的报告。2006年,布什政府在《美国竞争力计划》中明确提出"要通过创新引领世界,知识经济时代的教育目标之一就是培养具有STEM素养的创新人才",政府层面对STEM教育的重视促进了STEM教育的快速发展。2007年,美国国会首次通过关于STEM教育的第一部正式法案——《美国竞争法》,批准了2008年到2010年间为联邦层次的STEM研究与教育计划投资433亿美元资金。2010年,发布《准备与激励:为了美国未来的K-12科学、技术、工程和数学教育》报告,主要讨论K-12阶段STEM教育的重要性、政府的责任,以及STEM教育的师资培养、平台搭建、校际合作等问题。同时针对STEM教育提出专门规定,如明确提出要提高本科STEM教育就读率和毕业率、提升课程质量、加强教师队伍建设、增加妇女及其他弱势群体接受STEM教育的人数等,这也是奥巴马执政时期颁布的第一部关于STEM教育的法案。2013年,美国国家科学技术委员会提出《联邦STEM教育五年战略计划》,该计划提出了改进STEM教学、提高和维持青少年及公众STEM教育参与度、丰富本科生的STEM经验、改善对过去较少参与STEM领域的群体的服务、设计研究生教育共五个STEM教育战略重点。2015年颁布的《STEM教育法案》明确将计算机科学纳入STEM教育,将非正式STEM教育纳入国家科学基金会管辖。

综上可知,在前期STS研究的基础上,美国STEM教育已经形成了较为完善的框架体系。其中,在STEM课程与教学中,STEM教育更加注重探究学习和项目学习,将学习情境与真实世界相联系,强调科学技术与工程、数学的紧密整合,旨在培养学生解决实际问题的能力。

二、从STEM教育走向STEAM教育

在美国STEM教育的引领下,世界各国也纷纷开始效仿和引进STEM教育,STEM教育在全球范围内实现了迅速扩张。在借鉴美国STEM教育经验的基础之上,不同国家根据自己国家的实际情况和特色,分别开始探索具有本国特色的STEM教育。列如,德国2008年制定了《德累斯顿决议案》,将MINT教育(即德语单词Mathematik, Informatik, Naturwissenschaft和Technik的首字母缩写,也就是数学、信息技术、自然科学和技术)列为教育发展重要目标。又如,澳大利亚通过研究发现本国学生在STEM领域的参与率、毕业率以及职业保有率等方面都面临危机。于是,在2012年与2013年连续颁布了两大STEM教育改革的纲领性文件,从中小学学生兴趣与参与率、高等教育注册率与职业保有率、教师教育与启发式教学以及科学素养等方面明确危机并提出应对策略。在2013年明确设定了2013-2025年的战略发展目标。再如,日本自金融危机以来开始对其劳动力市场和教育体系进

行了深刻反思,进一步加快了STEM教育改革的步伐。然而,真正推动中小学阶段STEM教育改革的核心力量却是学生的学业成就,尤其是国际比较测试中的成绩。20世纪80年代,日本提出了"加强基础科学研究实力"的21世纪人才培养战略目标。为了实现这一目标,日本中小学阶段开始注重培养学生对STEM教育的兴趣和热情,开始通过一种潜在的、局部的方式实施STEM教育,旨在培养STEM研究型人才。需要特别指出的是,我国香港特区在美国等国家的影响下也掀起了STEM教育的热潮,为我国顺利推进STEM教育发展进行了先行探索,极大地促进了我国STEM教育的发展。

STEM教育注重理工科目的习得,曾一度成为美国、德国、澳大利亚等国家促进经济繁荣和提升国际竞争力的最优选项。然而,随着STEM教育的深入推进,其缺点也逐渐暴露。"调查显示,大多数青少年对于STEM教育并不感兴趣,产生集体无意识的现象,更加专注于休闲和娱乐,STEM教育的吸引力十分有限。此外,STEM教育因为过于偏重于科学技术的学习让许多从业者失去了与创造力和抽象思维的联系,无法达到全人教育与长远提升国家综合国力的根本目标……"[1]研究发现,造成STEM教育存在这些问题的原因是它缺少了对人文艺术的关照,STEM语境下的人才培养缺少了来自人文艺术的有力支撑。在时代发展的今天,人文艺术教育对提高学生审美情趣和艺术修养、培养学生健全人格、促进个体全面发展等具有重要作用,而STEM教育缺少对人文艺术的关照则在一定程度上偏离了全面发展的人才培养目标。正如罗德岛设计学院校长前田约翰(John Maede)指出,"因为艺术提供一个不同的通道来帮助人类了解复杂的社会,此外,艺术创作过程中特有的创造力、解决问题、灵活思维和勇于承担责任是STEM教育的钥匙,唯有STEM与ARTS融合才能整体提升全民素质与竞争力。"[2]同时,不少学者也通过研究证实了人文艺术在STEM教育中具有不可或缺的重要作用。例如,高更指出人文艺术人才代表了美国很大一部分的劳动力;柏明查的研究揭示了人文艺术的投入有助于提高人们的认知能力;皮罗的研究表明乐器训练能够有效地提高人们的言语能力与非言语推理能力。在这些研究的推动下,将"人文艺术"融入STEM教育的呼声愈发强烈,国际社会认为这不仅能够增加STEM教育的趣味性,还有利于培养文理兼重、全面发展、适应未来社会的合格公民,STEM+Arts=STEAM的教育理念逐渐兴起与发展。

步入21世纪以后,美国弗吉尼亚科技大学的格雷特·亚克门在原有STEM教育的基础上,于2006年明确提出将艺术(Arts)作为一个重要的因素融入STEM教育之中。随后,英国国家科学技术与艺术基金会(NESTA)于2011年发布了《未来一代》报告,倡导将艺术类课程加入STEM教育中。同年,韩国教育部发布《搞活整合型人才教育(STEAM)方案》,提

---

[1] 李刚,吕立杰.从STEM教育走向STEAM教育:艺术(Arts)的角色分析[J].中国电化教育,2018(9):31-39+47.
[2] 陈怡倩.跨科统整的STEAM教育探究[J].教育参考,2017(3):5-11.

出融入人文艺术知识,发展学生综合运用能力。2014年全美艺术教育学会(NAEA)制定了四项STEAM标准,其中强调了对艺术的重视。2017年我国教育部教育管理信息中心等机构联合发布《中国STEAM教育发展报告》,就STEAM教育的本土化进程进行了深入阐述。可见,STEM教育不仅实现了覆盖范围的全球扩张,其所涉及的学科也更加丰富,逐步由STEM教育走向STEAM教育。在STEAM教育中,人文艺术的融入也促使STEM教育中的科学、技术、工程、数学四大领域发生了不同程度的变化,不仅使各领域之间变得更加紧密,能更好地融为一体,也促使几者之间形成了统整的合力,并发展成为一种独具特色的课程体系。总体而言,STEAM教育理念不仅扩展了STEM教育的内容,从原有的理工科目的学习转为关注人文与理工相结合的统整,也更好契合了当今时代的发展需求。

当前,STEAM教育已成为知识经济时代一种全球性的科技教育战略,在不同国家呈现出不同的发展样态。就美国STEAM教育而言,当前美国尚处于从STEM教育到STEAM教育转变阶段。同时,为了促进STEAM教育目标的实现,美国以STEAM教育框架理念为指导,构建了一体化全覆盖的STEAM教育体系,不仅关注STEAM教育的正式学习,还鼓励STEAM教育的非正式学习。英国STEAM教育的发展与全球创新发展同步,目前已成为英国人才培养、科技创新、产业转型的发展战略之一。早在2007年,英国专门讨论了如何将艺术学科融入STEM教育之中,被视为英国STEAM教育的开端。2011年,英国国家科学技术与艺术基金会发布了《未来一代》报告,明确倡导将艺术类课程融入STEM教育。2014年,STEAM教育不仅获得了英国政府的支持,英国政府拨款1400万英镑给伯明翰城市大学用于STEAM大厦研究中心的建设,英国STEAM教育开始进入中小学。其中,英国STEAM教育强调要培养技能全面且具有个性的人才,使之能够有效应对不同环境和情境的需要。因此,英国STEAM教育尤其注重培养学生解决问题的能力和转换技能。总体来看,当前英国STEAM教育的发展进入了新的阶段,不仅加强了理论性、概念性的指导,而且更加重视教育成果与效能的督导和检测。同时,毕业生数据库的建设、学生考试体系的改革、学校评估体制的完善等具体设想,也将成为英国STEAM教育未来发展的重点。就韩国STEAM教育发展而言,韩国是越过STEM教育,直接推行STEAM教育的国家之一。2011年,韩国教育部颁布《搞活整合型人才教育(STEAM)方案》,提出要实施以数学和科学为中心,实现与工程技术相结合的STEAM课程,以构建"培养现代社会所需的具备科学技术素养的人才平台"为目的。同时,韩国政府指定和扶持由整合型人才教授的STEAM课程实施方案,这种整合型人才教育在实践中探索出以主题、项目、问题等为核心的学习方式,关注学生的感性体验,着重推进创意性设计过程的开展,不仅将现行的灌输式、背诵式教学转换成以体验、探索、实验为中心的寓教于乐的教学方式,提高中小学生对科技的兴趣、理解以及潜能，也以此为依托带动未来科学技术社会的变化，进而增强国家竞争力。总体而言，这种整合型人才教育方式不仅帮助培育了一批中小学示范学校，也成为推动开展整合型人才教育的重要手段。

自STEAM教育走入大众视野后便备受关注，迅速成为国际教育界的研究热点。随着学界对STEAM教育研究的不断深入，众多学者开展了融合STEAM教育的系列研究，STEAM教育有演进为STEAM+教育的趋势。如有学者提出了STREAM教育（Science，Technology，Reading/Writing，Engineering，Art，Mathematics），主张在STEAM教育的基础上添加读/写（Reading/Writing）能力，"事实上，强调读写能力是科学、工程和技术教育的重要组成部分，目的是使高素质专业人士能够胜任撰写报告、实验材料以及与人交流的需要"[1]；如有研究者将STEAM教育理念与创客教育、机器人教育等融合。

第二节　STEAM教育的内涵与价值

STEAM教育作为当前国际教育领域的研究热点之一，众多学者围绕其内涵和价值展开了热烈而深入的讨论，为STEAM教育理论与实践的发展奠定了坚实的基础。

一、STEAM教育的内涵

众所周知，STEAM教育是格雷特·亚克门于2006年明确提出将艺术（Art）作为一个重要的因素融入STEM教育之中扩展而来的，包含科学（Science）、技术（Technology）、工程（Engineering）、艺术（Art）、数学（Mathematics）五大学科知识体系。作为一种超越传统的教育模式，它采用跨学科的方法，在基于现实问题情境中教授学生科学、技术、工程、艺术和数学等方面的知识，引导学生适应不断更新的专业知识和快速变化的社会生活，提升学生未来社会竞争力。

为更清晰地描绘STEAM教育的基本内容，2010年格雷特·亚克门及其团队提出了STEAM学科整合的基本框架，它以跨学科整合的方式将科学、技术、工程、艺术和数学五门学科联系起来，形成了一个五层金字塔的形状（见图1-1）。其中，金字塔的最顶层意味着

---

[1] 赵慧臣，陆晓婷. 开展STEAM教育，提高学生创新能力——访美国STEAM教育知名学者格雷特·亚克门教授[J]. 开放教育研究，2016(5)：4-10.

通识教育和终身教育，代表的是最终的教育目标，它的宗旨是使学生在广泛的领域中能够掌握必要的知识，能够与他人在比较高的层次上交流；金字塔的第二层为综合水平，这一水平主要是将科学、技术、工程、艺术和数学融合成跨学科的STEAM教育，鼓励学生通过跨学科的方式去发现和解决问题，主要采取的是主题式教学；金字塔的第三层是多学科水平，这一水平是将艺术渗透到科学、技术、工程和数学四个学科中，这样的模式使得学生接受的STEM教育有了情感的融入和美的追求；金字塔的第四层是具体学科水平，这一水平主要探讨了科学、技术、工程、艺术和数学学科相互之间的联系；金字塔的第五层是具体课程水平，这一水平主要是科学、技术、工程、艺术和数学等学科的相关课程，例如，工程学科包括了电气工程、化学工程、机械工程、工业工程、海洋工程、环境工程、流体工程和土木工程等。总体来看，"STEAM教育框架将富有创造性的学习过程作为教育核心，以学科整合的方式将科学、技术、工程、数学和艺术五门学科联系起来，强调了知识与现实世界的相互联系，鼓励学生自己动手去探索。"[1]

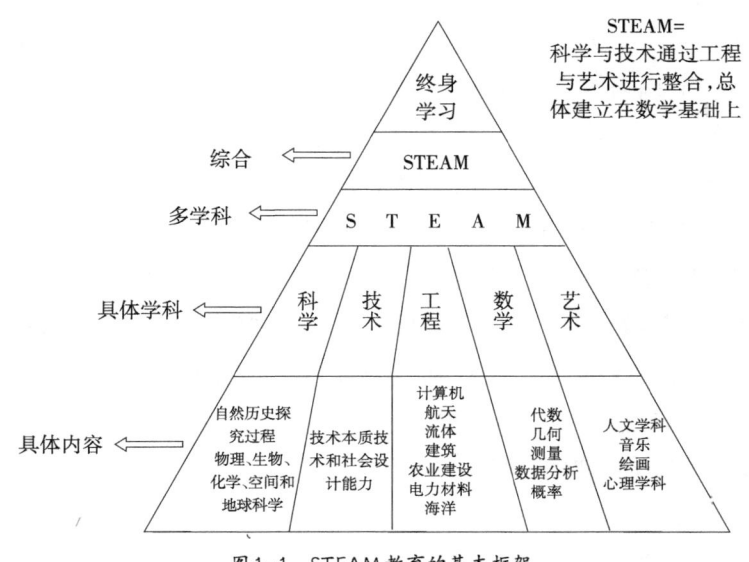

图 1-1 STEAM教育的基本框架

在格雷特·亚克门研究的基础上，不同学者又对STEAM教育的内涵进行了新的阐释。不同学者对STEAM教育的内涵定义不甚相同，主要形成了以下几种代表性观点。

一是将STEAM教育定义为一种教育创新。持此种观点的人认为STEAM教育是由STEM教育延伸而来，是在STEM教育的基础上融入人文艺术元素后拓展而来的一种全新的教学模式和学习模式，它将科学、技术、工程、艺术、数学五大学科体系进行有机整合，以项目学习、问题学习为主要学习方式，以跨学科整合为主要特点，不仅有利于弥补以往分

---

[1] 魏晓东,于冰,于海波.美国STEAM教育的框架、特点及启示[J].华东师范大学学报(教育科学版),2017(4):40-46+134-135.

科教育所造成的学科人为性割裂、学生无法创造性解决真实、复杂的科学技术难题等短板,也有利于推动技术驱动的教学创新。如美国弗吉尼亚理工大学桑德斯认为,STEAM教育以科学、技术、工程、艺术和数学知识为基础对问题或项目进行探讨,从整体意义上将不同学科知识有效统合,以解决现实问题。王娟和吴永和也指出,"STEAM教育以整合的教学方式,注重实践和过程,强调解决真实问题;强调知识与能力并重,倡导'做'中'学';强调创新与创造力培养,注重知识的跨学科迁徙及其与学习者之间的关联。"[①]

二是将STEAM教育定义为促进人才培养的重要途径。持此种观点的人主张"以人为本"的教育理念,认为教育应注重人的现实需求和未来发展,以促进个体的自我完善和全面发展为旨归,而人才培养则是学校教育发展的核心价值追求。面对当前社会缺乏综合型、实践型、创新型人才的现实情况,部分学者认为STEAM教育能够立足真实情境,通过运用跨学科知识解决实际问题。在完成项目的过程中,参与者能够不断提高自身的STEAM素养和创新精神,是培养全人的重要抓手。需要指出的是,美国弗吉尼亚科技大学的格雷特·亚克门也持此种观点,她认为,STEAM教育是立足于实际问题,通过协作和实践完成项目、解决问题,以培养具有综合素养、问题解决能力和创新能力的优秀人力资源为目的的新型教学模式。此外,中国南京师范大学范文翔、张一春也认为,STEAM教育是在真实情境中以跨学科整合的方式培养创新人才的一种教育类型,是依托工具与资源,以基于项目或问题的方式培养学生STEAM素养的一种技术教育。

三是将STEAM教育定义为一种以产品和方案服务社会的教育形式。持此种观点的人认为,STEAM教育能够帮助解决在新硬件时代难以制作出高品质产品的难题。如日本广岛大学的景山认为,STEAM教育主张实践探索,引导学生在过程中主动发现知识,并以"整合"和"制作"为两种核心观点。又如,赵慧臣等人也认为:STEAM教育注重让学生通过实践完成感兴趣的、与现实生活相关的实践项目,在把握运用知识的时机和方法的基础上感兴趣,以创新产品与方案的形式服务社会。在倡导素质教育理念的大环境下,传统应试教育以分数为中心的教育理念受到巨大冲击,这促使教育投入开始流向以素质教育和创新精神为表征的STEAM教育。在STEAM教育的不断推进下,其蕴含的教育理念逐渐被人们广泛接受,家长对STEAM教育产品的投入也明显增加,社会对STEAM教育的巨大需求迅速催生了STEAM教育市场,产生了机器人、STEAM玩具、物联网、3D打印、无人机等系列STEAM教育产品,STEAM教育成为一种以产品和方案服务社会的教育形式。

在借鉴相关学者研究的基础上,本研究认为STEAM教育是以跨学科整合的方式,在现实问题情境中将科学(Science)、技术(Technology)、工程(Engineering)、艺术(Art)、数学

---

① 王娟,吴永和."互联网+"时代STEAM教育应用的反思与创新路径[J].远程教育杂志,2016(2):90-97.

(Mathematics)五大学科体系进行有机整合的教育模式,是培养实践型、创新型、综合型人才的重要方式。需要指出的是,STEAM中的A不单指的是音乐、美术等狭义的艺术,而是一种更为广泛的人文艺术范畴。

二、STEAM教育的价值

总体来看,STEAM教育能够形成学科统整力量,促进学生跨学科学习;推动国家课程改革,引领学生发展核心素养;打破单一化教育模式,提升学生综合素质;培养创新、创业型人才,助力双创发展等重要价值。

(一)打破近现代学科分化的知识壁垒,促进学生跨学科学习

"现在,科学有两个前沿,其中一个前沿在各专业的前进端点上,它清晰、成熟,兵多将广;另一个前沿在各学科、各专业的边缘或交界地带,它模糊、幼稚,地广人稀,但蕴涵着巨大潜力。"[1]可以说,一个国家的教育发展,应当同时注重这两个科学前沿。然而,近现代教育发展建立在学科分化的基础之上,长期遵循的"单向度的学科体系"导致后一个科学前沿一直未得到应有的重视和推广。在时代发展的今天,传统学科本位的知识体系已难以解释和解决许多现实问题,现代社会发展和科学进步呼唤"综合",而学校教育也亟待形成学科统整力量,促进学生跨学科学习。众所周知,"跨学科学习"与"单学科学习"和"多学科学习"的概念大不相同,它是把学科交叉引入学习活动而形成的新型学习范式,旨在通过整合两个或多个不同的学科提高学生自我创造以及利用具体多角度的知识应对复杂问题的能力,其核心是整合。就STEAM教育而言,它强调以学习者为中心,以真实世界中的实际问题为导向,以项目或问题为主要学习方式,以跨学科整合为核心特征,涉及人文艺术、科学、工程、技术、数学等多个学科,它通过打通五大学科体系之间的割裂与分化,促使学科之间联系愈加紧密、融会贯通,并形成各学科统整力量,促进学生综合素质的培养,指向真实情境中的问题解决。同时,STEAM教育的课堂文化是多元而开放性的。在这种文化的引领下,学生浸润其中,能够激发学生的学习兴趣和创造力,促进学生思维拓展,且在任务导向完成的过程中不断提升学习的获得感和自信心,不仅能够促进学生学业成就显著提高,更能促进学生综合素质发展。总体来看,较之于传统教育,STEAM教育不仅突破了传统学科之间难以跨越的知识壁垒,倡导将五大学科由"单向度的学科体系"引向"跨学科整合",也成为引领教育从"封闭"走向"开放"、从"单向输入"走向"共同建构"、从"虚拟情境"走向"真实问题"的突破口和制高点,不仅有利于应对当前学科知识分化、理论与实

---

[1] 刘仲林.天地交而万物通[M].桂林:广西师范大学出版社,2004:19.

践分离等现状,促进学生跨学科学习,还有利于促进教育学科体系的更新完善,发挥学科的育人功能与价值。

(二)发展学生核心素养,适应未来社会的挑战

为应对来自未来社会的挑战,发展学生核心素养已成为当前国际教育改革与发展的共同价值追求。经济合作与发展组织(OECD)指出,核心素养是个人实现自我、终身发展、融入主流社会和充分就业所需的知识、技能及态度的集合,它们是可迁移的,并且发挥着多样化的功能,并将能互动地使用工具、能在异质社会团体中互动、能自主地行动作为核心素养的三大维度;欧盟也认为,核心素养是所有个体达成自我实现和发展、成为主动的公民、融入社会和成功就业所需要的那些素养,并将母语交际、外语交际、数学素养和基础科技素养、数字素养、学会学习、社会与公民素养、首创精神和创业意识、文化意识和表达总结为八大核心素养;联合国教科文组织认为,核心素养是个人实现理想生活和适应社会所需的素养,并指出检测学生学习成果的七个维度分别是身体健康、社会情绪、文化艺术、文字沟通、学习方法与认知、数字与数学、科学与技术;我国认为学生发展核心素养,主要指学生应具备的,能够适应终身发展和社会发展需要的必备品格和关键能力,以"全面发展的人"为核心,分为文化基础、自主发展、社会参与三个方面,综合表现为人文底蕴、科学精神、学会学习、健康生活、责任担当、实践创新六大素养、十八个基本要点。尽管不同组织对核心素养的定义不同,但不可否认核心素养已成为21世纪学生的必备品格和关键能力,成为新生代应对未来社会所必备的素养。就STEAM教育而言,它具有现实性的特点,特别强调学习与现实世界的联系,通过为学生提供真实的学习情境,将理论与现实进行联结,引导学生通过尝试不同的方法来解决真实问题,促进学生在真实世界中对复杂问题的解决,对提高学生创造性解决真实问题和复杂科学问题的能力具有重要价值。同时,STEAM教育也注重体验和协作,它重视学生的学习过程而非学习结果,鼓励学生从做中学,注重学生在动手实践中将知识进行融合和迁移,且在进行群体性知识建构的过程中注重与他人的交流与协作,鼓励同伴之间相互帮助和启发。可见,STEAM教育实践有利于发展学生为应对未来社会挑战的必备品格和关键能力,是培养21世纪学生发展核心素养的有效途径,也是教育发展应对未来社会挑战的必然选择。

(三)培养创新创业型人才,助力"双创"发展

进入21世纪,"创新"和"智慧"的战略优势超越了"资本"和"资源",以势如破竹的速度极大地改变了人类社会的发展曲线,甚至挑战和重塑了社会根基,"人才"与"国家竞争力"之间的共生关系得到了前所未有的体现。然而,在国际形势日益错综复杂和国内经济下

行压力愈发增大的社会背景下，我国人才培养却仍然深陷在"钱学森之问"的艰深命题之中，经济发展面临企业创新能力不足、缺乏大量的创新型人才等诸多严重问题，劳动力资源丰富的背后却客观隐含着大量产业工人科技素养、创新能力等普遍偏低的事实。在全国制造企业亟须全面转型的背景下，中共中央、国务院印发的《中国教育现代化2035》指出，"加强创新人才特别是拔尖创新人才的培养，加大应用型、复合型、技术技能型人才培养比重。"成为中国教育现代化的重要价值追求。STEAM教育作为一种重实践的超学科概念，是解决在新硬件时代难以制造出高品质产品难题的有效途径之一，从其产生到发展始终肩负着培养创新人才、提高国家竞争力的重要使命。其中，STEAM教育中的科技、工程、数学等更是为创造力人才的培养、创新型人才的塑造提供了良好的契机。在建构主义主导的学习氛围中，STEAM教育倡导产品教育，它并非将学生作为产品来培养，而是指学生必须制造产品，通常以完成一个解决实际问题的作品为目标。然而，学生的STEAM教育实践已经超越了简单意义上的手工制作，它引导学生运用跨学科知识来设计新的方案、制作新的产品、完成新的项目。可见，STEAM教育不是简单地让学生获得某一知识或技能，而是注重学生创造力的发挥，注重培养与国际接轨的创新创业型人才，这对助力"双创"发展具有重要价值。

第三节　我国STEAM教育改革的困境与出路

当前，STEAM教育已经成为知识经济时代一种全球性的科技教育战略。纵观国际STEAM教育发现，韩国直接越过STEM教育实行了STEAM教育，英国从STEM教育发展到STEAM教育，在国际范围内产生了深远影响。从长远来看，我国应在STEM教育的基础上重点关注和实施STEAM教育，以STEAM教育改革作为我国教育改革的重要手段和方向。在中国特色社会主义新时代这一特殊的历史节点和关键的时代背景中，以国际STEAM教育为"借镜"，加快推进我国STEAM教育改革不仅是培养数以千万计综合型、创新型、应用型人才的必由之路，也是提升国家竞争力和教育发展应对自身危机的可行之径。

虽然近年来我国STEAM教育理论与实践已取得初步成效，但其固有的跨学科整合的复杂性、现实问题情境的实践性、五大学科的应用性、教育观念的自在性等都决定了"本土场域"下我国推进STEAM教育改革存在诸多阻力。因此，从"教育改革"的视角出发探赜改革蕴含的多重困境,并提出应对之策,对促进我国 STEAM 教育顺利开展,探索一条具有中国特色的 STEAM 教育发展道路具有重要价值。

一、我国 STEAM 教育改革的困境

目前,国内外有关教育改革的研究已经形成了相对稳定的研究范式,并不乏真知灼见。在借鉴库姆斯、波尔·达林、马健生等相关研究的基础上,通过透视我国 STEAM 教育改革的实践之困,我们认为改革主要存在价值困境、制度困境、实施困境和自身困境,且四者之间具有一定的全息性和相对性,它们在运作中往往处于一个相互交织的关联网中,不同困境的相对重要性也可能因情境和对象的不同而变化。为提出更有针对性的应对策略,仍有必要对其进行分别分析。

(一)价值困境

"价值"作为关涉"发展"的核心议题是任何改革都无法回避的问题。STEAM 教育改革的价值困境是指因与 STEAM 教育价值取向、价值需求冲突而产生的发展困境。

1. 传统文化教育观念与 STEAM 教育价值取向的张力

在历史的长河中,文化与教育相伴而生,教育是文化的表现形式,而文化流变也制约着教育发展,两者共同作用于人类活动。因此,根植于不同土壤的人类活动必然受其传统文化教育观念的影响,形成不同的价值体系、知识经验、思维方式和语言符号。受传统儒家文化的熏陶,我国教育曾一度出现"重伦理道德教育,轻科学技术教育"的价值取向,知识本位、社会本位和伦理本位的教育目的观延伸至社会各领域,对知识传承、人格塑造、安邦定国起到重要作用。然而,儒家文化对伦理道德教育的过分彰显失去了对素养本位、个人本位、科学本位的自觉与坚守,中庸、谦逊、服从、稳定、保守的经验性文化固化为民族性格。在学校教育中,"分科教育""批量化""重视知识记忆与机械训练"的"标准件生产"使"千人一面、万教一法"的教育成为常态,单一性、单向度、阶段性、脱离真实情境的现象普遍存在。与此形成鲜明对比的是,"STEAM 教育作为一种技术教育,是一种跨学科整合的教育、在做中学的教育、创新意识的教育、基于项目与问题的教育、依托工具与资源的教育、真实情境下的探究教育以及多元主体共同参与的教育。"[①]具有注重社会、人、真实问题以及知识经验之间复杂性、异质性和创生性的价值取向。可见,传统文化教育观念与 STEAM 教育价值取向之间存在明显张力。

---

① 范文翔,张一春.STEAM 教育:发展、内涵与可能路径[J].现代教育技术,2018(3):99-105.

2. 利益相关者对STEAM教育价值需求的多元冲突

新制度经济学有限理性"经济人"理论认为,改革的行动者作为具有一定利益偏好的有限理性"经济人",通常会基于对外围环境的理性分析,选择能够实现自身利益最大化的改革方案,利益偏好是改革者采取行动的前提与内在机理。在STEAM教育改革中,通常会包含政府、学校、教师、学生、家长等多元行动主体,他们往往会基于自身利益偏好采取不同的态度和处理方式来应对改革,多元主体的不同行动逻辑使STEAM教育改革可能陷入选绎无序的价值博弈之中,而公共理性缺失的私利取向和多重制度阻隔下的信息不对称也进一步加剧了自由博弈。例如,政府推进STEAM教育改革的初衷是深化教育改革创新和破解我国优质人才稀缺的困厄。然而,作为STEAM教育改革的代理人和实施的具体负责人,学校可能会由于STEAM师资匮乏、专项资金支持不足等原因而反对或形式化推进STEAM教育,政府与学校之间的角力使改革沦为"瞎折腾"。又如,STEAM教育改革不仅增加了一线教师的教学负担,也使许多教师难以应对,对STEAM教育认识上不认同、情感上不愿意参与、利益上不能参与和信仰上不想参与,使教师"按兵不动";再如,面对新一轮的改革,学生可能会产生"实验小白鼠"的认知情绪,而家长也可能因信息不对称持质疑态度。

(二)制度困境

"制度"是我们理解教育改革需要重点关注的要素。STEAM教育改革的制度困境是指由新旧制度之间、制度内部及各类制度之间产生的冲突和路径依赖。

1. STEAM教育"正式约束和实施机制的供给不足"以及"非正式约束的路径依赖"

制度作为历史发展中人类行为的沉淀物,由正式约束、非正式约束和实施机制共同构成。其中,正式约束是国家以正式的、有形的、成文的形式制定的系列政策法则,如法律法规、政策;非正式约束是在社会交往中无意识形成,并对人类行为有一定规范和指导作用的观念体系,如意识形态、社会习惯;"实施机制"是为确保制度顺利运行而建立的配套执行机制,如经费保障和督导评价机制。"制度供给"作为制度变迁的首要阶段,是保障STEAM教育改革顺利进行的基础,而正式约束和实施机制的供给不足则意味着改革"动力不足"。目前,我国STEAM教育制度供给初见端倪,《教育信息化"十三五"规划》《义务教育小学科学课程标准(2022年版)》等政策文件、课程标准中提及STEAM教育,江苏省、四川省等也颁布了专门文件。然而,我国尚缺少"国家层面"针对STEAM教育制度建设的顶层设计以及专门文件,尚缺乏STEAM教育质量评价标准、教育经费保障等配套机制,制度供给仍严重不足。此外,改革在实践中也遭遇了对非正式约束的路径依赖。例如,尽管我国多次以素质教育、课程改革等名义向应试教育宣战,但目前仍难以救赎"教育为考试和升学服务"的价值扭曲观念。

2. STEAM教育理念与现行制度的脱节与错位招致"合法性危机"

今天,源自司法领域的"合法性"概念逐渐超越了司法意义上的"合法律性"内涵,被广泛应用于社会各领域。在本文中,"合法性危机,则是指政治系统的存在及其命令失去了正当性与合理性,社会成员不愿意服从政治系统的命令、不认同政治系统的理念和行为,从而造成社会矛盾、冲突、动荡的危险状态"①,主要表现为理念与制度的冲突。STEAM教育改革也存在"合法性危机",并主要表现为STEAM教育理念与现行教育制度的"脱节"与"错位"。自STEAM教育引介至今,我国许多学校积极实践着STEAM教育。然而,相较于实践层面的"一日千里",现行教育制度却仍是对旧的教育思想的反映,缺乏基于STEAM教育理念的制度改造与创新,现行制度明显滞后于STEAM教育理念的确立,理念与制度相互脱节;同时,虽然我国教育改革理念标榜鼓励创新、注重发展、增强合作,但是现行教育制度仍囿于传统科层制的组织体系和管理方式,并存在以成果为导向、突出教育竞争的行为偏向。"规则"主导下的管理制度虽避免了教育发展的"无制度主义"和"制度真空",但强调"集权"的制度形态却与STEAM教育所追求的宽松、平等的制度环境背道而驰,理念与制度关系错位。

(三)实施困境

实施困境是由于实施条件的匮乏或不完善而对STEAM教育产生的一种实质性阻滞,是STEAM教育与现实条件相互作用的结果。改革遭遇的实施困境有很多,其中师资和课程困境尤为突出。

1. 专业教师严重匮乏是STEAM教育改革的瓶颈

教师是STEAM教育发展的"第一资源",一支数量充足,质量达标、稳定的STEAM教师队伍是改革顺利进行的前提条件。然而,专业STEAM教师的严重匮乏却成为全球普遍面临的问题,美国2015年中学数学和科学教师缺口2.8万余名,澳大利亚超过半数的科学和数学教师未经过专业培训。在我国,STEAM教师问题更加突出,主要表现为STEAM教师数量不足、质量不达标以及队伍不稳定。据一项对我国东、中、西部7省小学从事STEAM教育的教师调查数据显示,农村和城市小学从事STEAM教育的教师缺口分别为37.3%和14.5%。其中,80.5%的教师未经过系统的理科学习,40.63%的教师在过去的一年中未参加过教研活动,52.7%的教师自2010年以来未参加过教师培训,且大多数任教科学、综合实践和艺术学科的教师教龄在5年以下,教师队伍流动性较大。需要指出的是,这些"从事STEAM教育的教师"远非真正意义上的"STEAM教师",并未达到"STEAM教师不仅要在单科教学的基础上具备更广域的学科综合能力,而且要能够兼具科学与人文艺术素养以及

---
① 汪辉勇.公共价值论[M].合肥:合肥工业大学出版社,2014:42.

较强的工程设计、实践操作能力和创造力"的要求,STEAM教育多由相关学科教师兼职,专业STEAM教师严重匮乏成为我国STEAM教育改革与发展的瓶颈。

2. 课程体系未建立健全是影响STEAM教育改革的关键

STEAM教育质量和人才培养质量在很大程度上取决于STEAM课程体系,尤其取决于课程体系的改革与发展水平。然而,目前我国STEAM课程体系建设仍未建立健全,并成为影响改革的关键。当前,STEAM教育呼唤纳入国家课程体系之中,建立融合时代要求和现实情境的统整性STEAM课程体系。然而,现实中STEAM课程却多以地方课程和校本课程的形式存在,尚未受到国家课程的应有关注,而现行分科课程体系也难以满足其发展需求。同时,实践中仍有众多学校并未将STEAM课程列入人才培养方案,仅将其纳入创客教育或其他非正式教育活动之中,STEAM教育仍在常态的课程与教学中处于缺位状态;而少数学校虽将其纳入人才培养方案,但尚未形成系统的STEAM课程体系,"课程乱象"层出不穷。如现行STEAM课程多为国外课程的机械移植、二次开发或直接购买第三方教育公司的"产品",欠缺对课程适用性和适切性的考察,STEAM课程建设陷入美国学者Altbach,P.的教育依附理论窠臼;如部分学校在"打造特色"的目的驱动下,以"求异"为出发点进行"STEAM校本课程"开发,却欠缺对课程合理性和科学性的考量,"被特色化"的STEAM课程遭遇到了"质量危机"。此外,STEAM课程建设还存在支撑体系不健全的情况,专项资金注入不足、学习空间建设滞后等制约了STEAM课程体系建设。

(四)自身困境

价值困境、制度困境、实施困境更多指向外部场域作用于STEAM教育改革的冲突现象。然而,完全意义上的STEAM教育改革还应该解决STEAM教育的内部问题,改革的重点应从单纯关注外部困境扩大到同时关注STEAM教育自身更加隐蔽的自足性问题。自身困境是指STEAM教育自身发展因科学性不足、操作性不强等带来的改革困境。

1. STEAM教育本体意蕴的"多维性"和"不确定性"

然而,STEAM教育的本体意蕴却呈现出多维性和不确定性。首先,内涵聚讼纷纭、莫衷一是。STEAM教育常被冠之以新型教学模式、教育模式、人才培养和学习方式变革、思想进步和国家战略的确立等多维解读,指向教学创新说、创新人才说、素养说和社会服务说等多重旨趣,在出口处就呈现出多维本质。其次,"A"的角色定位仍不清晰。目前主要有两种取向:一是将"A"作为其他元素的补充,旨在增加STEM教育对人本主义的关照。然而,在实践中将"A"窄化为"艺术"甚至绘画、音乐等单一元素的现象层出不穷;二是将"A"视为与其他元素平行且居统领地位的要素。如有研究者重构了"A-STEM"模式,并认为"A"的独立与前置对培养完整人格的"人"、重构重视跨学科课程的融合内容等有重要作用。最后,"泛STEAM+"现象。融合STEAM教育理念的创客教育、STREAM教育等"泛STEAM+"现象虽丰富了研究视角,但"乱花渐欲迷人眼",不仅失去了对STEAM教育自身角色和立场的反思,"忽视本体"的重大缺陷也极易可能造成STEAM教育功能异化。

2. 跨学科整合乏力造成了STEAM教育的"孤岛效应"

孤岛效应是指一个事物或系统由于种种原因造成的各要素之间相对封闭、各行其是、互不联通的现象。就STEAM教育而言,跨学科整合是其典型特征,它试图打破传统分科教育中各学科自行其是、独善其身的封闭现象,"引导学生采用学科融合的学习方式,运用跨学科思维解决现实问题"。[1]然而,以"跨学科"之名开展的STEAM教育行动未必符合"跨学科"之实。目前,众多学校虽借用STEAM教育"跨学科"的"壳",赋予它各种不同的整合形式,但仍难以掩饰"盛名之下,其实难副"的现实。受我国长期以来分科教育传统的束缚,实践中普遍存在将STEAM教育简单理解为五大学科机械叠加的错误认识倾向,STEAM教师也常被视为相关学科教师的简单集合,其实质是跨学科表象之下STEAM教育内容的"拼盘化"。同时,STEAM教学中也存在五大学科知识同时出现在同一课堂的现象,忽视了STEAM教育是以问题牵引实现学科联结的本质,人为的"强行跨学科"会导致STEAM教育形式化、功利化与冗杂化。可见,跨学科整合乏力造成了五大学科领域各行其是、自给自足的"孤岛效应",而如何处理跨学科与分科教育的关系则是改革的难点之一。

二、我国STEAM教育改革的出路

"困境"常被视为一个消极概念,它往往会以各种形式阻碍或抵消着事物发展的积极因素。然而,"困境"存在于一切事物的发展始终,当我们基于困境的"元研究"进行系统优化时,困境的积极意义便得以体现。

(一)破解价值困境的出路

1. 批判继承传统文化教育观念,坚持STEAM教育价值先行的基本理路

古今中外教育改革的历史经验和规律表明,"转变思想观念是教育改革的先导,是教育战线上的一次思想解放"。[2]因此,重塑与STEAM教育改革相适应的价值观念有利于突破传统文化教育观念对改革形成的价值困境。首先,批判继承传统文化教育观念是改革的内在要求。最简单、经济、有效、便捷的改革不是"另起炉灶",完全放逐我国传统文化教

---

[1] 赵慧臣,陆晓婷. 开展STEAM教育,提高学生创新能力——访美国STEAM教育知名学者格雷特·亚克门教授[J]. 开放教育研究,2016(5):4-10.
[2] 王冀生. 转变思想观念是教育战线的一次思想解放[J]. 高等教育研究,1998(3):27-30.

育观念,而是要将改革根植于我国传统文化教育环境之中,挖掘民族文化与深层次民族心理结构中与STEAM教育改革相适应的价值观念。例如STEAM教育倡导的"将想法产品化"和"平等性思想"与我国传统文化教育中"经世致用"和朴素人本主义的哲学思想不谋而合。其次,坚持STEAM教育价值先行是改革的基本理路。只有深刻认识STEAM教育的重要价值,凝聚相关主体的价值共识,才能真正实现改革参与者对STEAM教育的服膺,并以此促进行动践履。其中,政府及教育理论研究者应加强对STEAM教育价值理念的宣传、引领与渗透;学校要自觉树立与STEAM教育相适应的价值观,在课程与教学改革中具体落实STEAM教育;教师要跳出传统分科教育、应试教育的行动框架,以STEAM理念为引领促进认知更新。

2. 尊重多元主体的价值需求,推进不同主体的自我变革

STEAM教育改革虽然为教育发展带来了新机遇,然而改革中资源、利益的调整和再分配却会挑战学校原有的教育生态,引发利益的"重新洗牌"及多元主体的价值博弈,改革中的主体制约性影响了改革路径与效果。然而,"一味地要求有关群体放弃自身既有价值立场,服从大局,显然是不妥当的"[①]。因此,STEAM教育改革应以审慎、理性、开放、包容的态度正视多元价值冲突问题,认识和理解冲突产生的必然性、合理性和复杂性,通过充分尊重多元主体的不同态度和行为、分析冲突产生的深层次原因、平衡与协调冲突等消解价值困境,寻求多元价值的相对一致性。此外,现行教育改革多以"我改你"和"你改我"的改革为主要形式,且将"教师"作为改革的主要对象。然而,"我改你"和"你改我"的改革主要是以政府强权为背景的后发性改革,未能充分激发改革内驱力,且教师虽是影响教育质量的关键,但改革的成败却是各类利益相关者"合力"的结果,而非教师的"一己之力"。因此,STEAM教育改革应突破以往先验性地将教师作为主要改革对象的局限性,转而聚焦各类利益相关者的同步变革,且相关主体应以"考克斯原则"为指导,为争取公共利益的最大化转向自觉的改革观,主动承担起改革责任,并以"我改我"的勇气积极推进自我变革。

(二)破解制度困境的出路

1. 加强制度供给,弥合强制性变迁和诱致性变迁的断裂

制度困境是由于"正式约束和实施机制的供给不足"以及"对非正式约束的路径依赖",而使STEAM教育受制于相关制度丛的产物,是各类制度交互作用的结果。同时,我国STEAM教育自下而上的发展路径也表明改革在很大程度上是以利益相关者自觉推动的诱致性变迁为主,而通过政府权威途径实现的强制性变迁则明显滞后,强制性变迁与诱致性变迁之间有断裂之态。因此,作为一项系统性工程,科学的STEAM教育制度体系建

---

① 李贤,谢少华.基础教育改革的障碍及其超越[J].教育发展研究,2010(6):30-35.

设不能只是碎片化的小修小补,首先应考虑的不是具体方案,而是战略思维主导下的理论设计。首先,国家要将STEAM教育改革上升为国家战略性任务的高度,加强改革的顶层设计,采取强制性变迁的方式,尽快出台STEAM教育的专门方案及其配套的实施机制,建立健全改革运作机制,明确任务书、路线图和时间表。如以国务院或教育部的名义提出推进STEAM教育,并在《国家中长期教育改革和发展规划纲要(2020—2030)》等更上位的文件中提出明确要求。其次,各省市要以国家总体方案为依据,深化、细化本省市的STEAM教育发展方案,尤其要增强方案的操作性与可行性。如明确经费来源与使用、建立督导与问责机制等。最后,通过明确STEAM教育改革的预期利益,建立激励机制来弥合强制性变迁和诱致性变迁的断裂,实现两者有机整合。

2. 加快制度改造,理顺STEAM教育与现行制度之间的关系

由"理念与制度冲突"而产生的困境是影响STEAM教育改革的制度因素之一,其实质是改革在实施的过程中没有或缺少以STEAM教育理念为指导的制度创新与制度建设。新制度主义理论认为制度变迁取决于政治秩序提供的新的制度安排的能力和意愿。然而,即使决策者进行了精心的改革设计,各种制度单独看都是正义的,但从总体上看却可能是不正义的,而这种不正义则是各种制度结合成一个单独的体系时所产生的结果。可见,只有相互一致和相互支持的安排才是富有生命力和可维系的。否则,精心设计的制度很可能高度不稳定。因此,STEAM教育改革也要增强与现行制度的"耦合",以此破解"合法性危机"。首先,改革者要理性分析STEAM教育和现行教育制度隐含的内在价值追求,并对两者之间的价值共性与异质追求进行比较与分析,进一步厘清STEAM教育理念与现行教育制度之间的对立与统一关系。其次,改革者要以STEAM教育理念为引领,加快对现行制度的改造,进行基于STEAM教育理念的制度设计,并将"STEAM教育理念"和"改革理念"固化为"结构性制度"。最后,要在制度体系内设计促进STEAM教育高效推进的运行轨道,切实形成协调、评价、反馈机制链,提高改革效能。

(三)破解实施困境的出路

1. 加大STEAM教师队伍建设力度,构建STEAM教师成长保障体系

加大STEAM教师队伍建设力度,构建STEAM教师成长保障体系不仅是STEAM时代教师队伍建设的重要前提,也是提高STEAM教育质量的必然要求。因此,STEAM教师队伍建设要明确"为谁培养STEAM教师、培养什么样的STEAM教师、怎样培养STEAM教师"和"办什么样的STEAM教育、怎样办好STEAM教育"这两个根本性问题,只有将"培养STEAM教师"与"办STEAM教育"这两个核心问题结合起来,才能明确STEAM教师队伍建设的基本定位。首先,应坚持"双统一",即坚持与STEAM教育相统一,与我国经济社会发展需求相统一。应立足教育家精神,紧密结合新时代好教师的基本要求,着重培养教师的跨学科教学能力。其次,要加快构建STEAM教师职前职后一体化成长体系,采取多种措施激励、引导STEAM教师队伍建设。如"从经费、技术、资源、人力等方面为STEAM师资培育予以保障"[1];鼓励高校开设STEAM教育专业,并将STEAM教师培养与培训作为重要目标,推进STEAM教师"学分银行"管理制度等。最后,要建立健全STEAM教师队伍质量保障体系。例如,通过制定和完善STEAM教师专业标准体系,进一步深化教师对STEAM教育理念、跨学科理解与实践等方面的理解;通过建立STEAM教师资格考试和定期注册制度倒逼教师专业发展,实行多次、分水平认证确保教师数量和质量与各地区STEAM教育发展程度相适应。

2. 以STEAM课程改革为抓手,建立健全STEAM课程体系

课程改革作为教育改革的先行者和风向标,不仅影响着教育改革的基本方向,更引领着育人方式的转变,是改革理念与育人方式实现良性互动的中介桥梁。因此,为突围我国STEAM课程体系不健全的问题,应以STEAM课程改革为抓手,充分发挥课程改革的"牛鼻子"作用,基于"课程"场域的变革跟进STEAM教育实践。首先,明确STEAM课程的基本定位。将STEAM课程建设纳入国家三级课程管理体系之中,尤其注重加强国家课程对STEAM的关照,促进STEAM课程的常态化、制度化建设。其次,明确STEAM课程的育人目标。对"培养什么样的人"的回答不仅是STEAM课程改革的起点和终点,更是贯穿STEAM课程改革各个环节的逻辑主线,其育人目标应包含设计思维、创造性解决问题能力、复杂的合作共情能力等要点。再者,重构跨学科整合的STEAM课程知识体系。STEAM课程改革最大的难点在于重构与STEAM教育相适应的系统知识体系。为此,应强化以项目或问题驱动等方式来整合相关主题,并加强对跨学科课程整合模式的探索。如瓦斯克斯进行了多门课程的一体化整合设计;赫希巴奇提出了相关课程和广域课程两种跨学科整合模式。最后,探索STEAM课程实施方法创新,构建课程改革联动机制。如加强互联网+、人工智能等在STEAM课程实施中的运用;充分调动政府、家庭、社会等不同群体参与课程改革的积极性,开发与利用相关课程资源。

(四)破解自身困境的出路

1. 厘清内涵与外延,促进STEAM教育的本体回归

STEAM教育本体意蕴的多维性和不确定性归因于其自身具有事实和价值、理论与实践相融合的双重或多重属性。例如,目前学界倾向于从"过程—目的"的视角对STEAM教育进行内涵阐释。然而,对"过程—目的"的事实表达却隐含了对传统教育、人才质量、教

---

[1] 宋乃庆,高鑫,陈珊.基础教育STEAM课程改革的路径探析[J].课程·教材·教法,2019(7):27-33.

育与经济社会发展之间的关系等内容的价值判断;又如,STEAM教育与一般的教育理论相比深具实践性,更加注重与外部实践环境的深度耦合,强调与现实情境的紧密联系;而与一般的教育实践相比却又深具理论性,更加注重学科知识体系之间的互联互通,常以理论的解释、规范、批判和引导作用为遵循,理论性与实践性的高度融合增加了其不确定性。可见,STEAM教育概念本身的复杂性使人们对它的理解在现象或事实层面上就发生了"认知漂移",由价值共识难以达成滋生的实践乱象成为必然。因此,厘清内涵与外延,促进STEAM教育的本体回归是改革的应有之义。其中,尤其要明晰"A"在STEAM教育中的角色定位以及STEAM教育的边界与限度。此外,无论人们如何描述和定义STEAM教育,或赋予它以何种价值追求与使命,STEAM教育最终还是要回归于"人",回归于综合型、创新型、应用型人才的培养,这不仅是STEAM教育的终极关怀,也是其自身的价值本体。

2. 重新认识STEAM教育与分科教育的关系,破解"跨学科悖论"

STEAM教育对跨学科的特别推崇似有取代分科教育的倾向,STEAM教育与分科教育二元对立的极端倾向是"孤岛效应"产生的主要原因。然而,"跨学科方法的出现打破了科学传统的统一体系,动摇了以分化为主导的科学体系,它反对学科的垄断,但同时又在推进新的分化"[1],对分科教育"颠覆"与"迎合"的双重行为使STEAM教育陷入"跨学科悖论"。因此,从认识论角度重新厘清STEAM教育与分科教育的关系是破解"孤岛效应"的前提。首先,分科教育是STEAM教育的基础。"跨学科"概念本身隐含了对现行学科界限的承认,STEAM教育是在承认五大学科体系界限的基础上,通过合并、融合的形式实现了课程的有机整合,分科教育形成的结构化知识系统是STEAM教育顺利实施的基础条件。其次,STEAM教育内含着分科教育。经历了分科课程、多学科、学科间和跨学科四个形成阶段,前三个阶段助推跨学科阶段的实现,分科教育是STEAM教育的重要组成部分。最后,STEAM教育的本质在于发现五大学科知识体系的内在关联。"既立足于每一门学科的特殊性,又看到彼此间的渗透性、干预性"[2],挖掘五大学科之间的内在影响和促进机制是STEAM教育的应然追求。

总而言之,STEAM教育改革不仅是我国深化教育改革创新的优先选项,也是提高教育质量和推动教育现代化的战略抉择。其中,为促进我国STEAM教育顺利开展,开展STEAM课程建设的合理性、现实性、紧迫性日益凸显。缘此,本书在对STEAM教育产生与发展、内涵与价值以及我国STEAM教育改革困境与出路进行概述的基础上,以"STEAM课程"为生长点,重点聚焦"STEAM课程开发与评价",旨在促进我国STEAM教育改革顺利进行。

---

[1] 沈跃春.跨学科悖论与悖论的跨学科研究[J].江淮论坛,2003(1):19-23.
[2] 李雁冰."科学、技术、工程与数学"教育运动的本质反思与实践问题——对话加拿大英属哥伦比亚大学Nashon教授[J].全球教育展望,2014(11):3-8.

第二章

STEAM 课程的基本理论

课程作为教学活动的重要载体,主要回答"教什么"的问题,在学校教育教学中占据核心地位。而STEAM课程作为STEAM教育的重要载体,是落实STEAM教育的关键。对于我国而言,STEAM教育的发展正处于起步阶段,需要联合政府、社会、学校等各界力量共同推动STEAM教育的发展,而这场变革的落脚点和突破点在于发展STEAM课程。由此,厘清STEAM课程的内涵、特征、意义、价值取向和理论基础等要素,明确STEAM课程目标,开发STEAM课程内容,进行STEAM课程的实施与评价,皆是推动STEAM教育发展的必要前提。

第一节　STEAM课程概述

一、STEAM课程的内涵

(一)课程的内涵

"课程"一词源于拉丁语,有"跑道"之义,因而课程的原初意蕴为学科内容学习的进程。19世纪末,学界开始探讨课程本质,基于不同的哲学、心理学观点,课程被赋予上百种定义,但至今并未形成学界普遍认同的观点,课程也因此被称为"一个用得最普遍,但定义最差的教育术语"。梳理国内外学者对课程的界定,大致可包括以下几种:课程即知识,课程的最终目的是让学习者获得知识,因而学校的基本任务是向学生提供科学知识;课程即教学科目,是向学生传授学科的知识体系;课程即有计划的教学活动,包括教学的范围、序列和进程,甚至教学方法和教学设计等也属于课程的范畴;课程即预期的学习结果,将课程指向预期的学习结果或目标;课程即学习经验,是学生实际获得的东西,是学习者的亲身经历和体验;课程即活动,课程是学习者各种自主性活动的总和,除了关注学生的认知过程外,也关注到了学习者的其他心理成分……

事实上,由于所处历史时期与社会条件的差异,学者从事课程理论与实践研究的着眼点各不相同,课程拥有了多种不同的定义。这里从STEAM教育的本质出发,由于STEAM教育关注从学习者的角度出发来设计STEAM课程,同时重视学生在STEAM学习中的主体地位,强调学生在项目学习中逐渐探索真实世界,即学生本人便是课程的实施者。因此,本研究认同"课程是经验"这一观点,认为课程是学生在教师指导下获得的经验和体验。

(二)STEAM课程的内涵

STEAM课程,顾名思义包含科学、技术、工程、艺术和数学五大学科领域。深入来看,STEAM课程强调科学、技术、工程、艺术和数学以跨学科的课堂形式出现,从而解决现实世界中存在的真实问题。其中,"科学在于认识世界、解释自然界的客观规律;技术和工程则是在尊重客观规律的基础上改造世界、实现对自然界的控制和利用、解决社会发展过程中遇到的难题;数学则可以作为技术与工程学科的基础工具。"[1]以上四门学科领域均属于自然科学的范畴。需要说明的是,上文提到的艺术不是指单纯的艺术学科,而是涉及广泛、综合的人文艺术,包含社会研究、语言、美学等,属于人文社会科学的范畴。因此,STEAM课程关注人文与自然的贯通,强调通过五大学科体系的有机整合,最终培养出未来社会发展所需的实践型、创新型和综合型人才。

从课程目标上看,STEAM课程关注学生跨学科知识的习得和问题解决能力的培养,进而提高学生的STEAM素养。这里的STEAM素养包括科学素养、技术素养、工程素养、艺术素养和数学素养。具体来看,科学素养涉及生命与卫生科学、地球与环境科学以及技术科学三大领域的素养;技术素养要求学生了解技术发展的过程,并能利用技术来改变周围的环境;工程素养具体指学生能将科学和数学两者进行一体化和系统化,从而创造性地解决实际问题;而艺术素养不仅强调学生发现、挖掘和创造生活中的美,还关注学生拥有正确的道德品质和价值观念;数学素养则关注学生对数学问题的发现、分析和解决。STEAM教育强调五大学科体系的有机整合,而STEAM课程目标也不单是以上五种素养的简单组合,而是学生在实践探究中综合应用各学科知识探究真实世界问题的综合能力。

从课程内容上看,STEAM课程具有如下特点:第一,STEAM课程破除了传统分科课程的弊端,强调科技、技术、工程、艺术、数学五门学科领域间的联系,旨在培养学生的综合知识与能力。第二,STEAM教育强调知识是学生在与学习环境的双向互动过程中建构而来的,并非教师单向灌输的产物。因此,STEAM课程关注各学科知识的情境化和社会化,旨在让学生掌握与现实生活密切关联的知识。第三,STEAM课程不是各学科知识的简单叠加,而是用问题或项目将科学、技术、工程、艺术、数学等各学科知识统整起来,通过在真实情境中以跨学科整合的方式综合呈现知识,推动学生对知识的理解和应用。

从课程实施上看,STEAM课程认为知识蕴藏在真实的问题情境当中,因而主张课程实施应从生活中的问题出发,将问题贯穿整个学习过程,促进学生在问题解决过程中掌握跨学科知识,提高自身的问题解决能力。同时,STEAM课程强调以项目为导向,利用项目帮助学生获得认识世界的手段,通过完成一个个项目,提高学生探索真实世界的综合能力。

---

[1] 胡加森.小学STEM课程中探究能力培养的教学设计研究——以3D打印课程为例[D].上海:上海师范大学,2018:5.

需要提到的是,STEAM课程还遵循"做中学"的理念,要求学生在参与互动、实践探索中将理论知识和实践技能进行有效衔接,从而促进他们对知识的建构和深化,最终培养他们的STEAM素养。

以上分别从课程目标、课程内容和课程实施层面出发介绍了STEAM课程,认为STEAM课程是一种综合课程。具体来看,综合课程是将两门或两门以上学科综合为一个学科设置的课程,即利用两种或两种以上学科的知识观和方法论去探究一个主题的课程。从来源来看,综合课程具有三种基本类型,学科本位综合课程、社会本位综合课程和经验本位综合课程。而STEAM课程强调将五大学科领域进行整合,同时关注以项目为导向,注重学生的经验和体验,属于"经验本位综合课程"。综合上述对STEAM课程的介绍,本研究认为STEAM课程是由科学、技术、工程、艺术与数学五大学科领域整合而成,强调以项目为导向,以问题为主线,关注学生在实践探究中综合应用各学科知识探究真实世界问题,提升STEAM素养的一种综合课程。

二、STEAM课程的特征

(一)综合性

前面提到,STEAM课程是一种综合课程。因而,综合性是STEAM课程的重要特征之一。与传统的分科课程不同,传统课程强调将知识按具体学科划分,强调学生对各门学科知识的习得和掌握,却割裂了学科与学科、知识与生活间的联系,未关注到培养学生终身发展和社会发展的创新意识和问题解决能力。而STEAM课程避免了传统课程的缺陷,强调打破学科界限,将学科与学科、知识与生活联系起来,为学生创设跨学科的问题情境,在问题解决过程中综合运用科学、技术、工程、艺术、数学等多学科知识,利用跨学科视角全面提升了学生的科学素养、技术素养、工程素养、数学素养和艺术素养,提高了学生解决现实问题的综合能力。具体来看,STEAM课程关注学生解决现实问题的能力,而现实问题往往不只涉及一种学科知识。这便要求学生在解决现实问题的过程中,不再局限于单一学科或特定学科的内容,而是善于从多学科整合的角度出发,将散乱的学科知识进行有机整合,创造性地分析和解决问题,培养自身解决综合问题的能力以及跨学科创新能力。

(二)实践性

与传统课程倡导知识中心,强调学生对知识的掌握不同,STEAM课程关注学生对学习过程的体验和思考,具有实践性的特点。具体来看,教师在设置STEAM课程时,要通过真实的、富有挑战的、符合学生生活经验的问题创设情境,激发学生的学习兴趣和生活经验,让学生在对问题的探究实践中增强对学习的感受和体验。而学生在STEAM课程的学习过程中,需要秉承"做中学"的理念,通过沟通合作、观察探究来发现问题,经历做出假设、搜集数据、观察探究和实验验证等过程来分析问题,最终在思维碰撞、集思广益中,收获解决问题的成就感。也就是说,学生需要经历运用跨学科知识来分析和解决问题的实践过程,最终锻炼自身的动手实践和探索发现的能力。此外,STEAM课程还强调小组间的合作交流与分工,旨在发挥团体合作的良性功能,使小组成员在多边互助、合作参与、共同探究的过程中激发各自的学习积极性,同时发挥不同小组成员的优势来解决问题,最终促进学生合作能力、组织能力和沟通能力等的提升。

(三)经验性

STEAM课程关注学生在STEAM学习中的经验和成长,要求学生把五大学科领域的知识转化为解决现实生活中实际问题的经验,因而具有经验性的特点。具体来看,STEAM课程的经验性主要体现在以下三个方面:第一,STEAM课程强调学生是学习的真正主体,并将学生的经验和成长作为课程目标的基本来源,重视学生在项目学习中跨学科能力和解决问题能力的培养,同时关注学生自主协作探究的乐趣,体会合作与分享的喜悦,从而充分激发学生的学习兴趣和动机;第二,与传统课程不同,STEAM课程的内容多来源于现实生活,一般选用与学生实际生活相联系、具有挑战性、充满趣味性的主题,让学生回归现实生活、解放天性,在合作探究、实践操作中解决问题,关注学生实践和创新能力的培养;第三,STEAM课程强调学生在真实的问题情境中提出问题、分析问题、解决问题,在这一过程中获得生活体验,最终促进学生的社会性成长。

三、STEAM课程的意义

(一)避免学习内容与实际生活割裂的状况,弥补传统课程的不足

传统课程按具体学科进行划分,虽然能有效保证学生全面系统地掌握各学科知识,却忽视了知识与生活的联系,导致学生的学习与实际生活相割裂,学生所学知识难以应用于实际生活。同时,由于所学知识与生活缺乏关联性,学生往往停留在被动学习的层面,仅关注知识的积累,创新意识和问题解决能力未能得到有效发展。而STEAM课程强调从真实问题出发,以多学科交叉融合的理念为指导,避免学生将学习内容与实际生活割裂。其一,STEAM课程强调打破学科界限,将五大学科领域深度融合成为有机整体,通过学科间

的紧密联系、融会贯通,促进学生综合素质的提升;其二,STEAM课程强调将所学知识融入现实情境,关注知识与生活的联系,培养学生解决现实生活问题的能力;其三,STEAM课程还能避免学生机械记忆、被动接受的情况,强调以真实问题或项目为任务驱动,关注学生主动建构、创新实践和合作探究的过程,培养学生对事物的好奇心和求知欲,最终达到培养学生创新意识和问题解决能力的效果。由此,STEAM课程通过从现实生活中的实际问题出发,在问题解决过程中激发学生主动学习的积极性,促进学生综合素质的培养,从而能够有效避免学生学习内容与实际生活割裂的状况,弥补传统课程的不足。

(二)紧跟课程改革的目标导向,助推基础教育课程改革的发展

近年来,在"教育强国""科技强国"的大背景下,各国纷纷进行课程改革来为国际竞争提供人才支持。而STEAM课程恰好强调培养学生面对未来社会的关键能力,这不仅能够使国家在信息技术和互联网等新兴技术领域中,抢占发展先机,实现国家创新水平的飞跃和赶超,还有助于改变技术劳动力短缺的现状,提供大量的技术人才。由此,STEAM课程成为各国进行教育改革、推动教育发展的重要战略武器。对于我国而言,我国基础教育课程改革近年来倡导立德和树人相统一、科学和人文相统一、本土化和国际化相统一的目标导向,即强调在传授基本知识和技能的同时,促进学生价值观念的培养;关注将求真、求实、批判和创造的科学精神与哲学思维和人文品质相融合;要求将中华优秀传统文化与国外先进教育理念相结合。而STEAM课程具有极强的生命力和活力,恰好满足立德和树人相统一、科学和人文相统一、本土化和国际化相统一的目标导向,对我国的基础教育课程改革具有重要的参考价值。具体来看,STEAM课程在强调学生跨学科知识习得的同时,关注学生创新精神和实践能力的培养;同时在STEM课程的基础上,添加了人文艺术的成分,强调科技与人文的贯通,从而培养学生的综合素养;虽从国外引入,但并未完全模仿国外的做法,且格外重视STEAM教育的本土化,开发符合中国特色的STEAM课程。由此,STEAM课程是推动我国基础教育课程改革向纵深方向发展的强大动力。

(三)解决课程整合窄化的情况,提供课程整合实践的新思路

随着科学技术的迅猛发展,人类逐渐意识到强调学科分化的传统学科难以培养出社会发展所需的综合性人才。由此,在世界各国课程改革的浪潮中,各国政府都不约而同地开始关注综合人才的培养,并将课程整合作为课程改革的重要方向。然而,在目前的课程实践中,存在着课程整合研究视域窄化的现象。一方面,课程整合对象仅局限于静态的学科知识,未能从动态、系统的角度出发进行课程与生活的整合;另一方面,以活动为载体整合知识和经验,缺乏整体目标和内容的架构,造成知识的浅层化,同时降低了经验的高度。

事实上,作为一种指导理念,课程整合强调通过打破既有的学科界限,将促进学生身心发展的知识和经验融为一体。而STEAM课程恰好能够做好通过问题情境来促进学科知识和生活经验的整合,为课程整合实践提供了新思路。具体来看,在以真实性、实践性和综合性为导向的STEAM课程中,学生要以STEAM项目和活动为载体,以认知工具和技术设备为工具,通过问题的提出、分析和解决等系列过程,获得与生活经验相关的跨学科综合知识,经历合作探究、参与实践的过程,培养对STEAM课程的兴趣与参与程度,最终培养批判思维、实践能力和团队合作精神等。因此,STEAM课程早已超越知识分支和学科分化的视界,为课程整合实践提供了新思路。

四、STEAM课程的价值取向

人作为主观主体,在对寻求客体满足自身需求,以及对事物进行价值判断时,必然存在一定的倾向性。"价值取向是价值主体在进行价值活动时指向价值目标的活动过程,反映价值观念变化的总体趋向和发展方向。"[①]STEAM课程的价值取向反映了中国特色社会主义建设时期国家人才培养战略需求,对STEAM课程的发展和实践起到规范和引导的作用。

(一)STEAM课程的两种价值取向

1. 素养本位:关注学生发展的"个体性"价值取向

STEAM课程中"A"的加入是对忽略人文关怀的STEM教育的补充,将对学生能力培养和个体发展的关注提升到一个更重要的位置。在我国的教育需求这一具体场景之下,核心素养的提出,意味着在时代背景下国家乃至世界对人才需求的转向,而STEAM课程对学生个体性的充分关照为我国核心素养的落地搭建了一座基础性桥梁。因此,在本土场域下的STEAM课程强调素养本位,关注学生"个体性"的充分发展,而"个体性"更多的是个体为适应社会而对自身素养、能力发展需求的自我认识和追求。

对STEAM课程价值取向的探究,免不了对STEAM课程价值主体的选择。在以往的教育理念当中,"社会本位""个人本位"的课程往往单一强调"社会"或"个人"的需要,"'对个人的永不发现'是中国传统价值体系的一大偏执……这种特有的传统与学科课程论的社会取向相结合,就使得我们的教育决策者总是习惯于从社会需要的角度强调教育的重要性和基础性。"[②]然而,我们需清楚地认识到课程价值取向虽受制于一定的社会历史条件,但对学生个体性的关注才应该是课程价值主体的核心。STEAM课程的设计关注学科之间

---

① 阮青.价值取向:概念、形成与社会功能[J].中共天津市委党校学报,2010(5):62-65+70.
② 王燕.课程价值取向之"应然"——兼评新基础教育课程改革的价值追求[D].南京:南京师范大学,2003:10.

的有机联系,将各学科知识在具体的问题情境下进行科学整合,为解决具体的问题,学生需要充分领悟情境之下的学习任务,厘清问题,充分利用综合学科的知识,创造性解决各类问题,其间,学生的思维能力、创新能力、综合实践能力、团结协作能力等均会得到提升,这适应了我国社会发展和人才培养的需要。另外,学生在STEAM课程中将被允许依据自己的认知水平、知识储备程度、学习能力等进行适合自己能力的学习,在能力范围内去解决具体问题,也能够根据自己的个性特点、优势承担部分任务。

2. 经验本位:注重经验获得的"效用性"价值取向

STEAM课程以项目等具体社会问题或情境为活动背景,为学生的动手实践提供了充分的环境条件,促使学生能够根据自己的个性特点、学习能力,在课程实践中总结经验,收获知识。STEAM课程的实施过程既包含着间接经验的传递,也包含着直接经验的获得,但不论哪种经验都面向具体的现实问题。因此,在课程价值载体的问题上,STEAM课程将关注的重心放在了"效用性"经验的获得上,什么样的经验解决现实问题是真实有效的,什么经验就是在这节课程当中应该获得的,而直接经验和间接经验只是"效用性"经验更为微观的表现,或者"效用性"经验只是直接经验和间接经验更为具体的经验。

任何课程都有一定的价值载体,包括知识、情感、态度等载体形态。一直以来人们对课程价值载体的争论可以归纳为课程到底应该传授间接经验还是直接经验。间接经验通常都被看作是书本知识的传授,它能够帮助学生在较短的时间之内掌握系统的已有知识,扩大其知识领域。直接经验则是指通过亲身实践所获得的知识,由于人是生活在社会中的个体,生活、情感都与社会的方方面面息息相关,因此,课程的内容密切联系生活,促使学生在社会实践中完成意义建构,从而获得知识。当课程面向具体的学生发展时,要考虑直接经验和间接经验如何组合才能更好地提高知识的"效用性"。

(二)影响STEAM课程价值取向的因素

1. STEAM课程所处的时代背景

时代背景是影响一切课程价值取向的首要因素。课程的形成依赖于特定时期的政治、经济、文化水平,反映着特定时期国家的人才需求现状,同时特定的时代背景也决定着当下课程价值取向。STEAM课程的价值取向也毋庸置疑地受到时代背景这一因素的影响。在课程发展变化,"自然科学知识"在课程体系中逐渐占据一定位置的情况下,课程价值取向也随之发生变化。一方面,STEAM课程的价值取向包含着对过去教育的扬弃。另一方面,在注重创新型人才培养的国际教育变革趋势下,我国也势必顺应国际趋势和民族发展需要,进行教育改革。其间,课程取向的变革是必然的。在此背景下,STEAM课程也必将以满足国家面向未来社会人才培养的需求为重要的价值取向。

2. 对STEAM课程的认识

除客观因素外,对STEAM课程的认识也是影响STEAM课程价值取向的一个重要因素。无论何种课程,都是以知识或经验为依托的,并以此构成不同的课程内容、课程形式等。长期以来,对知识的认识分为理性主义的知识和经验主义的知识。两种不同的知识观塑造了长久的"学科中心课程""教师中心课程""儿童中心课程""社会中心课程"等多种课程价值取向。STEAM课程在其本质上是以人的终身学习和发展为最终目标,指向综合能力和素养培养的课程。在特性方面上,STEAM课程具有跨学科性、情境性、体验性、趣味性和技术性,走出了"唯知识"的桎梏。在内容选择和组织方式上,STEAM课程以建构主义的知识观和实用主义知识观以及相应的课程认识为基础,综合考虑知识(学科)、教师、儿童、社会这四个方面,关注学生的个体性。由此,STEAM课程的价值取向由STEAM课程的各种要素内涵共同决定,同时也在STEAM的各个要素中体现和实现着其价值取向。

3. STEAM课程主体意识

对于课程来说,实践是其第一要义。因此,课程主体的意识,即课程的主体对自身或者所处的群体对于课程的某种特定需要的觉知,是影响课程价值取向的重要因素,也是促进课程价值取向不断变化发展的一种关键因素。在STEAM课程的具体推进和实践中,要实现既定STEAM课程价值取向需依靠课程主体的领悟与实践。此时,不论是STEAM课程的执行者还是接收者都首先需要将对STEAM课程的认识转化为指导自身在STEAM课程实践中的行动指令,能够意识到自身对STEAM课程价值取向所秉持的理念的需要。在此前提之下,STEAM课程主体才能够进一步不断把握所实施的课程价值取向。更为重要的是,主体需要通过自身的内部认识来明确自己在STEAM课程中需要被满足的需要,同时也需要STEAM课程所包含的各种要素作为外部环境的刺激来激发主体的需要,从而能够更加能动地参与STEAM课程价值取向的实践与完善。

第二节　STEAM 课程的理论基础

一、STEAM 课程的哲学基础

哲学是课程最根本的理论基础，是课程的安身立命之本。课程离不开哲学，一方面，哲学制约着课程观的产生、发展和变革；另一方面，课程在哲学面前又具有能动性和选择性。同时，在不同哲学观的指导下，课程承载的任务也是不尽相同的。STEAM 课程作为目前多国培养高精尖人才的重要路径，其秉承理念与主流哲学思潮具有很大的契合性。

（一）马克思关于人的全面发展理论和实践理论

当前，教育领域的变革愈加强调人的全面发展，因此，任何课程都必然围绕这一目标来开展，STEAM 课程作为在整个人类社会对全面发展人才渴求，以及教育变革转向关注人的全面发展这样一种氛围下应运而生并逐渐发展的课程，自然理所应当的以马克思关于人的全面发展理论为基础。

马克思关于人的全面发展理论和实践理论对教育的发展始终提供着本质的引导，追溯马克思、恩格斯对人的全面发展思想，能够对人的全面发展理论做如下几方面的理解：一是人的需要的全面发展，人的需要是人对一切客观事物需求的表现，是人的本性，它是人的全部活动的内在动力。二是人的能力的全面发展，人的能力是人的本质力量的体现，它既包括体力，又包括智力；既包括从事物质生产的能力，又包括从事精神生产的能力；既包括社会交往的能力，又包括道德修养的能力和审美能力等。三是人的个性的全面发展，人的个性是个人的自我，是由此形成的个人特有素质、品格、气质、性格、爱好、兴趣、特长、情感等的总和，人的个性的全面发展是指人的个性在各个方面获得的最大限度的发展，它是人的全面发展的综合表现，是共产主义社会形态的最高象征。四是人的社会关系的全面发展，社会属性是人的本质属性，社会关系实际上决定着一个人能够发展到什么程度，人的能力发展离不开他的社会环境和社会交往，人的存在无不受到具体的社会关系的制约，人的发展无不现实地表现在具体的社会变革之中。随着时代的发展，不同历史时期对人的全面发展的认识和理解程度不同，对人的全面发展要求的深刻程度自然不同。在当下，人的全面发展有了更加具体的要求，它不光要求德、智、体、美、劳全面发展，更要求包含着精神和人格的个性完全发展。教育作为促进人的全面发展的一种途径，而课程作为一种手段承担着教育的具体任务，必然要满足个体成长的需要和社会发展的需要，实现人的最大化发展。

马克思实践哲学的发展同样围绕着人的解放、人的全面发展问题，他对实践的理论的阐释如下：一是实践是人的生存方式，包含着人类的生存发展活动和自我创造活动这两层意思，实践体现人类生命本质的活动方式，它包括一切物质的、技术的、社会的、交往的、情感的感性生活。二是实践是一种感性活动，包含着感性现实的意思，马克思认为，实践是作为一切认识源泉的感性活动的实践，这种感性活动是与外部感性的对象世界直接相关的，而不是封闭在思想中的鼓励抽象的思维活动。三是实践内含自由自觉的意蕴，这种实践活动具有对生物性需要的超越性以及能动改造现实社会的革命性。除此，实践还有着深刻的社会性、目的性和历史性，它是一种动态的活动行为，不以脱离人的意识和行为的静态存在。总之，马克思的实践哲学的对象就是现实的人的社会生活。

从STEAM课程的终极目的来看，它强调的不是问题的最终解决结果，而是关注学生个性、能力、素养的多方面发展，培养学生获得全面发展的主体人格，激发学生基于个体全面发展的创造性思维和能力的发挥。另外，STEAM课程以强烈的实践性为特征体现，在哲学理论上必然要追溯至对实践的马克思主义的探讨，因此，马克思主义的实践理论也是STEAM课程的一个重要理论基础。STEAM课程以具体的现实问题为课程实施背景，与学生的生活点滴息息相关，使得学生在参与实践中能够获得更多与自己实际生活相关的实际体验，并能够触发学生强烈的社会责任意识。同时，通过实践，学生不仅能够将系统的理论知识运用到实践中，同时能够获得实践中的感性经验，为系统理论知识的学习和更进一步的实践奠定感性经验。更为重要的是，在实践的STEAM课程中，学生会逐渐养成一种实践的思维和能力，在未来的学习和生活中，当遇到新的问题和困难时，学生能够自觉或不自觉地以实践来获取解决问题的方法，而这正是STEAM课程所期望达到的最终目标。

（二）杜威的实用主义哲学

除马克思主义关于人的全面发展理论和实践理论外，杜威的实用主义哲学思想关注学习者学习的主体性，强调让学生在活动中获取经验的观点，一定程度上也为STEAM课程的产生与发展提供了理论土壤。具体来看：杜威是实用主义哲学的集大成者，在皮尔士和詹姆斯的基础上，他将实用主义哲学推向了崭新的理论高度，并以此创建了影响世界的实用主义教育理论体系。具体来看，杜威的实用主义哲学是一种讲究实际的哲学，强调哲学应立足于生活，将确定信念作为出发点，采取行动作为重要手段，获得效益作为最高目标，来寻求实事求是对待事物的方式。他强调实际行动，将行动作为实用主义认识论的核心。同时，注重实效是杜威实用主义的又一主张，他认为做事需要从目的出发，要在行动中产生实效，以行动来验证理论，实践出真理。此外，他曾将自己的哲学思想称之为"经验自然主义"，强调"经验"不是知识，而是主体与对象、人与环境间的相互作用，能够将主体与对象、人与环境联结成不可分割的整体，而"经验"的根本特征是行动，个体能够在行动中获得主观反思前的经验或原始经验。他将经验与生活和历史联系起来，拓展了经验概念的广度，将经验作为了生命活动的历程。与传统的"三中心"相反，他强调教育应该"以儿童为中心、以活动为中心、以经验为中心"，认为教育的目的应该是促进学生的成长和发展，需要通过"从做中学"激发学生的兴趣，帮助学生获得经验，并通过经验和思维帮助学生将知识符号串联起来。为了保证学生能够"从做中学"，教师的作用就不再是给学生强加某种概念或习惯，而是根据学生的特点来选择和设置课程，使学生在课程中通过活动和经验得到发展。在这种哲学观点下，他认为教师主要担任的是参与者、引导者和辅助者的角色，帮助学生得到成长。同时，杜威认为"学校即社会"，学校是社会的简单缩影，学生的学校生活不应与社会生活割裂开来。因此，学生的学习内容应是社会中普遍存在的事物，不应与社会分离，学校应注重培养学生的动手实践能力，通过开设绘画、缝纫、烹饪等实践课程，让学生习得生活中的经验。杜威将其实用主义思想运用到美国的教育实践当中，并开创了实用主义教育哲学体系，对美国及世界许多国家的教育实践和理论发展都产生了深远影响。同时，其在教育实践中倡导的"学生中心""从做中学"等理念，对今天的教育改革和发展仍具有极大的指导意义。

　　受杜威实用主义哲学的影响，学校教育关注学生的主体性，让学生在活动中获取经验，同时强调学校是社会的缩影，促进学生获得生活中的经验。而STEAM课程学习强调学生作为学习的主体，通过独立思考和合作交流来发现、分析和解决问题，而教师则主要扮演学生学习的引导者和辅助者的角色，帮助学生在学习和体验中促进自身STEAM素养的提升。此外，STEAM课程在一定程度上打破了学校与社会之间的"鸿沟"，一方面帮助学生在实践参与中提高问题解决的能力，另一方面促进学生在真实情境中将自身获取的生活经验运用到实践中。STEAM课程作为连接学校与社会的重要桥梁，所涉及的项目和真实问题，不是帮助学生获取无用的知识，而是帮助学生获取生活的重要技能。总体来说，STEAM课程的这些观点都与杜威的哲学思想高度契合，STEAM课程是杜威哲学思想的重要实践。

二、STEAM课程的心理学基础

诚如心理学的理论和思想是课程设置的重要理论基础,STEAM课程的设置也离不开强大的心理学理论的支撑。心理学的流派有很多,这里吸收了各流派的重要观点,以此来证明STEAM课程的合理性。就STEAM课程来看,其强调的综合性、实践性和经验性等特征,都能从心理学中找到依据。

(一)学习金字塔理论

在教学相关的理论和实践研究中,学习金字塔理论为教师灵活调整教学方式,尊重学生的认知规律和学习特点提供了理论依据。而STEAM课程强调学生的主动学习和探究实践,一定程度上也能从学习金字塔理论中找到支撑。

学习金字塔理论最早由埃德加·黛尔提出,后来美国国家训练实验室也进行了这一实验,最终确定了学习金字塔理论。学习金字塔理论表示,学生的学习方式不同,相同时间学习后,所学知识的保持率也会各不相同。美国国家训练实验室对这一问题进行了实验,测试了学生通过不同的学习方式,在两周后的保持率。结果显示:金字塔的塔尖是课堂教学中最常见的一种学习方式——听讲,使用这种学习方式的学习效果最差,学生两周前学习的内容,两周后只能留下5%。从塔尖向下,学生学习方式不同,相同时间学习过后,学生记忆中保留的比例会越来越高。第二种学习方式是阅读,两周后学生学习内容的保留率约为10%;第三种学习方式是声音、图片,两周之后的保留率为20%;第四种学习方式是示范,两周之后,学生的记忆可以保留30%;第五种学习方式是小组讨论,可以维持近50%的记忆;第六种是"做中学"或实际演练,这种方式下学生记忆的维持率高达75%。而处于金字塔最底端的学习方式是教别人或者马上应用,保持的效果最好,能达到90%。通过分析,这7种学习方式有主动和被动之分,前4种是被动学习,后面3种属于主动学习,而学生主动参与的学习效果明显好于被动学习的效果。此外,学生获取经验的层次也发生了变化,从抽象的经验、观察的经验,最后是做的经验,经验层次越高,学生的记忆就越深刻。依据学习金字塔理论,教师要改变传统以讲授为主的教学方式,将学生的被动听变为主动学,促进学生获取做的经验,提高知识的保持率。

埃德加·黛尔提出的学习金字塔理论,强调学生获取经验的层次应是抽象的经验、观察的经验,最后是做的经验,经验层次越高,学生的记忆就越深刻。而STEAM课程恰好关注学生的主动学习,强调学生获取做的经验,通过小组讨论、参与探究和实践应用的方式,有效提高学生对知识的理解和掌握程度。由此,学习金字塔理论为STEAM课程强调参与合作和探究体验提供了理论支撑。此外,视听学习位于学习金字塔的中层,相较于语言来说,能够很好地冲破时空的限制,给学生提供更加具体和易于理解的经验。而在学习中运用多种教学媒介,有助于学生将抽象的知识具体化,促进学生对知识的掌握。因此,视听教学理论为STEAM课程的技术性提供了依据。

(二)多元智能理论

多元智能理论的提出,在世界教育实践中引起了极大的反响。在多元智能理论的指导下,学校教育的宗旨变为——开发学生的多种智力和潜能,促进学生的全面发展。而这无疑为STEAM课程关注学生在提出、分析和解决问题的过程中,提高学生的综合素质提供了理论支撑。

多元智能理论是美国心理学家加德纳提出的,这一理论认为,神经生理学和心理学中对大脑损伤病人的研究结果,证明了个体身上存在着多种不同的智能。同时,特殊儿童的存在,也进一步证明了个体存在着多种智能,且每种智能的发展并不是平衡的。一般来说,这些特殊儿童大多在某些领域表现突出,但并非在各个领域都表现出色,甚至有的特殊儿童在其他领域会表现为无能或低能的情况。这为个体多元智能发展的不平衡性提供了支撑。此外,个体的不同智能需要不同神经机制的作用。例如,音乐智能涉及个体对声音高低的区分能力,运动智能则涉及个体对动作的模仿,这些智能都有自己特定的神经机制与操作系统。加之"实验心理学研究者发现:对人的某种专门认知技能(如语言能力中的阅读能力)进行训练后,这种技能就能得到明显的提高,而对其他技能如逻辑—数理智力中的计算能力的提高并没有明显的帮助。"[1]基于以上分析,加德纳提出,传统的智力概念太过狭窄,若沿用传统的对智力的定义,许多学生在其他领域的智能就会被忽略,会无形中抹杀学生的发展潜能。

1983年,加德纳将人的智能分为以下7种,分别是语言智能、数理逻辑智能、视觉—空间智能、音乐智能、身体动觉智能、人际关系智能和自我认知智能。1995年,增加了第八种智能——自然观察智能,1999年,又增加了第九种智能——存在智能。具体来看,语言智能是个体掌握和灵活运用语言的能力;数理逻辑智能是个体数理运算和逻辑推理的能力;视觉—空间智能是个体形成有关外部空间模式,并能运用和操作外部空间模式的能力;音乐智能是个体感受和表达音乐的能力;身体动觉智能是个体运用四肢和躯干来对事物做出反应或表达思想、情感的能力;人际关系智能是理解并与人交往的能力;自我认知智能即个体认识、洞察和反省自身的能力;自然观察智能是个体观察自然中各种形态,对物体进行辨认和分类,并辨别自然和人造系统的能力;存在智能则是指个体思考生命、死亡等终极问题的能力。而每种智能的开发和培养,都需要通过教育和训练,促使个体的智能达

---

[1] 闫莉.基于多元智能理论的学生评价研究[D].西安:西安电子科技大学,2010:16.

到更高的水平。多元智能理论告诉我们，不同的学生智能组合都各不相同，每个人都有自己的智能强项。因此，教育应从多个智能出发，关注学生潜能的开发和培养，而并非仅仅关注学生学习成绩的高低。

在多元智能理论的指导下，学校教育应做到促使每个学生都能最大程度地发挥出自身的潜能。但传统的关注对学生进行知识训练的分科课程难以达到培养学生多元智能的效果，未关注到身体动觉、人际关系、自我认知等潜能的发挥。而STEAM课程强调综合多学科的内容，涉及多种智能的培养，让学生在问题情境的思考、交流、探索和验证过程中尽可能发挥各自的智能强项，最大程度促进学生潜能的发挥。

（三）情境认知理论

情境认知理论代表着学习观的转向，其作为批判教育现实，启迪课程改革向积极方向发展的重要学习理论，对世界范围内多项教育教学理论的产生和发展都具有重要的指导作用，对STEAM课程也不例外。STEAM课程关注学生学习的情境性也可以从情境认知理论中找到理论支点。

有关情境认知的思考发源于对词汇教学的研究。在日常交际中，人类总能以惊人的速度去学习词语，而这是由于词语和句子总是存在于一定的场合和情境当中，作为人的活动与情境互动的产物。由此，情境认知便强调人类的社会性互动来促进学生的文化适应。情境认识理论认为学习的发生需要情境，学习只有在特定的情境中才具备旺盛的生命力，才不会变成抽象的惰性知识。同时，在学校教育脱离真实情境的情况下，情境认知理论的倡导者尤为强调学习发生在真实情境当中，有助于个体获得在特定文化共同体中的适应能力。具体来看，情境认知理论的学习观认为学习的发生必须依托具体的情境，通过情境有助于促进学习迁移的发生，有助于学习者知识体系的建构。同时，学习者所依托的情境应具备真实性，包括物理的真实性和认知的真实性，前者是指真实有效的物理情境，后者是教师指导下学生认知参与的真实情境。此外，情境认知理论强调学生与他人、工具和世界的社会性互动，尤其注重学生与他人的对话和协作，强调通过学习者之间的合作学习提高学生学习的效果。通过依托具体情境的学习，一方面，能激发学习者的参与热情，使学习者获得满足感和成就感；另一方面，通过学习者在真实情境中经历发现、分析、解决问题的系列过程，能够促进学习者的有效发展。而情境认知理论的学生观认为在情境学习过程中，学生不应是知识的被动接纳者，而应是学习的主体。学生作为学习活动的主动建构者，应依据个人的学习目标进行主动的操作探究，从而在与环境的互动过程中建构出所需要的知识。同时，情境认知理论的教师观认为，教师的角色不应是知识的传授者，而是学生主动意义建构的指导者和促进者。教师的主要任务应是调动学生在复杂情境中学习的动机，促进学生在情境中发现、选取问题，并最终解决问题。

情境认知理论强调的学习需要依托真实情境，在情境学习中能够激发学生的学习兴趣，学生在学习过程中的社会性互动等理念对STEAM课程强调真实问题情境的创设、学生的合作学习，以及学生在发现、分析和解决问题的过程中获取知识等思想具有重要的指导意义。因此，不难看出STEAM课程的发展深受情境认知理论的影响，情境认知理论为STEAM课程的情境性提供了理论参考。

三、STEAM课程的社会学基础

课程在本质上是一种对文化的选择，受到社会、政治、经济、文化等各方面因素的影响，且随着课程概念逐渐突破教材、课堂和教师的樊篱，课程的内涵和外延逐步走向以学生、经验和活动为中心的广泛的课程观念。因此，将社会学作为STEAM课程的理论基础具有重要的价值。STEAM课程的社会学基础主要来源于科学社会学理论、社会行动理论和社会实践理论。

（一）知识社会学理论

知识社会学发端于马克思的社会决定论，马克思认为不是人们的意识决定人们的社会存在，相反，是人们的社会存在决定人们的意识，而对于知识到底是什么样的知识？是什么决定了知识？知识背后有着怎样的关系？社会学学者们对这一系列的"假设"和"讨论"促使了人类不断去探讨知识与意识形态、知识与权力、知识与利益，以及知识与实践之间的关系，而这样的"假设"与"讨论"本身指向了自柏拉图以来深入人心的知识概念，即知识是人类理性认识的结果，是人们对于事物本质的反映和表述，且知识不同于人类感性认识所产生的"意见"。而后，学者们开始意识到，知识不是来自某种先验的经验，而是来源于感觉经验，这种感觉经验与社会有着难以割裂的关系。因此，在有关知识与社会关系之间的探讨、相互批判、吸纳之中便逐渐发展形成了知识社会学。"知识社会学的发展历程大致经历了传统知识社会学、科学社会学和科学知识社会学三个阶段，分别构建了以曼海姆为代表的'意识形态'知识社会学理论，以墨顿为代表的'精神物质'科学社会学理论以及以布鲁尔为代表的'强纲领'科学知识社会学理论。"[1]但不论有关社会和知识之间的关系探讨将走向何处，可以明确知晓的是对知识的认识从绝对的理性认识走向了相对的感性经验，从知识结果走向了知识过程，且知识必然与社会产生联系，从而具有社会性。

---

[1] 赫明君.课程中的知识与权力[M].重庆:重庆大学出版社,2019:13.

不难理解，不论什么课程都是以一定的知识选择和组织为课程活动开展的基础，STEAM课程也不例外，尤其STEAM课程真实问题情境的特性更是决定了STEAM课程对社会学理论基础的依赖。具体来看，知识社会学理论对于STEAM课程的启示关注课程知识选择和组织的社会性，关注学生感性经验形成个体知识的过程。

首先，STEAM课程关注知识选择和组织的社会性。从知识社会学的发展历程来看，STS—STEM—STEAM教育的发展遵循着知识社会学发展的历史规律，从重视精神现象、思想观念逐步转向注重科技理性、重视社会现象、重视人文素养，STEAM课程对内容的选择和组织也由一般课程的系统理性的分科知识传授转向多学科领域知识的广泛涉猎，不完全抛弃对于学科基础知识和基本技能的掌握，但是更加注重基于社会活动所需要的多学科知识的综合学习和应用，并且关注什么样的知识形式能够扩大个体的知识容量，优化知识组合结构，传承优秀文化、拓展新知识边界将成为这个社会最能够接受的知识。其次，STEAM课程关注学生感性经验形成个体知识的过程。STEAM课程的开展前提不是学生已经掌握了某种理性的知识，而是学生已经拥有了某些感性经验并形成了自己的认识。因此，STEAM课程以学生能够亲身经历获取、应用多学科知识解决实际社会问题为依据，关注学生在以社会问题和具体情境为主的项目式活动中的一切个人体验，为个体的发展需要创造良好的课程氛围及社会氛围。

（二）帕森斯的社会行动理论

美国社会学理论加塔尔科特·帕森斯的社会系统理论是其结构功能主义理论丰富内涵中的一个理论，是结构功能主义理论的核心，标志着其理论的渐趋成熟。帕森斯的社会行动理论是在他放弃前期对唯意志论的行动理论，关注社会行动的系统要素而逐步建立、发展和完善起来的。他认为社会的基本结构"单位"是社会行动者、行动者集合的"集体"，以及构成社会制度的价值观和规范，而"社会系统"就是由行动者之间的关系建构而成的，其长期目标是稳定、整合与均衡。帕森斯将社会行动系统分为人格系统、文化系统、行为有机体系统和社会系统资格子系统，根据对行动系统功能关系的分析，他建立了著名的AGIL功能模式，即社会系统要有适应（Adaptation）、目标达成（Goal-attainment）、整合（Integration）和潜在模式维系（Latent patter-maintenance）四种功能条件才能维持系统的稳定。其中，适应只是行动者处于一定的社会系统之中，势必要适应系统环境以求自身能够在系统中达到最优行动目标。目标达成是指行动者在系统中能够界定清楚所需要达到的行动目标，并且能够动用一切资源来促进目标的达成。整合是指系统是由多个部分构成的，行动者必须在行动系统中协调各部分保持一致的行动方面，才能够使行动系统发挥整体的效用。潜在模式维系则是指行动系统的行动模式会以一定的稳定状态保持下来,成为提供行动系统持续动机能力的一个支持。

STEAM课程的性质决定了STEAM课程是离不开社会系统的,学生和教师等作为STEAM课程的参与者,既是教育文化系统中的行动者,更是社会系统的行动者。由此,帕森斯的社会系统理论便自然能够作为STEAM课程开发与评价的理论基础。具体来说,在STEAM课程所构筑的场域之下,行动者的行动要能够适应外部环境,与社会环境和谐共生,以及继承和发展社会优秀文化,而行动者即包含个体、个体集体以及STEAM课程系统乃至教育、社会系统中的价值规范等。

首先,行动者外部环境的适应表现在对社会人才需要的反应和与社会环境的和谐共生上。21世纪以来,创新型的人才培养正以一种战略思维引导和促进着国际教育的变革,当前的我国正处在向现代化国家发展的重要转型时期,整个社会正在"自觉"或"不自觉"地适应和推动着一系列转化,人们在生存的时间意识上,从重视过去向重视未来转化;在生存方式上,从稳定向发展转化;在生存价值的追求上,从趋同向多元、自主转化。这些转化促使课程改革趋向多元化、细分化,因此STEAM课程的出现是势在必然,是STEAM课程适应社会发展和人才需求的具体体现。其次,行动者保持其稳定还需要与社会环境和谐共生。STEAM课程关注学生所处的生活环境,了解学生知道什么、能够做什么、要学会什么;教学与文化和社会相关,并结合到现实情境;课程培养学生学会与他人合作与互动……面对社会多样化的挑战,行动者只有在尊重社会、了解社会的基础上才能够适应社会的发展,继承社会优秀传统文化,实现个人的成长、促进社会的进步。因此,教育文化系统的稳定和发展越来越需要将学生带入真实的社会环境中,依托社会环境而开设的课程越来越受到关注,而STEAM课程正是这样的一种课程。最后,行动者需要继承和发展社会优秀文化,STEAM课程以其真实问题情境属性将有机体系统置于社会环境的大背景之下,在具体的项目任务之中,行动者会根据任务制订共同的目标,这一目标不仅仅包含能够解决的问题、单一学科和单一思维方式,还包括综合的、复杂的多学科知识、思维方式和能力。而为了实现这一目标,行动者会调动系统内外部的各种资源,尤其当实现这一目标需要利用自身既有资源以外的其他资源时,行动者会发现自身的系统失去了原有的平衡,而为了保持其稳定性和一致性,行动者又会对其内部各个部分的需要进行调节,不断与外部其他系统进行协调,并持续给自身和集体成员提供激发其动机能力的支持。

总之,以真实社会情境为背景的STEAM课程为行动者提供了一个完整且更利于行动者制订目标、达成目标、整合各部分子系统、形成一定行动模式的行动系统,从而促进教育目的更好地达成。

第三节　STEAM课程的学习模式

模式,也即模型、样式。国外学者乔伊斯等人认为学习模式既可以看作是教的模式,也可以看作是学的模式,教学模式就是学习模式。我国钟志贤学者认为学习模式是"在相应的理论基础上,为达成一定的目标而构建的较稳定的学习活动结构"。[1]学习模式对学生的学习、教师的教学起着十分重要的指导作用,指导学习按照一定的程序进行。而了解学习模式,一方面能够为STEAM课程的开发提供思路,另一方面又能为STEAM课程教学实践提供指导。本节介绍了三种基本的学习模式,并详细阐述了三种基本的学习模式与STEAM课程相结合的应然样态。

一、基于探究的STEAM学习模式

(一)"基于探究的学习"内涵

基于探究的学习是指学习者在学习过程中对科学思想的理解以及探索科学家如何理解自然世界的过程,旨在培养学生提出问题、设计调查、解决问题、解释数据或证据等方面的探究实践能力。具体来说,基于探究的学习包括以下特征:一是教师要提出一个待解决的真实问题,这个问题要足以激发学生思考和探索的欲望;二是学生在问题驱动下,能够充分展开探究式的学习;三是学生在探究学习的过程中能够进行小组合作与交流;四是在解决问题的过程中,学生能够同时利用教师支架和新技术、新媒体去提高问题解决效率和质量;五是学生分享探究学习经历和收获。

(二)"基于探究的学习"典型模式

5E学习模式是一种基于建构主义的典型探究学习模式,由美国生物学课程研究所在卡普拉斯的学习环基础上提出,旨在帮助学生构建科学概念。该模式包括引入(Engage)、探究(Explore)、解释(Explain)、精致(Elaborate)和评价(Evaluate)五个环节,且在STEAM教育背景下,经我国学者武敬、徐华英设计,已成为面向STEAM教育的主要教学模式。

1. 引入

教师基于学生已有的概念,提供有意义的生活实例或学习情境,促使学生主动思考并引发新旧概念的认知冲突,激发学生学习兴趣和探究意识,这是进行STEAM课程教学的首要环节,可以通过实地考察、视频观看、"头脑风暴"等活动进行。

---

[1] 钟志贤,孙菊如.学习模式的类型与价值判断[J].现代远距离教育,2007(4):3-5.

2. 探究

在探究环节,学生针对特定的STEAM课程内容进行自主或合作探究,通过资料搜集、观察比较、规律总结、变量识别、交流讨论等方式来建立事物之间的联系,而教师则提供"支架式"支持,对学生进行启发式教学和个性化指导。探究环节是培养学生高阶思维和动手实践能力的中心环节,对此,我国新课标提出了发现式探究、推理式探究和实验式探究三种探究方式,这三种探究方式可根据STEAM课程教学内容的不同进行灵活选择和运用。(见表2-1)

表2-1 三种探究方式比较

对比类型	发现式探究	推理式探究	实验式探究
探究特点	开放性、启发性	逻辑性、科学性	可重复性、可控性
探究问题	生活经验、自然现象	较为抽象、难以表达	验证自然现象或规律
学生活动	主动发现问题 自主归纳结论	查阅资料、观察现象 经逻辑推理得出结论	通过实验发现问题、现象或规律,验证假设
探究环节	发现问题→探讨猜想→提出方案→理解重构→反思质疑	提出疑问→问题思考→归纳演绎→逻辑推理→形成结论	发现问题→提出假设→设计实验→观察现象→处理数据→验证假设
能力培养	发散性思维	逻辑性思维	创造性思维

3. 解释

探究完成后,学生应通过师生答疑、演讲辩论、虚拟演示等方式展示探究方案、解释探究结果;教师针对学生多样化的探究成果,灵活运用视频播放、虚拟演示、提示讨论等方式进行难点解释或知识补充,且注重引导学生建立新旧概念的联系,整合多学科、跨学科的内容,生成STEAM新概念。

4. 精致

教师应为学生提供适当的思考时间和空间,通过参与讨论、协作交流等方式,引导学生利用STEAM新概念尝试解决新问题或新现象,促进学生对STEAM新概念的迁移运用,这个环节可以循环进行,以不断培养和发展学生的STEAM综合素养。

5. 评价

STEAM课程教学的评价应具有多元性,不仅包括学生的自评、互评和他评(教师、专家、学校管理者、督导人员等),也包括教师的自评、互评和他评(学生、专家、学校管理者、督导人员等)。同时,在评价工具和技术方面上,国家及地方教育部门、教育科研机构、学校督导部门、教师等评价主体可以共同研制STEAM课程及教学评价标准,以为评价实施提供指标参考,也可以灵活运用课堂观察、学生访谈、成长档案袋、学习成品等多样化的评价方式或工具进行有效评价,还可以结合大数据、云计算等智能化的学习分析技术来综合实施过程性评价、总结性评价和发展性评价。

此外，还有众多基于5E探究学习模式发展起来的其他STEAM学习模式，如美国得克萨斯州哈莫尼公立学校创建的"STEM学生登台秀"（STEM-Students On the Stage，STEM-SOS）模式，该模式通过一系列以项目和探究为基础的学习活动组成。又如杨艳提出的QCE学习模式便包括了问题（Question）阶段，即设置一个问题情境或指定一项工程任务，让学生明确学习目的；循环（Cycle）阶段，即分为"设计与再设计、建立模型、测试优化、数学收集与分析"四个不断循环的步骤，学生通过循环探索，不断改进和优化方案直至形成最终方案；评价（Evaluation）阶段，即既有学生不同阶段的学习形成评价，又有学生汇报和展示的最终评价。

二、基于设计的STEAM学习模式

（一）"基于设计的学习"内涵

基于设计的学习（Design-based Learning，DBL）也称"设计型学习"（Learning by design，LBD），分别由美国加州理工大学多林·尼尔森和佐治亚理工学院詹尼特·克洛德纳提出，其中，克洛德纳认为基于设计的学习是通过设计具有挑战性的情景，让学生在设计中学习科学知识，能够发展解决复杂问题的能力。在这个过程中，学生需要合作交流，设计调查、实施调查、分析数据、得出结论，学习科学方法和进行逻辑推理，应用他们正在学习的概念和技能。基于设计的学习运用到STEAM教育领域，通常与工程项目联系，主要形成工程设计的学习模式，而工程设计的核心理念主要包括：(1)清晰地界定工程问题，明确解决问题的相关标准和约束条件；(2)初步设计解决工程问题的方案，包括生成和评估多项解决方案，确定符合解决问题的相关标准和约束条件的最佳方案；(3)优化设计解决工程问题的方案，包括系统地测试和改进初步方案，对方案的功能和细节进行折中考虑。

（二）"基于设计的学习"典型模式

1. 双循环设计学习模式

根据不同的研究目标和教学要求，基于设计的学习模式具有不同的流程和步骤，但总的来说，该类学习模式包含两个最基本的循环：一个是设计/再设计循环，注重应用知识进行设计与制作，在设计中发现问题；一个是调查与探索循环，强调经过探索获得知识，用科学方法探索解决问题的途径与一般性的原则，两个循环一个需要实做，一个需要了解，共同建立起了"学"和"做"相统一，理论与实践相结合的逻辑联系（见图2-1）。具体来说，如要设计制作一件作品，首先需要"理解挑战"，包括理解作品的功能、需要解决的问题、限制条件和要求等。在"理解挑战"、明确问题后,学生展开"澄清问题—提出假设—设计调查—实施调查—分析结果"的"调查与探索"学习,通过该学习环节学生获得相应的调查证据和探索经验,最后进入分享探索结果、总结一般原则的"展示与分享"环节,该环节内容又为"设计/再设计"环节做铺垫,之后再进入"计划设计—展示与分享—建模与检验—分析与解释—展示与分享"的再循环中。

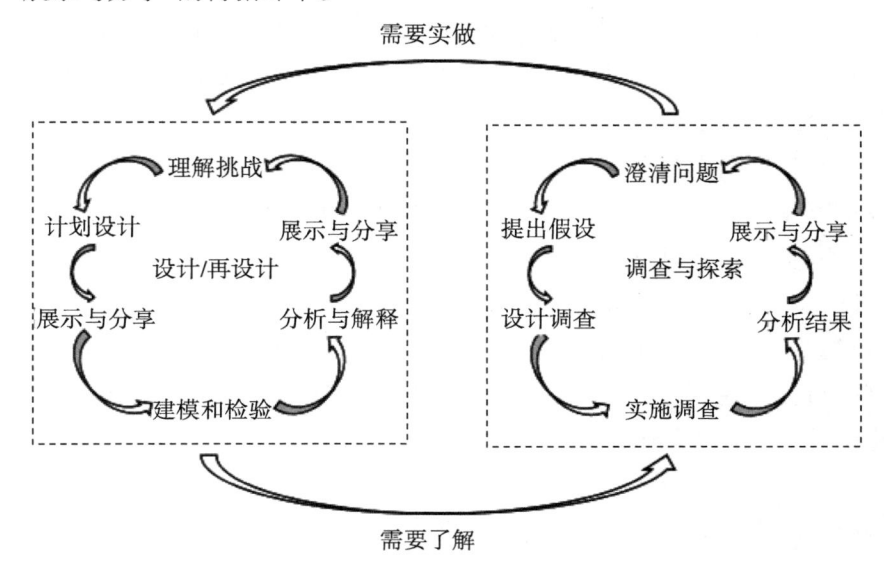

图 2-1 双循环设计学习流程图

2. EiE 工程设计学习模式

EiE 工程设计学习模式是由波士顿科学博物馆于 2003 年 8 月创立,该博物馆所创立的 EiE 项目旨在将工程技术的概念和科学主题整合,发展学习者的工程设计和动手操作能力,以及注重提高学习者的读写能力和社会交往能力。同时,教师是学生进行 STEAM 课程学习的重要引导者和组织者,因此,该项目也通过专业发展工作坊和 STEAM 培训资源,帮助小学教育者提高他们对 STEAM 教育的概念理解和实践水平。其中,EiE 项目将工程设计的学习流程分为以下五个环节(见表 2-2):

表 2-2 EiE 工程设计学习流程

流程	具体步骤
提出问题	确定问题;确定设计约束(如可用材料的限制);考虑所学相关知识
猜想	集体讨论设计理念;画出设计理念并进行标注
计划	选出一个设计理念;画出这个设计理念并做标注;确定所需材料或条件
制作	执行计划,构建设计产品;测试产品
改进	思考测试结果;计划、构建,并测试(经改进的)新设计

总的来说，基于设计的学习并没有固定的模式，而是一种学习的范式，除了以上两种学习模式外，也有世界在运动（A World in Motion，AWIM）项目课程将工程设计的过程分为"目标设置、建构知识、设计、建造和测试、呈现"五个阶段；全球数字公民基金会（Global Digital Citizen Foundation，GDCF）提出面向STEM学习的"解法流畅模式（Solution Fluency）"，具体包括"定义（Define）、发现（Discover）、创想（Dream）、设计（Design）、交付（Deliver）、反思（Debrief）"六个环节；乐高4C教学模式由"联系（Connect）、建构（Construct）、反思（Contemplate）、拓展（Continue）"四个阶段性步骤构成，联系即创造情境；建构既指设计与搭建机器人，也指学生知识的建构；反思是对上述两个步骤的思考，以便接下来进行方案调整，是实现创新的关键环节；拓展则是对学生提出更高的要求，迫使学生拓展和延伸知识技能，进而进入新一轮的"联系"阶段。郑东芳在4C学习模式的基础上改良生成CICCCC双层模式，增加了构思和交流环节，并对反思和拓展环节做出了调整，以弥补4C模式的缺陷。我国学者傅骞、刘鹏飞将基于设计的学习分为"情境导入、创新引导、协同设计、制造验证、应用改进和分享反思"；学者王玲玲构建了包括"问题、探究、设计与建造、改善、评价"的QIEIE工程设计教学模式，这些不同的"基于设计的学习"模式启示教育者应根据具体的STEAM课程内容，进行学习模式的选择和运用。

三、基于项目的STEAM学习模式

（一）"基于项目的学习"内涵

项目的概念最早出现于管理学领域，指在特定时间内，为了实现与现实相关联的特定目标，把需要解决的问题分解为一系列相互联系的任务，以便群体间可以相互合作，并有效组织和利用相关资源，从而创造出特定产品或提供服务。随着项目管理优势的突显和发展，项目这个概念被大规模使用，也逐渐被引入教育学中，产生了基于项目的学习、项目学习、项目教学的概念，这些概念大同小异，以下表述以"基于项目的学习"为标准。"基于项目的学习"概念最初来自克伯屈1918年在哥伦比亚大学《师范学院学报》所发表的《项目（设计）教学法：在教育过程中有目的活动的应用》，其中将"基于项目的学习"定义为学生自己计划、运用已有的知识经验，通过自己的操作，在具体的情境中解决实际问题的过程。目前，众多学者给出了"基于项目的学习"的定义，其中较具代表性的如美国巴克教育研究所以课程标准为核心，将"基于项目的学习"解释为通过项目规划和任务实施，对真实问题进行探究或精心设计项目作品的一套系统的教学方法或过程。我国学者黄明燕认为"基于项目的学习"是学生以解决真实情境中的问题为任务，在完成的过程中来促进能力的提高，完成的标志是产品的产出。

"基于项目的学习"主要由内容、活动、情境和结果四大要素构成,其中,内容是来源于真实生活的复杂的、值得探讨的跨学科问题,包括科学、技术、工程、人文艺术和数学各领域的知识,具有真实性、整合性以及可探究性;活动是学生采取一定调查方法与技术手段在真实情境中进行探究的活动,活动的方式丰富多样,包括个别化学习、小组学习等各种活动方式,以为不同智能特点的学生提供舞台为目的,具有一定挑战性、建构性和个性发展性;情境是支持学生项目活动的学习场,所有活动都是在现实情境或虚拟情境中展开,支持学习者合作、拓展自身综合能力;结果是产生有形的产品,且形式和内容具有多样性和丰富性,但这并不意味着学习的结束,而是要在对最终产品和活动过程进行多元评价的基础上进行反思,为之后的学习和STEAM综合素养的发展带来更多的启示与支持。

(二)"基于项目的学习"典型模式

EbD™项目设计模式是由国际技术和工程教育协会(International Technology And Engineering Educators Association,ITEEA)开发的基于项目的学习模式,该学习模式整合了工程设计与探究学习,在5E探究学习模式的基础上将"拓展(Elaborate)"替换为"工程(Engineer)"环节,该环节强调学习者应在人造的设计世界中运用所学习的概念。学生和教师在每一环节都有具体、明确的活动,在活动中,教师主要扮演引导者的角色,以指引学生针对具体主题内容进行问题探索和研究开展,学生则主要通过研究经验和总结对问题做出拓展性的理解(见表2-3)。

表2-3 EbD™项目设计模式具体学习流程

环节	学生活动	教师活动
引入	熟悉概念;检查了解程度;清晰阐述"大概念";持续性理解;明确或生成课程学习目标;了解材料和设备作用;明确与"大概念"、持续性理解相关人类价值;完成工程设计日志	提问;收集材料;研究和呈现主要概念;联系已有知识经验;描述工程设计过程;介绍人类价值的重要性;负责安全和技术指导;鼓励和引导完成工程设计日志;评估学生理解情况
探究	理解主要概念的形成概况;作为团队的一部分参与活动;参与团队和课堂讨论;参与建模活动;比较团队数据和标准;在工程日志中记录探究任务外的问题	介绍预测分析的概念;重申设计过程;引导式提问,鼓励学生参与讨论和加深理解;关注学生团队学习过程;鼓励学生完成工程日志和进行学习反思
解释	运用系统概念、原则及相关理论;进行建模;设计问题解决方案;解释设计过程;在工程日志上解释概念	介绍系统概念及联系;重申设计过程;引导式提问或追问;引导课堂讨论;纠正迷思概念;提供恰当资源;拓展学习情境联系
工程	运用工程设计概念、原则及理论,将相关资源与之联系;运用设计、建模、人类价值等开发解决方案;尝试建构解决方案;在标准和限制条件下,运用或重新设计方案;界定问题并运用建模预测方案;将假设概念运用到不同的情境;控制设计方案质量;在工程日志中解释	介绍工程设计的概念、原则及相关理论,以及与资源的相互作用关系;运用探究和设计,协助学生学习;详细阐述失败理由;为学生提供工程方案的资源;指导学生应用量化控制方法;鼓励学生完成工程日志并进行创新

续表

环节	学生活动	教师活动
评价	演示对工程概念、设计、建模、资源、人类价值和系统的理解；进行自我学习收获评价；根据标准完成过程性和总结性评价活动	运用前测，明确学生需求和不足；引导学生参与设计、建模、资源、人类价值和系统理解整个过程；确定学生的学习符号标准和限制；解释标准和其他测评工具

总的来说，基于项目的学习也没有固定的模式，而是建立在问题探究和工程设计基础上更综合化的学习模式。上文的EbD™项目设计模式仅是众多基于项目的学习模式中的代表，除此之外，我国学者刘景福将基于项目的学习步骤分为选定项目、制定计划、活动探究、作品制作、成果交流和活动评价等六个基本步骤；王林发认为基于项目的学习一般包括确定项目、活动探究、作品制作、成果交流、项目评价"五个步骤。这些基于项目的学习模式研究大同小异，在环节上遵循"引入—探究/设计—展示—评价"的范式，但具体操作实施则存在一定的差异性和独特性。

综上所述，除以上学习模式外，关于STEAM课程的学习模式还有基于问题的学习、基于主题的学习等常见的提法，而在实际学习的过程中，探究、设计、项目、问题、主题式的学习模式并非具有绝对的界限，而是可以交叉共用、相互联系，如基于探究的学习往往伴随着问题的导引，其最终目的都指向解决实际问题或发现新的知识、规律，主题式的学习里往往包含多个学习项目，而项目的学习也可以整合不同的学习主题，学习的结果通常指向最终的作品，最终作品的完成过程又与设计式的学习活动密切联系。

第三章

STEAM 课程开发的原理

课程开发(curriculum development)是一个动态的过程,是指通过需求分析确定课程目标,再根据这一目标选择某一学科或多个学科的教学内容和相关教学活动进行计划、组织、实施、评价、修订,以最终达到课程目标的整个工作过程。具体来说,课程开发由课程规划、课程实施、课程评价三个阶段构成。①课程规划:包括成立课程委员会及工作小组,制订课程计划或方案,对课程需求、课程资源进行调查和开发,并研制课程标准,选择课程材料与组织形式的过程。②课程实施:指把课程计划变为教与学的行动,把课程领域转变到教学领域。③课程评价:一方面指对整个课程开发过程及内容本身的评价,另一方面也指通过制订评价方案,对课程实施的结果进行初步评估,并根据收集的反馈意见和评价结果修订课程与课程开发方案。由于本章篇幅的限制以及课程评价部分内容的重要性,在后面的第五章和第六章再对课程评价展开详细论述。

本章在了解一般课程开发的含义与步骤的基础上,明确了STEAM课程开发目标的确立依据、原则及来源;分析了STEAM课程内容的开发要求、选择依据及选择范围;提出了STEAM课程内容的组织策略及组织结构;介绍了基于整合程度与学习方式分类的STEAM课程内容类型;从多方联动、因地制宜、接轨国际三个方面分析了STEAM课程开发的途径与程序。

第一节　STEAM课程开发的目标

目前,国家还未发布任何STEAM课程目标的相关文件,因而确立STEAM课程目标是STEAM课程开发的第一步。STEAM课程目标的确立应同时满足学生的教育需求和社会发展的需要,并听取学科专家的建议。同时,目标的确立须遵循学科整合、学生中心、问题导向、协商协作、动态开放五大基本原则,在实际确立过程中,也应参考学科知识体系、学科核心素养和国家颁布的相关文件。

一、STEAM课程目标开发的依据

根据泰勒的目标性课程开发模式,STEAM课程目标的确立要充分考虑到学生的教育需求、社会发展的需要,并听取学科专家的建议。

(一)学生发展的需求

STEAM课程的基本功能是促进学生的身心发展,因而STEAM课程目标的制订需要满足学生个体的需要。具体包括学生兴趣、身心发展需求以及个性化的教育目标。首先,STEAM课程开发旨在设计出符合学生兴趣、经验与认知需要的STEAM课程,激发他们从学科知识整合角度认识世界与改造世界的欲望。其次,相比传统的学科课程,STEAM课程不会过度强调学生学习过程与学习结果的一致性,而是给学生提供一个能让其自主性、独立性、创造性得以自由发挥的空间,关注学生在预设中的生成,鼓励他们不断试错、总结反思,最终实现综合素质的提高。最后,在制订课程目标时,可以让学生在教师的引导下自主选择符合自身学习目标的课程目标,这一过程也是尊重学生个性、体现学生意志的过程。

(二)社会生活的需要

学生的成长是一个不断社会化的过程,对当代社会生活的研究是确立STEAM课程所要重点考虑的要素。但STEAM教育作为面向未来的人才培养模式,其课程目标的内容并非对当下社会生活的简单适应,而更应该注重课程对社会的批判、改造和引领功能。因此,确立STEAM课程目标时不能仅仅将眼光停留在过去或当下,而应当预见时代发展的潮流和趋势,满足未来社会变化发展的需要,让STEAM课程目标更富前瞻性和引导性。

(三)学科专家的建议

与STEAM教育相关的学科教科书通常由学科专家编写,因而STEAM课程目标的选择离不开学科专家的专业性指导。不同学科专家谙熟自身所在学科领域的基本概念、逻辑结构、探究方式、发展趋势以及该学科与其他相关学科的关系,能够准确地选择本学科领域中的关键性知识、技能及思维方式,从而提出合理的课程目标。但区别于传统分科课程的教育目标,STEAM课程具有多学科融合的特征,因此,在选择和制订课程目标时必须综合考虑不同学科专家,尤其是相关交叉学科专家的意见和建议,以保证STEAM课程目标的科学性。

(四)教师的实践能力

教师既是STEAM课程开发环节的实施者,也是STEAM课程开发的主体。STEAM课程是将多学科知识整合为一体的综合活动课程,作为STEAM课程的实施者,教师不只是单纯的知识传授者,更要扮演好学生的指导者、合作者、欣赏者的角色,不仅要具备所教学科知识,还要不断提高自身科学文化素养和综合活动课程的课堂组织能力及教学技能,加强与各科教师的沟通交流。STEAM课程的开发目标应兼顾教师教学实践能力的现有水平和发展需要,让教师不仅能在STEAM教学中做到对课程目标的基本把控,还能在实践中丰富教育科学理论知识,培养教育创新素养,提高驾驭课程的能力,实现从"经验型教师"到"专家型教师"的转变。

二、STEAM课程目标开发的原则

STEAM课程开发要明确原则,规范、高效地指导开发过程,具体包括学科整合、学生中心、问题导向、协商协作、动态开放五大原则。

(一)学科整合原则

将知识按学科进行划分,对于科学研究、深入探究自然现象的奥秘和将知识划分为易于教授的模块有所助益,但并不反映我们现实生活的真实性和趣味性。机械的学习方式、脱离生活实际与学生经验的概念与技能、割裂学科间联系的分科化教学难以满足学生未来生活的需要,也很难培养卓越的创新型人才。跨学科性是STEAM教育的重要特征,STEAM课程是整合了科学、技术、工程、人文艺术和数学五门学科的综合有机整体,其打破了学科间的壁垒,能够为学生提供发展多种思维模式的机会。因此,STEAM课程应以培养学生的跨学科综合思维为主要目标,从项目或问题出发整合多学科知识为容,建立综合学习主题,促进学生全面发展。

(二)学生中心原则

STEAM教育以建构主义学习理论为指导,强调学习是学习者积极的意义建构和社会互动过程,课程教学并非把知识经验从外部装到学生的头脑中,而是要引导学生从原有经验出发,生长(建构)起新的经验。因此,在进行STEAM课程开发时,应从学生视角出发,尊重学生的学习兴趣和发展需求,充分考虑不同年龄学生的认知发展特点和规律,与学生生活经验相契合,实现学生在STEAM课程中主动学习的目的,使其体验到学习的愉悦感、满足感与成就感。

(三)问题导向原则

STEAM教育致力于培养学生提出和解决复杂问题的能力。问题提出是学生基于特定问题情境形成(或再形成)问题和表达问题(或任务)的活动。问题解决,是指一个问题解决者以克服问题为目标去从事认识活动，是与学生的生活密切相关的一种活动。而问题的提出与解决依赖于学习环境中的真实问题情境。因此，STEAM课程目标应坚持问题导向原则，将培养学生提出问题、探究问题和解决问题的能力作为STEAM课程的重要目标。同时，STEAM课程目标还应将教师导向STEAM问题探究的教学设计，将学科知识还原为贴合学生生活经验的生活情境，将学生置于复杂、有意义的问题情境中，激发学生的求知欲和好奇心，让学生通过提出问题，围绕问题探究开展项目活动，学习隐含于问题背后的学科知识。

（四）协商协作原则

由于STEAM课程目标的确立需要充分考虑学生、教师、学科专家、社区乃至社会的需求和建议，因此STEAM课程目标的确立需要遵循协商协作原则，力求兼顾各方需要。要使得目标确立的过程有组织、有计划地开展，必须制订一套科学的课程目标确立程序，调动各个主体积极参与，确保协商工作有条不紊地进行。STEAM课程目标的确立还应充分发挥团队合作精神，广泛调动科研院所、学校、企业、社区、博物馆等社会主体，集思广益，促进STEAM课程目标的优化和完善。

（五）动态开放原则

动态开放原则体现在课程目标本身的开放性与课程实施过程中目标的开放性上。课程目标本身的开放性指某个STEAM课程目标在确立后并非一成不变的，而是应该保持开放，不断根据社会发展趋势做出新的调整，实现STEAM课程目标的更迭、延伸。此外，STEAM课程目标在教学实施过程中应具有弹性，要为教师留有自由发挥、灵活变通的空间，便于教师结合具体学情做出相应调整。总的来说，随着社会经济的发展和学科知识的不断更新，STEAM课程目标也应当秉持动态开放原则，在制订和实际的教学中不断丰富和完善。

三、STEAM课程目标开发的来源

虽然国家还未颁布任何STEAM课程目标的相关文件，但具体的课程目标仍可参考学科核心素养、学科课程目标及STEAM教育相关文件中关于人才培养目标的内容，将其作为STEAM课程开发目标确立的参考。

（一）学科核心素养

学科核心素养是中国学生21世纪发展素养在各个学科中的落实，体现着我国各学科人才培养的基本要求。STEAM教育作为培养具有跨学科综合素养人才的教育模式，其课程涉及科学(物理、化学、生物、地理等)、数学、通用技术、信息技术、艺术等众多基础学科，因此其课程目标的确立需要参考相关学科的核心素养。例如，数学学科核心素养包括数学抽象、逻辑推理、数学建模、直观想象、数学运算、数据分析；通用技术学科核心素养包括技术意识、工程思维、创新设计、图样表达；艺术学科核心素养包括艺术感知、审美情趣、创意表达等。众多相关学科的核心素养皆可成为STEAM课程目标的参考来源。

（二）学科课程目标

课程目标是指课程本身所要实现的具体目标，也是学科核心素养在每一课程上的具体落实。数学、科学、艺术等学科都有各自的课程目标，但各个学科的课程目标具有共性，甚至存在交叉重叠的地方，能够进行有效的整合。如工程和物理都有关于力学的内容，可以整合相关知识目标。在确立STEAM课程目标时，需要兼顾学科间课程目标的共性与个性特征，找到各学科课程目标的联结点和融合点，逐一梳理成知识与技能、过程与方法、情感态度价值观三维目标。

（三）STEAM教育相关文件

近年来，STEAM教育在国内日益受到重视，国家也陆续颁布了相关文件指导STEAM教育的研究与实践。2016年，教育部在《教育信息化"十三五"规划》中明确提出："有条件的地区要积极探索信息技术在'众创空间'、跨学科学习(STEAM教育)、创客教育等新的教育模式中的应用。"2017年，教育部印发《义务教育小学科学课程标准》，倡导跨学科学习方式，建议教师可以在教学实践中尝试STEAM教育，这些文件包含了STEAM教育本土化的发展方向和具有中国特色的人才培养目标，能够促进建设具有本国特色的STEAM课程体系，加快国家STEAM教育的本土化落地；同时，STEAM课程目标的确立也需要参考国家颁布的STEAM教育文件，以国内教育方针政策为依托，使课程目标符合基本国情和我国教育的发展趋势。

第二节　STEAM课程内容的开发

STEAM课程内容的开发包括开发要求、内容选择、内容组织及课程类型四个方面。在开始正式的STEAM课程内容开发之前需要明确课程开发的要求，其次需要选择适切的内容素材，组织形成科学合理的STEAM课程。

一、STEAM课程内容开发的要求

STEAM课程内容的开发需要整体规划、打造本土化特色，选择丰富多样的内容素材、合理设计呈现形式、考虑学生认知发展情况等。

（一）整体规划内容，实现结构优化

STEAM课程内容的开发包括STEAM分科课程与STEAM整合课程。STEAM分科课程将每一门学科的内容作为独立的课程进行教授，学科间有着简单的融合或没有融合。STEAM整合课程则是将两个或多个学科内容进行密切关联和融合的课程。因此，STEAM课程内容的开发应该注重整体规划，厘清STEAM分科课程与STEAM整合课程的逻辑关系，合理分配两者比例，让分科课程的内容开发为整合课程服务，整合课程的内容开发也应充分考虑分科课程的设计实施情况，从而保证分科课程与整合课程的有效衔接。同时，要以选取的课程主题为依据确定STEAM整合课程的学科结合类型、主导整合学科及整合复杂程度，实现课程内容结构的最优化。

（二）注重联系实际，打造本土特色

要注重联系实际要求，STEAM课程内容的开发需紧密联系学生的社会生活实际和学校特色，考虑课程实施的现实条件。具体来说，首先，STEAM课程体验性、实践性的特点要求学生在动手操作和亲身实践中学习跨学科知识和技能，因此，STEAM课程开发在内容取材上要以课程主题和内容能否为学生提供富有意义的动手实践活动为依据。其次，STEAM课程内容的开发也可以结合学校办学特色，选择能够代表学校历史文化特点的主题内容。最后，STEAM课程内容取材也受到课程实施条件的制约，在开发课程内容时要综合考虑多种现实因素，如社会资源、设施设备等。

(三)选择素材丰富,拓宽学生视野

STEAM课程内容开发在素材选择上的丰富性主要体现为两个方面。其一,随着科学技术的日新月异,STEAM课程素材的选择不应局限在以物理、化学、生物、工程等传统学科,还应触及人工智能等新兴领域;其二,STEAM课程内容的开发不能仅仅聚焦于学生在日常生活中的所见所闻,也应放眼一些拓展性强、意义深远的事物或素材,以小见大,挖掘学生日常生活与较为宏大的、关系人类社会发展的全球性命题(如全球变暖、粮食短缺、资源短缺等)之间的联系。例如,在探究影响气候变化因素的STEAM课程中,学生最终学到了关于气候变化的知识,但如果将这一结论置于更广阔的背景,放入全球气候变暖这样更具价值感的话题中,教育空间也更加广阔,学生获得的不仅是科学知识,还有视野的拓展、格局的提升、情感价值观的升华。

(四)合理设计形式,调动学生积极性

传统的课程设计倾向于让教师教学变得便利,将学生置于知识"被动接受者"的地位,这在很大程度上妨碍了学生自主性的发挥。STEAM课程内容的设计不同于传统的课程设计。STEAM教育旨在让学生在课堂上主动参与,强调学生的主体地位和教师的引导作用。因此,STEAM课程内容的设计要坚持以问题和项目为中心,将学科知识还原为生活领域的问题情境和项目任务,选择学生感兴趣的元素和素材呈现在情境与项目中,激发学生的求知欲和好奇心,调动学生参与的积极性。

(五)考虑认知发展,符合学生学情

学生是课程的直接受益者,STEAM课程内容的开发不能闭门造车,脱离现实学情,而应坚持以学习者为中心,立足学习者的兴趣与认知需要,分析不同学段、年龄的学生的认知发展规律、知识基础、思维方式、学习方法、学习习惯、学习能力等特征。课程内容的编排设计、素材选择应遵循由简单到复杂,由具体到抽象的螺旋式上升结构,由内向外整合多学科知识与学生生活经验,引导学生从原有的知识经验中生长出新的知识经验,帮助其更好地进行知识体系建构,实现有意义的学习。

二、STEAM课程内容的选择

STEAM课程是一门跨学科整合的综合课程,遵循以学生为中心的课程开发原则,旨在培养面向未来的全面发展的人才。因此,STEAM课程内容的选择应遵循相关学科的课程标准、学生学习需求及身心发展特点、当今及未来社会生活发展的需要。

(一) STEAM课程内容的选择依据

1. 依据STEAM各相关学科的课程标准内容

"课程标准是由国家的公认机构制定并由国家标准权威管理部门批准或核定的文件,是课程开发建设、课程实施、课程评价与管理的准绳"[1],是课程专家、学科专家在综合考虑学科发展状况及知识体系、学习者特征和社会发展需求的基础上形成的,具有科学性和权威性。目前,国家还未发布专门的STEAM课程标准,因此STEAM课程内容的选择应紧扣各相关学科的课程标准,确保STEAM课程的科学性和有效性。

2. 依据学生的学习需求及身心发展特点

STEAM课程内容的选择不能缺少有关学习者学习需求和关键特征的研究。之所以强调对学习者需求的研究,一是因为只有与学习者需要相符合的内容才能被他们接受和同化,并能对他们的行为、态度和个性等产生影响。二是因为家庭和社区中的日常环境,通常都为学习者提供了相当大一部分教育方面的发展资源,课程没有必要重复校外已经充分提供的教育经验。三是由于需要的存在,将会使学习者产生主动学习的心向和动力,提高学习效率和效能。因此,课程内容的选择应反映学习者身心发展的特征,包括现有知识水平、智力水平、思维方式、价值观等,遵循身心发展阶段性、连续性、顺序性、整体性规律。同时,STEAM课程内容的选择还应兼顾学习者特征的共性和个性,考虑身处不同能力水平的学生差异化需要,尽量保持课程内容的弹性和灵活性,使每个学生都能达成对应的目标,树立学习STEAM课程的信心。

3. 依据当今及未来社会生活发展的需求

社会需求一般是指社会生活对人的要求,课程开发所面对的社会生活需求是指学生进入的社会群体和组织(包括更高级别的教育组织)对他们的要求。STEAM课程内容的选择应满足学生社会生活经验的需求,主要包括生活方式的经验、创造性活动的经验、情感与态度的经验。在生活方式的经验方面上,选择的STEAM课程内容要紧密围绕学生基本生活技能、技巧的习得与掌握,促使学生将学科知识转化为学会生活的能力;在创造性活动经验方面上,STEAM课程开发要选取一些形式新颖、学科前沿、富有创意的内容,培养学生的创造能力;在情感与态度的经验方面上,STEAM课程的内容要关注学生符合社会发展进步的情感、态度、价值观的培养。总的来说,STEAM课程内容的选择不能局限于学生当下的社会生活环境,要放眼未来,迎合未来社会对人才关键能力的需要。

---

[1] 何玉海,王传金.论课程标准及其体系建设[J].教育研究,2015(12):89-98.

（二）STEAM课程内容的选择范围

STEAM是科学、技术、工程、人文艺术、数学五门学科的英文首字母缩写，据此可把STEAM课程内容的选择范围划分为上述五大学科领域。借鉴格雷特·亚克门所提出的STEAM教育框架中学科具体课程的相关内容，分别从以下五个学科来说明STEAM课程内容的选择范围。

1. 科学（Science）

科学是STEAM的重要组成元素，也是人们认识世界的规律支撑。随着当代社会的迅速发展，每一个未来的合格公民都需要具备一定的科学素养，能够运用科学知识和科学方法做出基于证据的决策，并为社会的发展做出积极的努力。因此，对于STEAM课程中科学素材的选取与确定应指向学生科学素养的培养。一方面，可以选取较为基础的科学学科内容，如物理、化学、生物和地理等。另一方面，可以选取较为复杂或综合的交叉学科内容，如空间与地球科学、生物化学、生命科学、物质科学、环境科学等。

2. 技术（Technology）

技术是STEAM中的支持工具，是人们适应生存要求、满足自我需要的手段，支持着人们根据社会需求改造世界。"一方面，技术是帮助学生学习的有效工具；另一方面，教师也运用现代教育技术进行教学活动。例如，移动设备作为技术的一种形式，支持STEAM课程的学习和教学，包括创造性知识表征，帮助执行和做出决策，促进个性化。"[①]首先，应把技术的本质、技术与人类社会的关系、技术的功能等基本问题纳入素材选取的范畴。其次，素材内容选取应完整体现技术运用过程的系统思想，包括材料选择、工具选择和加工技术三个环节。最后，可在不同行业中选取合适的素材内容，包括医疗业、农业、建筑业、制造业、运输业、通信业等各行各业的基础技术。

3. 工程（Engineering）

工程是STEAM活动中解决实际问题的途径，以新产品和新工艺的形式给出满足人类需求和愿望的解决方案，与技术共同支持人们根据社会需求改造世界。工程不仅是STEAM教育的表现形式和实践结果，更是贯穿于STEAM教学活动始终，解决实际问题的有效视角和途径。因此，对于STEAM课程中工程素材的选取与内容确定应以促使学生发现更先进的解决问题的方法为目标。一方面，在选择相关素材时应考虑核心工程设计概念，包括识别问题，查阅相关资料，提出解决方案并进行分析，动手制作、操作，测试优化、

---

① 魏晓东,于冰,于海波. 美国STEAM教育的框架、特点及启示[J]. 华东师范大学学报（教育科学版）,2017(4):40-46+134-135.

调整等五个环节。另一方面,素材可选取电气工程、化学工程、机械工程、工业工程、海洋工程、环境工程、流体工程和土木工程等工程学科的基础内容。

4. 人文艺术(Arts)

人文艺术能促进STEAM各个领域的升华与发展,帮助人们以美好的形式来丰富世界。亚克门指出,人文艺术不仅仅指我们通常所说的艺术、音乐、人文等,而是一个包含了人文、艺术、美学、音乐、戏剧、生理和社会科学、人类学、哲学等的概念。有研究发现,许多科学家、数学家和工程师把从艺术中借来的"技能"作为科学研究的工具。STEAM课程中艺术素材的选取与内容确定方面,应指向发展学生个体未来职业所需的各项能力,为他们应对复杂和多样的变化做准备。人文艺术领域的课程素材可汲取健康学、生理学、心理学、人类学、哲学、国际关系学、历史学、经济学、政治学、教育学等多种人文艺术类学科内容。同时,素材选取也应纳入价值观方面的内容,包括情感、态度、思想和道德等。

5. 数学(Mathematics)

数学是研究数量、图形、结构和空间形式的科学,也是STEAM各领域的基础,为科学、工程、艺术和技术的应用与发展提供思维方法和分析工具。STEAM课程中数学素材的选取与内容确定应涉及数学原理、数学思维、数学实践应用等方面,因此,可将代数、几何、测量、数据分析、概率问题、证明问题、问题提出与问题解决等数学内容融入STEAM课程之中。

三、STEAM课程内容的组织

(一)STEAM课程内容的组织策略

课程内容的组织是指选定课程内容后,如何有效地把这些内容组织起来。通过合理的课程内容组织,能使选出的内容有机地联系在一起,这有利于增强学生学习的累积性。那么,如何对课程内容进行组织,或者说课程内容的组织可采取哪些策略,对于这个问题,许多课程研究者都做了精辟的论述,如拉尔夫·泰勒在其代表作《课程与教学的基本原理》中提出的课程内容组织三原则:连续性(continuity)、顺序性(sequence)和整合性(integration)。STEAM课程是一门把科学、技术、工程、数学和人文艺术五门学科相融合的课程,具有综合性、多样性、开放性和趣味性等特点。结合这些特点,STEAM课程内容的组织可采取以下三种组织策略。

1. 以学科知识来组织

学科是关于探究世界中某个层面所获得的系统化知识,它提供了一种独特的视角,一套解释或说明各种现象的独特技巧和过程。"各学科都遵循特有的学科逻辑。学科逻辑是将某门学科所涉及的知识领域的概念系统按照逻辑顺序加以叙述的规律性体系。"[①]STEAM课程是一门融合了科学、技术、工程、数学和人文艺术五门学科的综合性课程,因而涵盖了这五门学科的所有知识体系。据此,可根据五门学科体系所包含的学科知识逻辑,按照学科本身的系统和内在的联系来组织STEAM课程内容,最便捷的方式便是依据现有的物理、化学、生物、地理、数学等学科教材体系来选择、编制和组织相应的STEAM课程内容。

2. 以社会经验来组织

以社会经验为中心来组织STEAM课程内容,重点在于突出课程内容中社会生活经验的要素、地位与作用。这是一种关于事物发生、发展的自然逻辑,贴合学生日常生活,以此为依据组织的课程内容有利于促进学生较快地将所学知识和技能迁移运用至个体实际生活中。一方面,在组织STEAM课程内容素材时,可选取学生日常生活中经常接触到的,比较熟悉的话题或事物,如购物、旅游、饮食、体育活动等。另一方面,可从社会生活中存在的普遍性问题入手,如全球变暖问题、生物多样性减少问题等,以问题为中心调取、组织相关学科内容,实现跨学科知识整合。

3. 以学生为中心来组织

以学生为中心即"以人为本",要求课程内容的组织以学生的成长、发展规律为依据,符合学生身心发展的特点,重点在于突出学生的主体地位,满足学生兴趣与个性发展的需要,发展学生应对社会生活的适应能力,促进其人格的健全与完善。因此,可通过问题探究、项目制作等以学生参与、体验为主的活动类型来组织相关素材。在实际操作过程中,教师还需根据学情灵活处理,尽量把知识、经验、活动三者紧密结合起来,引导学生不断从旧的知识经验中生长出新的知识经验。

(二)STEAM课程内容的组织结构

课程内容按照一定的原理组织起来,便形成了某种结构。STEAM课程内容的组织结构主要有纵向组织和横向组织两种。

1. 纵向组织

纵向组织,又称序列组织,是指按照某些准则以先后顺序排列课程内容,强调课程内容在实践上的相互关联性。"纵向组织原则是教育史上影响最大的课程内容组织原则,教育家们大都主张学习内容按从具体到抽象、从已知到未知、从简单到复杂的顺序呈现给学生。如我国古代的《学记》中就强调'不陵节而施';夸美纽斯也要求'务使先学的为后学的

---

① 朱宁波,齐冰.学科课程内容组织的逻辑体系及其处理原则探析[J].辽宁师范大学学报(社会科学版),2007(1):61-63.

扫清道路'；泰勒的连续性原则和克尔的系统原则中也包含了由简单到复杂、由已知到未知的意思……一般来讲，学科课程多是按纵向原则组织的。"①纵向组织结构通常要遵循两条原则：一是连续性原则，即内容的安排在时间序列中尚不能明显中断；二是顺序性原则，即后学的课程内容要以先学的为基础，同时又是对有关内容的深入、广泛的开展。

2. 横向组织

横向结构是指内容在空间上的相互关联性，打破学科的界限，让学生有机会去探索综合性的问题，从学科整合的视角学习知识、认识世界。"横向组织原则和克尔提出的统合原则是一致的。所谓统合，是指就广泛的知识范围来编制课程，而不仅限于某一项知识范围。克尔认为，'如果我们组织的课程旨在达到业已明确规定了的目标，或者是要赋予各个学习领域中所使用的独特概念与方法的经验的话，那么，学校中彼此的孤立的学科设置就是一个问题了。使知识渐次走向更广泛的综合化，才是合乎理想的。'"②横向组织的课程要求各部分内容的相互协调配合，形成一个有机联系的整体。综合课程、活动课程、社会中心课程也多是按横向组织原则编制的。

总的来说，STEAM课程内容的组织结构既可以采用与教材配套的纵向组织结构，也可以采用以综合性为主的横向组织结构，或将两种组织结构配合使用，形成完整的STEAM课程。

四、STEAM课程内容的类型

根据学习方式的不同，STEAM课程内容通常可划分为以下四种类型。

1. 验证型

在验证型STEAM课程中，学生整合STEAM知识对已知结论（如科学定律、自然现象等）进行实践检验。这类课程的重点在于培养学生的验证思路和操作技能，而非单纯关注验证的最终结果。其基本步骤包括：(1)确立问题。验证型STEAM课程的核心任务是指导学生验证科学现象或理论规律等已知结果。因此在这类课程中，验证的已知结果既可以是教师直接提供的，也可以是学生自主发现的。(2)规划方案。规划方案的首要任务是要明确待验证的现象，毕竟定律的验证同样需依托现象进行验证。随后，依据确定的现象构思适宜的验证方案，其中的关键在于确保清晰观察或准确记录。(3)评估方案。鉴于实施方案需要付出一定的成本，因此在实施方案前，师生应共同对其进行评估。评估重点主要涵盖两方面，一是现象与定律间的充分性（验证定律）；二是方案本身的可行性，包括安

---

① 郑高洁.论课程内容的组织[J].成都大学学报(教育科学版),2007(12):20-21.
② 郑高洁.论课程内容的组织[J].成都大学学报(教育科学版),2007(12):20-21.

全性、成本投入、实际效用等。(4)执行方案。此步骤的核心在于观察和记录现象。若在执行过程中遇到难以解决的问题,致使现象无法被有效观察或者记录,则需重新返回步骤(2),规划新方案。(5)分析数据。借助观察获得的数据,分析现象与定律间的充分性,进而得出本次验证的结论。若验证未能成功,则需剖析可能的原因,并重新返回步骤(2),再次设计和实施方案。(6)分享反思。学生对本次验证方案的有效性及可改进之处进行反思,同时交流与分享验证过程,总结在此次验证中所掌握的技能。

例如:通过实验验证"$NaH+H_2O=NaOH+H_2\uparrow$"能否产生成氢气。(1)确立问题。学生基于自身掌握的关于氢气生成条件的知识,提出"'$NaH+H_2O=NaOH+H_2\uparrow$'能产生氢气"的假设,并设计验证实验。(2)规划方案。经过小组集体讨论,明确实验的具体流程以及操作注意事项,同时要确定小组成员分工,安排人员负责把控实验进度、操作实验仪器、记录数据等。(3)评估方案。确定实验方案后,学生应与教师进行交流,由师生共同对实验的可行性与严谨性进行评估。在此过程中,教师应给予适当的指导及鼓励。(4)执行方案。学生以小组为单位,依循评估后的方案,有序推进验证计划。(5)分析数据。对于实验中观察到的现象及所测得的数据,教师指导学生分析数据以验证假设,并对学生在实验过程中遇到的问题进行解答。(6)分享反思。教师引导学生回顾并反思整个实验过程。学生以小组的形式制作海报,与同学分享、互评此次验证活动,其中海报应呈现研究问题与过程、测量数据、验证结论及反思等。同时,教师也要对活动进行点评,并做好总结工作。

2. 探究型

探究型STEAM课程的初衷是引导学生通过整合运用STEAM知识,主动发掘并阐释学生未知的现象等,其核心在于强调学生的探究过程与产出结果,从而促进学生科学探究思维及能力的综合发展。其基本步骤包括:(1)发现问题。此环节要求学生自主发现有待探究的问题,并对探究问题进行概念化表述。在此环节,教师可以设置一定的限定条件,把握大方向,但不能直接规定探究的问题。(2)收集证据。作为探究型STEAM课程内容的核心环节,证据收集工作需依据探究问题的具体属性特征进行分类实施。根据问题类型的差异,证据收集过程可具体划分为三种类型:直接观察、设计交互、仪器记录。(3)分析数据。数据分析可采取结论推演或假设检验的方法,最终结果应是可描述的现象、规律。(4)解释结论。鉴于数据获取及分析本身具有复杂性与不确定性的特征,学生必须借助理论对观测到的现象或规律进行解释说明,不然很可能得出错误结论。同时,考虑到学生自身在结论解释方面上可能存在局限,因此同伴之间的协作互助以及教师的支持是不可或缺的。(5)分享反思。在结束问题探究之后,学生有必要对该探究问题的可迁移性等进行反思,以此强化自身发现问题与提出问题的能力。学生还需系统归纳在证据收集以及数据分析过程中采用的方法,并思考改进措施,同时做好分享与交流。

例如:探究问题"牛奶、水(冰)的凝固、融化与温度、时间有何关系?"(1)发现问题。基于教师创设的具体教学情境以及设置的限定条件,学生通过观察与思考,提炼并提出问题:牛奶、水(冰)的凝固、融化与温度、时间有何关系?(2)收集证据。依据探究问题以及现有实验条件,学生分别构思并制订了三种不同的实验方案:①借助酒精灯进行加热处理,仔细观察牛奶与冰哪一种物质会率先发生融化现象,同时精准记录对应的温度数值以及时间;②利用冷藏室实现降温,仔细观察牛奶和水哪一种物质会率先出现凝固情况,并认真记录对应的温度与时间;③同样借助冷藏室进行降温,观察热牛奶和冷牛奶哪一种物质会先凝固,并记录好对应的温度及时间。在完成实验观察以及数据记录之后,以"熔化""融化""溶化"这三个词语的辨析作为切入点,深入探究杂质水、纯净水的熔点与凝固点(由此进一步引导学生理解利用撒盐解决道路结冰问题的原理)。(3)分析数据。针对通过三种实验方案获取的数据展开成因探究(蒸汽说、气体溶解说、环境说、过冷效应说)。(4)解释结论。学习姆佩巴效应(即相较于冷水,热水更快凝固),并从理论层面出发对观察到的具体现象及其内在规律进行解释。(5)分享反思。在教师的引导下,学生分享、交流探索发现及研究结论,并进行自我反思。

3. 制造型

制造型STEAM课程的核心目标在于提升学生的工程实践能力,强调引导学生通过整合STEAM知识达到对已有形态物品的制造生产与优化改良。其基本步骤包括:(1)情境引入。这一环节具有双重价值,一是让学生明晰即将制作的物品具备的应用意义,激发他们的参与积极性;二是帮助学生更为深入地理解物品的使用场景,促使他们积极参与优化改良。(2)设备培训。此处提及的设备涵盖了工具、零部件以及各类材料。在这一环节,需着重强调在设备使用过程中应严格遵守的安全规范,同时针对本次制造活动所涉及的设备功能进行简要说明。(3)模仿制造。这一环节的核心要点在于帮助学生迅速完成制造过程,让学生切身体会制造活动带来的愉悦感受。因此在这一环节,教师只需展示制作步骤,无须对其中涉及的原理及知识要点进行讲解;学生也只需进行模仿操作,不需要深度思考。(4)知识讲解。当完成既定的制造任务后,学生会自然而然地从欣赏作品阶段过渡到思考制作原理阶段。在此情形下,教师适时开展知识点的讲解(包括制作原理、制作要点以及设计理念等内容),往往能够获得更好的教学效果。(5)协同改进。模仿本质上是为后续的改进筑牢根基。当知晓作品的工作原理以及应用价值后,学生的创新意愿便可能被激发。在这一环节,学生可通过小组协作的方式,合理优化改进原有设计,从而制造出更具价值的作品。(6)分享反思。当完成对作品的优化改进后,学生有必要针对此次制造活动中的设计构思、改进方法以及习得的技能等进行系统总结。同时,学生应进行交流分享,充分感受制造的乐趣,进而增强他们参与制造活动的积极性。

例如:"雪糕制作"。(1)情境引入。可以选取学生喜欢的雪糕口味等话题作为切入点,也可以借助展示雪糕包装纸的方式来引入。(2)设备培训。引导学生了解牛奶、白砂糖、鸡蛋等食材,熟悉并掌握模具、拌勺等制作工具的使用。(3)模仿制造。随后着手制订食谱(明确所需食材与具体做法)。在制作过程中,学生应详细记录时间、各类食材的配比情况等。并且,学生可能观察到有些雪糕能够成形,而有些则未能成形。(4)知识讲解。教师开始讲解相关的知识点,具体包括雪糕成形的原理、设计理念等。(5)协同改进。小组成员协同合作,合理优化改良原有的雪糕制作方案,以便能够做出更易成形的雪糕。(6)分享反思。各小组间相互分享、交流雪糕制作方案以及心得感悟等。

4. 创造型

创造型STEAM课程的核心要点在于创新设计,要求学生整合STEAM知识来设计、制造一项创新物品。其基本步骤包括:(1)情境引入。创新往往源于生活中的实际问题。因此,教师有必要引入真实且富有吸引力的情境,以此激发学生的创造灵感,并引导学生明确创造方向。(2)创新引导。当确立了清晰的目标后,教师需从创新方向及创新可行性两个方面引导学生进行深入思考。(3)协同设计。当确立了具有可操作性的创造目标后,学生可以通过小组协作进行设计。具体而言,可以根据小组内每位成员的知识背景进行合理分工,从而共同完成设计方案,并开展必要的评估。通过"设计—评估—再设计"这一不断循环的迭代流程,最终形成小组成员均认可的设计方案。(4)制造修改。在这一环节,学生便可开始着手进行作品的实际制作。鉴于设计与制作环节存在差异,倘若在制作过程中遇到了难以解决的问题,学生便需要返回至步骤(3),对设计方案进行修正调整。(5)应用改进。当创新作品制作完成后,学生需将其置于实际环境中进行有效性检验,具体检验内容涵盖作品自身功能以及用户体验这两个关键方面,并据此形成改进建议。如有必要,学生则需重新回到步骤(3),进行新一轮的方案设计。(6)分享反思。当学生制作出满意的创新作品后,教师应鼓励他们设计产品文稿及产品包装等,并鼓励他们分享交流作品。通过作品分享,能够进一步提升学生对创造活动的兴趣,且在此过程中还能促进学生对作品的深度反思与优化改进。

例如:"油回收船的设计"。(1)情境引入。学生被置于一个具有挑战性的情境中,接受来自一家虚构玩具公司发出的挑战任务——设计一款油回收船,然后确定创造一款以分离器为原型的油回收船。(2)创新引导。教师引导学生从创新方向以及创新可行性两个方面深入思考油回收船的设计。(3)协同设计。学生自行组建设计团队,按照三个步骤打造一台分离器。首先,学生借助分离器赫尔模型以及相关指令搭建船体;然后,学生利用回形针支撑船体起航;最后,学生在分离器上安装桅杆。(4)制造修改。依据上一环节确定的设计方案,学生开展油回收船的实际制作工作,同时对油回收船的实际性能展开测试。(5)应用改进。学生针对测试结果展开分析研讨,制作图表以直观反映结果,并对油回收船进行改进,确保其满足分离器以及帆的性能要求。(6)分享反思。在这一环节,教师应鼓励学生设计油回收船的外观,并对其进行包装,鼓励学生进行作品的反思、分享与交流。

第三节　STEAM课程开发的途径与程序

一、STEAM课程开发的途径

（一）多方联动：组建STEAM课程开发共同体

STEAM课程具有跨学科性、整合性、情境性、开放性、实践性等特点，这些特点决定了STEAM课程开发是一项复杂的工程，需要多方的共同协作、积极参与并组建课程开发共同体来推进课程开发。该共同体不仅包括大中小学校、第三方机构（教育场馆、教育企业、科研机构、课程开发商等）、政府部门，也包括社区代表、家长、学生等。在STEAM课程开发共同体中，高校及科研机构对STEAM课程的理论探讨和研究较多，负责继续创生STEAM课程相关理论以及向其他主体传播这些理论并进行相关培训；课程开发商通过建立专业的课程开发团队，运用成熟的STEAM课程开发技术和资源，生产和改进STEAM课程及其体系，以及通过校企合作为学校提供STEAM教师的专业培训服务；中小学校和其他需求方直接购买或定制课程开发商的STEAM课程及其教师培训服务，并负责反馈STEAM课程产品的缺陷信息和改进意见，此外，中小学校教师还可以通过"教育众筹"的方式参与STEAM课程的开发、维护和升级，或依托校本课程、科学课程、信息技术课程、通用技术课程、综合实践活动课程以及课外科技活动等进行小范围的STEAM课程开发；政府组织感知上述主体的需求，适时出台各种扶持性政策，并进行过程监督、适时激励等工作，促进STEAM课程开发主体多方联动、共同协作，进而落实STEAM课程开发相关政策。总的来说，STEAM课程开发并非仅交付于第三方机构或只是学科专家的工作任务，而是需要多元主体的共同参与和积极配合，充分考虑到不同主体对STEAM课程开发的理解和需求，促进STEAM课程实现从理论到实践、从实践到理论的动态循环和不断完善。

（二）因地制宜：挖掘特色化STEAM课程资源

课程资源的挖掘是进行STEAM课程开发的核心。一方面，从国家整体资源来看，我国幅员辽阔，地形复杂多样，纬度跨度大，气候多样，有着丰富的自然资源。另一方面，我国是世界四大文明古国之一，五千年来我国的历史文化从未中断，积累了丰富的历史文化资源。聚焦我国不同的地区，每个地区都有着特定的自然地理资源或人文历史资源，如地方特色地貌与生物、自然博物馆、科技馆、农业生产基地、典型物质文化遗产或非物质文化遗产等,结合不同地区在学校、教师、学生、经济成本等方面的实际情况,挖掘独特的地方自然资源和文化资源,并把这些资源融入STEAM课程开发中,不仅能够创新STEAM课程内容,激发学生的学习兴趣,而且能够促进学生对当地自然资源和文化资源的了解,增强学生的文化自信和民族自豪感;同时,STEAM课程也要注重从学生的实际生活经验出发寻找课程资源,紧密联系学生的生活,以便激发学生的学习兴趣,解决实际生活问题。如浙江省舟山市的岱山岛建有中国台风博物馆,该场馆便可依托馆内演绎台风发生、发展和消亡的模拟资源,开发相应的周末或夏令营STEAM课程;又如四川省崇州市的凡朴农场拥有丰富多样的农作物、动物、树屋民宿等资源,也可依托这些资源开发STEAM农作物种植课程、树屋建造课程、动物观察与习性探索课程(见表3-1)。

表3-1 凡朴农场STEAM课程开发可利用资源概况

凡朴农场STEAM课程开发可利用资源概况				
区域	天地区	农场区	生活区	乌尤驿
	运动、露营、活动拓展等	烘焙室、木工室、手工作坊区、种植区、摄影区、书吧等	民宿(树房、木房)、蓝染区等	野宴、动物、民宿等
课程包	农耕课程:种菜、作物采摘、捡鸡蛋、打谷子、挖土豆等 例如:"一米菜园" 课程材料: ①基础种植盒子50×50 cm,共4个盒子;所有材料连接部件;种植框需要自己拼接 ②种植所需土壤 ③种植所需种子(四个主题:西红柿盒子、香草盒子、蔬菜盒子、花苗盒子) ④10次种植配套课程+种植社群分享学习 ⑤家庭种植卡,记录笔记本 课程知识:可持续理念、土壤理念、作物种植基础知识、家庭堆肥、自然笔记 课程时间:3~7月 手工课程:蓝染、插花、竹筒风铃、染花蛋、植物拓印、木块人、小竹人、稻草人等 烘焙课程:比萨、蛋糕、窑烤面包、酥皮奶黄饼、米酒酿制、腌制菜、冰糖葫芦、包饺子、烧火、烤土豆和红薯等			
户外活动	亲子运动会(下水摸鱼、曲棍球)、田野运动会、篝火晚会、真人CS、参观动物(鸵鸟、鸡、鸭)、垃圾分类活动(用探索卡寻宝)、英语冬令营(田野里的单词大闯关)			

(三)接轨国际:借鉴国外开发STEAM课程经验

与我国STEAM课程开发相比,国外已经拥有较为成熟的STEAM课程开发经验,尤其是STEAM教育的发源地——美国,目前国外的STEAM课程开发主要有三种路径,分别是支持或指导型、直接交付型和校本开发型。具体而言,在支持或指导型路径模式中,STEAM课程资源主要提供者为联邦政府、州、社会组织或机构。如美国航空航天局(NASA)、美国科学促进会(AAAS)等主要承担着STEAM课程开发支持、指导以及咨询服务等职责，但在实际中也需要与学校或相关课程开发组织保持密切沟通、协同合作，形成长期的良好合作关系，共同开发 STEAM 项目课程。又如欧洲科学教育社区的 Scientix 项目，同样为学校提供了丰富的 STEM 项目课程，传播与分享 STEM 项目制作材料及工具。直接交付型路径模式是由第三方机构承担 STEAM 课程的开发任务，以此实现学校与社会力量、政府之间的有效联结。例如，美国的项目引路（PLTW）机构开发了基于项目或问题的 STEAM 课程包，该课程包是由学科专家共同参与开发并持续更新的。该课程包面向小学五年级、初中及高中，设置了包括入门课程、基础单元课程、专业化单元课程以及总结课程，内容广泛涉及计算机科学、医学、生物学等多个领域。并且，每门课程都配备了完善的教学资料，包含明确的课程标准、教学目标、关键术语以及教学资源等。此外，像美国的 STEM 教育联盟、"变革方程"等机构开发的 STEAM 课程也属于此类。校本开发型是由 STEAM 学校、普通学校自行开发，或是其与所在社区、STEAM 相关企业及行业合作开发的一种模式。这一模式是在支持或指导型课程、直接交付型课程难以完全适应当下教育实际需求的背景下提出的，属于一种二次开发课程。其中，美国北卡罗来纳州中学的 STEAM 课程开发便是较为典型的范例。总体而言，对于国外 STEAM 课程开发经验，不能不加选择地直接引入或全盘模仿，而是要在汲取优秀经验的基础上，系统性推进具有我国本土特色的 STEAM 课程开发实践，进而形成可持续的 STEAM 课程开发生态循环体系。

二、STEAM 课程开发的程序

上文已从开发目的、内容、途径等方面对 STEAM 课程开发中较为重要的环节做了详细的阐述，下面在借鉴国内外已有学者或组织较为成熟的校本课程开发程序的基础上，提出 STEAM 课程开发的程序（见图 3-1），以期为一线 STEAM 课程开发者提供一些参考。

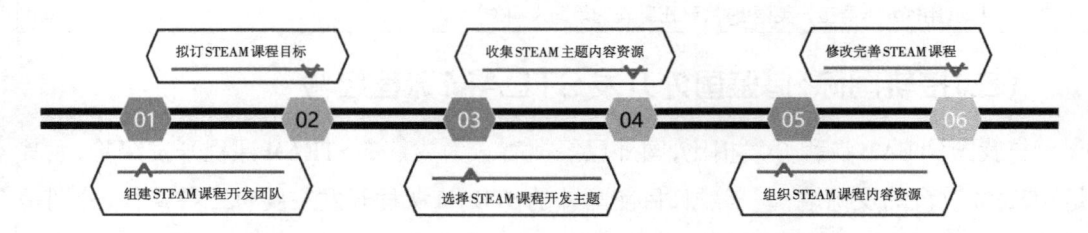

图 3-1　STEAM 课程开发的程序图

(一)组建STEAM课程开发团队

开发团队的组建是进行课程开发的第一步,团队能够为课程开发提供必要的人员支持和外部保障。值得注意的是,课程开发的主体不仅仅指教师,学校行政人员、课程专家、家长、社区工作者都可以参与课程开发,各主体在课程开发中扮演着不同的角色,共同推进课程开发的工作。但是,并非所有人员都参与课程开发的全过程,而是根据课程开发的需要发挥不同的作用,参与者在课程开发中的作用大致可分为四种类型:支持、咨询、讨论和决定。其中,一线教师是STEAM课程开发的核心和主导力量,从STEAM课程目标的拟订到评价都需要依靠教师的专业知识与能力。学校行政人员、家长、社区工作者在课程开发中扮演着咨询和辅助的角色,课程专家则侧重为STEAM课程开发提供理论指导和服务。值得说明的是,与一般课程的开发不同,STEAM课程更加强调跨学科性,因此,在组建STEAM课程开发团队时,除了学校行政人员、家长等群体的参与,还应尤其注重吸纳不同学科背景的教师加入,同时应尽量让STEAM课程研究的相关专家参与。

(二)拟订STEAM课程目标

当组建了STEAM课程开发团队后,应从"发展学生怎样的能力""培养学生怎样的素养"等视角出发进行课程目标的确立。具体来说,需要STEAM课程开发团队在充分解读和分析新课标三维目标(知识与技能目标、过程与方法目标、情感态度价值观目标)的基础上,以加德纳的多元智能发展理论和"中国学生发展核心素养"为参考,结合学习者的身心发展水平以及STEAM教育理念确定课程目标。

案例一:"奇妙的时间"课程目标设置

表3-2 "奇妙的时间"课程目标设置表

话题设计	课程目标	多元智能
小时间钟表	①掌握时、分、秒知识 ②了解时间的产生及古代计时工具 ③对比石英表、机械表 ④通过生活素材加深对钟表的认识 ⑤在日常生活中熟练使用钟表	①语言智能 ②数理智能 ③空间智能 ④身体智能 ⑤人际智能 ⑥自然探索智能 ⑦存在智能
大时间日历	①掌握年、月、日知识 ②通过实验和探究理解年、月、日由来 ③知道与年、月、日有关的传统文化和生活应用	①语言智能 ②数理智能 ③空间智能 ④身体智能 ⑤人际智能 ⑥自然探索智能

续表

话题设计	课程目标	多元智能
时间主人	①掌握时间管理的小技巧和原则 ②能够对自己的学习生活进行短期、中期和长期规划 ③在计划中充分利用时间，达到目标，成为时间的主人	①语言智能 ②空间智能 ③身体智能 ④人际智能 ⑤内省智能 ⑥存在智能
时间知多少	①学会策划活动 ②在活动中积累关于时间的知识	①语言智能 ②人际智能 ③存在智能

案例二："雨落世界的探索"课程目标

基于降雨开发的STEAM课程旨在培养学生的好奇心，引导学生在生活中发现问题、提出问题，在寻找问题、探究问题的过程中，培养学生综合运用学科知识解决实际问题的能力，促进学生的自我发展，让学生在理解STEAM课程的基础之上发展其核心素养。因此，在具体的课程目标设置上，又分为以下四个分目标：

1. 学科知识与技能。

通过本单元的课程学习，学生了解降雨的发生过程；学会做实验分析雨的成分；掌握如何设计实验模拟降雨的过程；根据城市集雨系统设计简单的家庭雨水收集装置；能结合雨的相关诗词等，围绕雨的特点创作现代艺术形式的作品，表达对雨水的赞美；能根据发电原理制作简单的雨能发电装置。

2. 教学方法与过程。

在本单元的课程学习中，通过利用知识迁移，实现自主建构；提供有效材料，鼓励探究发现；及时归纳总结，实现思维提升的方法来帮助和引导学生在自主讨论、制订方案、验证方案、汇报交流的过程中共同提高。

3. 文化理解与价值。

在本单元课程内容的设置上，学生在参与项目制作和实验设计的全过程中，对多学科知识的理解和迁移运用实现深度跨越，产生了对人类和自然环境和谐发展关系的感悟，同时发展学生的探究能力、数据分析能力、团队协作能力和预测推理能力。

4. 创新思维与科学精神。

本单元的课程学习激发了学生探究、发现生活中自然现象的问题意识；培养了学生严谨的实验操作观念；锻炼了学生坚持不懈完成任务的意志品质；开拓学生的思维和眼界，促进了学生创新精神和实践意识的发展。

在以上两个案例中，案例一的"奇妙的时间"课程目标设置以加德纳的多元智能理论为依据，设置了诸如"通过实验和探究理解年、月、日由来"等有关探索自然智能目标。案例二的课程目标与三维目标相比,其四维目标更加强调学生科学精神和创新思维的培养,这也与STEAM课程自身的特征相契合。具体来说,"雨落世界的探索"STEAM课程是以五、六年级为对象,其前三个目标的设置仍是以新课标中的"三维目标"为框架,其中融合了STEAM教育理念,例如在"创新思维与科学精神""能结合雨的相关诗词等,围绕雨的特点创作现代艺术形式的作品""推测降雨量与经济发展的关系"等维度都体现了跨学科整合性,同时也注重学生科学精神的培养,体现了核心素养的要求。

(三)选择STEAM课程开发主题

1. 遵循学生的认知发展特点,尊重学生的自主选择性

受教育者是构成教育的基本要素之一,泰勒也将学习者作为确立目标的来源之一。因此,应充分考虑学习者的因素,选择适应学习者学习的主题进行STEAM课程开发。具体来说,应当做到以下两点。

一是要了解学生的认知发展特点,顺应学生的认知发展规律。以往众多学者的研究均表明,人的认知发展具有一定的年龄特征,呈现出一定的发展规律。其中,最具影响力的理论便是皮亚杰和维果茨基的认知发展理论。皮亚杰提出将个体认知发展分为四个阶段:感觉运动阶段(0~2岁)、前运算阶段(2~7岁)、具体运算阶段(7~11岁)和形式运算阶段(11岁以上),并指出四个阶段是按顺序进行的。维果茨基则认为儿童是从所处的社会文化中获取知识的,强调儿童的思维发展是深受所处的社会文化和使用的语言工具影响的,同时也提出了"最近发展区"的理论,即指儿童实际认知发展水平与其可能达到的认知发展水平之间的差距。皮亚杰和维果茨基的认知发展理论在一定程度上可为STEAM课程开发主题的选择提供依据,具体来说,要充分考虑学生的认知发展需求,根据学生的认知发展阶段特点选择合适的开发主题,例如,小学低年级的学生还处于形象思维发展的阶段,就应适当选择一些视频、图片等具体材料进行学习。此外,也要考虑所选主题是否利于学生之间的交流合作,能够让学生"跳一跳、摘桃子"等。

二是要发挥学生的主体性,尊重学生的自主选择性。学生是学习的主人,突出学生的主体地位,"还学习于学生"已是当前教育教学发展的重要趋势。在课程开发中亦是如此,不仅教育者具有课程参与权,学习者也具有课程参与权。赋予学习者课程参与权,将学习者与课程开发相联系,才能够促进学习者的学习。在梅尔看来,如若要进行有意义的学习,不仅需要学生脑海中有与新信息相关的"旧"知识等,还需要学生主动去组织新信息。凯恩等人也指出,理想的过程应该是让学习者的大脑从中抽取模式,而非强加的方式。因此,只有将STEAM课程开发与学习者相联系,才能产生有意义的学习。对此,在选择开发主题前,可对学生进行问卷调查或访谈,了解学生对哪些方面的主题感兴趣,分析学生的

学习需求,并在选择开发主题时充分考虑学生的需要、尊重学生的选择。如此一来,则可让学生参与到STEAM课程开发的过程中,而非仅仅被动接受既定的课程。

案例一:"废电池"(有删改)

......

教师一进入教室,学生就提出了一系列的疑问。

生1:"老师,据说废电池对人的健康有很大的危害,是吗?"

生2:"老师,废电池也会危害植物的生长吗?"

生3:"老师,我们应该怎样处理废电池呢?"

生4:"老师……"

从一个个问题中,我发现学生对"废电池"相关问题非常感兴趣,并且他们也思考和交流了这些问题。然而,面对这一连串的问题,我实在是招架不住。此时,我"灵机一动",可不可以将"废电池"相关问题作为主题进行课程开发呢?

案例二:"情系商铺"(有删改)

学校计划开设校本课程,我们团队的教师经过讨论交流后,初步确定了"情系商铺"这一主题,不过我们仍旧要征求学生的意见。于是,我们运用问卷收集了五年级学生的意见,调查内容主要包括:在"情系商铺""走进动植园"等多个主题中,你认为最能体现义乌特色的主题是哪个?你对哪个主题更感兴趣?请说说理由。经过统计分析发现,大多数学生选择了"情系商铺"。如有学生提到"义乌是国内著名的小商品批发城,'情系商铺'更具义乌特色"……据此,我们就确定了"情系商铺"这一课程主题。

可以看到,上述两个案例中的教师都充分尊重了学生的身心发展特点及兴趣进行课程主题的选择。案例一中主题的选定完全是从学生的疑惑处得来的。而在案例二中,教师在初步拟定"情系商铺"的主题后,并未着急地进行课程开发,而是通过问卷调查的方式对学生的需求进行调查,最终才确定了"情系商铺"这一课程开发主题。

2. 考虑主题内容资源的可获得性,筛选可胜任的开发主题

内容是课程的核心部分,没有内容资源,课程也就无从谈起。对于课程开发者来说,在选择STEAM课程开发主题时,应充分衡量主题内容资源的可获得性,选择较易获取的STEAM课程主题进行开发。若是在选择课程开发主题时,不顾自身现有的条件限制,一味地追求热点主题,可能会出现诸多问题:一是可能将花费大量的精力去收集内容资源,二是内容资源丰富性不够可能会导致最终开发的STEAM课程质量不高。因此,在选择STEAM课程开发主题时,应先对本地课程资源进行分析,应植根于当地课程资源进行课程开发。因此,应当优先选择当地特色资源,充分考虑主题内容资源是否方便获取。

案例：

丰顺县位于广东省梅州南端，毗邻潮汕、揭阳，处于"客家族群"和"潮汕族群"的交界地带，客家文化和潮汕文化在此不断碰撞、交融，形成了独特的客潮文化。该县拥有十分丰富的民俗文化，建筑文化历史悠久，其中，传统文艺资源主要有火龙表演、木偶戏、跳火堆、迎龙、迎灯等，建筑主要有著名的"西门古寨""建桥围"等。以这些特有的文化历史资源为依托，汤坑镇第一中心小学的教师们打造了"蒲公英"系列STEAM课程，例如"'非遗'之光"课程便蕴含着特色火龙文化元素，"古村落探秘"课程则是以当地古建筑资源为主题进行的开发。

在该案例中，丰顺县汤坑镇第一中心小学STEAM课程的开发是在充分挖掘当地特色资源的前提下，以当地特色文化资源为依托进行课程开发，选择的主题内容资源均取之于当地，其资源的获取十分便利，既能够为学生进行实地调研等活动提供方便，也能够很好地传承和发展当地文化。总体来说，该小学所选取的STEAM课程开发主题无疑是十分适切的。

3. 关注主题内容的包容性，确保主题内容的价值性

在选择STEAM课程开发主题时，不仅要考虑课程开发者的知识储备、学生需求等外部因素，还要分析主题内容本身是否适合进行开发，即要充分考虑主题内容的包容性、价值性。所谓主题内容的包容性，即主题内容应当保证可用于不同科目，不能太过狭窄，也不能太过宽泛。倘若STEAM课程开发主题内容过窄，则不能涵盖多学科的知识，无法达到跨学科性的目标。而主题内容过于宽泛，则可能导致深度不够，学生只能学到浅显的知识，学生的思维得不到有效锻炼。主题内容的价值性则是指要分析所选主题是否符合主流价值观，是否能够体现STEAM课程的跨学科性、情境性、整合性以及是否能够促进学生的全面及个性化发展。

（四）收集STEAM主题内容资源

在确立STEAM课程目标和主题后，就应当着手收集所选定主题的STEAM课程内容资源。上文对STEAM课程内容选择依据以及选择范围都已做了较为详细的阐述，在此不再赘述。具体来说，对STEAM课程内容资源的选定应依据STEAM各学科相关的课程标准内容、学生的学习需求及身心发展特点、当今及未来社会生活发展的要求等进行。本部分重点在于阐述STEAM主题内容资源开发的途径，具体来说可分为以下几种来源：(1)从地方特色资源中选取；(2)对教材进行二次开发；(3)从教师的生活经历和教学经验中开发；(4)从地方场馆资源中开发；(5)从互联网资源中开发。

（五）组织STEAM课程内容资源

在收集了大量的STEAM课程内容资源后，还应对课程内容进行组织形成最终的课程文本。在上文已介绍了组织STEAM课程内容的两种主要方式：纵向组织和横向组织，也较为翔实地论述了如何进行课程内容的组织，在此便不再赘述。下述两个STEAM课程的框架体现了STEAM课程内容组织的两种方式。横向组织结构要求内容在空间上的关联性，提倡从学科整合的视角进行内容的组织。如"台风"STEAM课程是将台风与其他学科领域知识相联系，具体来说，就是将台风知识与生活、建筑等领域知识相结合（详见案例一），是横向组织的方式。纵向组织要求学习内容的安排在时间序列上不能明显中断，且后学的内容是对先学的内容的深入。如"奇妙的时间"STEAM课程运用的是纵向组织的方式，该课程以"时间"为主线（详见案例二），从简单的"时、分、秒知识"入手，深入到复杂的"日、地、月运转"知识，从"时间"知识的学习到培养学生运用"时间"的相关知识解决生活中的实际问题。

案例一："台风"STEAM课程

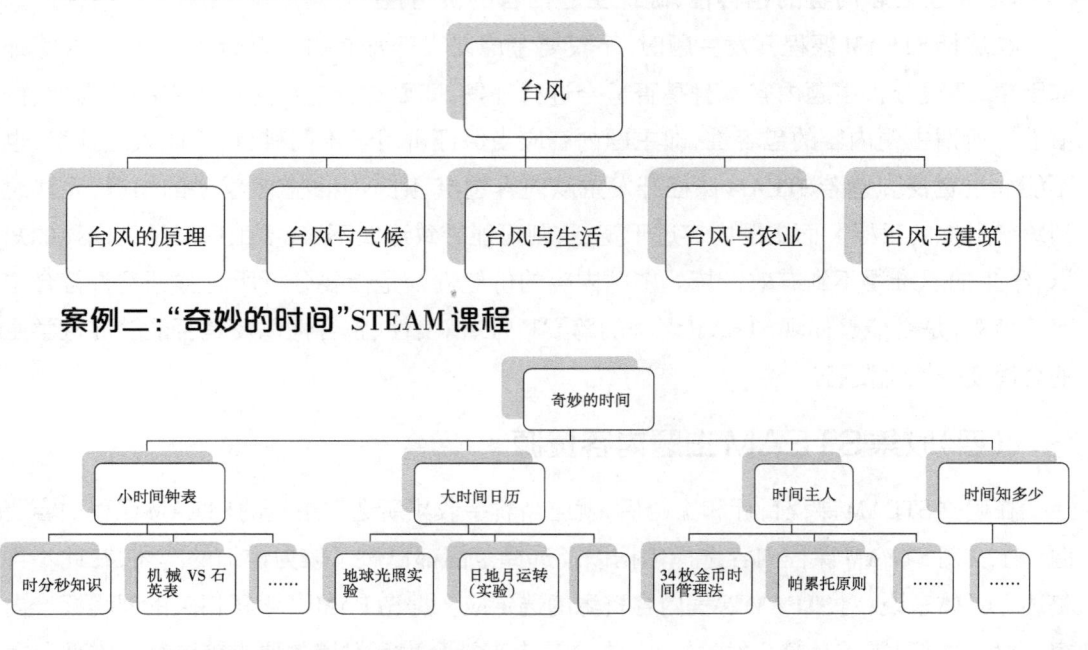

```
                        台风
         ┌────────┬────────┼────────┬────────┐
      台风的原理  台风与气候  台风与生活  台风与农业  台风与建筑
```

案例二："奇妙的时间"STEAM课程

```
                        奇妙的时间
          ┌──────────┬──────────┬──────────┐
       小时间钟表    大时间日历    时间主人     时间知多少
        ┌──┬──┐    ┌──┬──┐    ┌──┬──┐    ┌──┬──┐
      时分秒 机械  …… 地球光照 日地月运转  34枚金币  帕累托原则 ……
      知识  VS石      实验    （实验）   时间管理法
            英表
```

（六）修改完善STEAM课程

任何课程都不是一成不变的，而是需要在开发的过程中不断完善，在STEAM课程的开发中亦是如此。课程开发是一项长期工作，开发的课程是需要根据学生发展需要、学校发展需要以及社会发展需要等不断修改和完善的。要修改和完善课程内容，完善开发课程流程，首先就应有一定的依据，而评价是一个能够"为进行决策提供有效信息的过程"，对课程进行评价能够为课程的修订和完善提供充分支持。因此,对STEAM课程内容以及开发流程进行评价是必不可少的,根据评价结果对STEAM课程开发的程序以及课程内容进行修改和完善,从而形成良性的动态循环。一般来说,STEAM课程评价的方式应是多元的、动态的,评价的工具是丰富而定制化的,而CIPP评价模式作为经典的评价模式,能够为STEAM课程的评价改进提供理论支撑,其包括:(1)背景评价(Context evaluation),例如课程是否具有适切性等;(2)输入评价(Input evaluation),例如教学设施设备是否完备等;(3)过程评价(Process evaluation),例如对整个STEAM课程开发过程的动态评价和循环修订,发现其中存在的问题;(4)结果评价(Product evaluation),例如最后的课程方案及内容,以对开发的STEAM课程进行进一步的修改和完善,同时也能够重新审视开发过程,并不断总结经验,形成研究成果。需要说明的是,该步骤的评价意蕴最终的着力点是对STEAM课程开发过程及其本身的不断完善,还未涉及教学实施及应用环节的动态评价与改进。

案例:STEAM课程教师问卷(部分)

表3-3　STEAM课程教师问卷调查表(部分)

	完全不符	比较符合	一般	比较符合	完全符合
该STEAM课程与学校的办学理念一致	1	2	3	4	5
该STEAM课程符合学生的身心发展规律	1	2	3	4	5
教师都能够积极参与STEAM课程开发	1	2	3	4	5
该STEAM课程内容选取合理	1	2	3	4	5
学校设施设备能够支持该STEAM课程开发	1	2	3	4	5
……	1	2	3	4	5

1. 您对学校STEAM课程开发过程有什么建议?
2. 您认为该STEAM课程内容是否还需要完善?如果有,请举例说明。

第四章

STEAM 课程与教学设计

第三章介绍了STEAM课程开发的目的、原则,详细阐述了STEAM课程内容的开发要求、选择依据以及组织原则,对STEAM课程类型、STEAM课程开发的主要途径与模式都做了较为翔实的叙述,同时也对STEAM课程开发的基本程序进行了详细阐述。尽管前文已对STEAM课程开发的具体要求及基本程序等做了较为详细的说明,但是由于第三章的内容主要还是以理论论述为主,举例说明较少,对读者的理论素养要求较高。笔者考虑到可能有部分读者之前从未接触过课程开发相关理论或实践,对课程开发的了解并不多,更遑论对较为新兴的课程开发——STEAM课程开发的了解。因此,可能还是会有不少读者在阅读完第三章后,对于STEAM课程开发的理论知识仍一知半解,对如何真正地开发一门STEAM课程仍是一头雾水。鉴于此,第四章的内容主要是对第三章理论知识的实践应用,是对第三章内容的具体化,本章力图通过案例呈现的方式,让读者更为深入地理解STEAM课程开发的理论知识,使读者对于STEAM课程开发的最终产品有较为深入的认识,最终希望这些案例能够为读者在STEAM课程开发实践中提供一些指导与帮助。本章有四节,提供了四个完整的课程与教学设计案例,选取的均是较为典型的、有代表性的课程。考虑到STEAM课程的学习模式主要包括探究型、设计型、项目式和问题式等多种模式,第四章的课程开发案例以"主题"的形式组织课程,即围绕某个特定主题设计出完整的课程单元,在课程单元下进行一系列不同学习模式的教学设计。具体包括"光芒四射"STEAM课程、"雨落世界"STEAM课程、"奇妙的时间"STEAM课程、"台风"STEAM课程四个STEAM课程单元案例。在这四个案例中,有的案例完整地呈现了STEAM课程内容的纵向组织和横向组织实践样态是怎样的,有的案例较好地呈现了STEAM课程的学习方式应该是怎样的。总之,选取的这四个案例均有效整合了多学科知识,是具有一定代表性的STEAM课程与教学设计案例。

第一节 "光芒四射"STEAM课程与教学设计案例

一、"光芒四射"STEAM课程设计

(一)"光芒四射"STEAM课程理念

光是一种常见的物质,俗话说"万物生长靠太阳",我们生活的每一天都离不开光,它在我们的日常生活中占据着十分重要的地位,没了光我们将无法享受这五彩斑斓的生活。

同时，光的应用遍及我们生活的每一个角落，比如我们经常接触的照相机、摄像机、望远镜、光纤通信、激光打印等，都是光在生活中广泛应用的例证。笔者从贴近学生日常生活的角度出发，以光为主题，在收集、整理有关光的性质及其在日常生活中的应用等资料的基础上，把与之相关的科学、技术、工程、艺术和数学等学科知识与理念整合形成"光芒四射"STEAM课程，并通过参与问题探究、实验研究、项目制作等各类活动，让学生在本课程的学习中了解光的性质及特点，探究光的原理，提出并解决与光有关的问题，制造一系列与光密切相关的产品，进而让学生掌握与光有关的各学科知识，锻炼学生的动手操作能力，陶冶学生的情操，培养学生的问题提出意识及问题解决能力，提高学生的团队合作意识和沟通能力，最终促进学生多元智能的发展，培养学生的STEAM素养。

（二）"光芒四射"STEAM课程目标

1. 学科知识与技能

了解光的性质及其特点，学习与光相关的歌曲、诗词、故事、图案设计等内容，掌握光的反射、光的折射、光的色散等光学基本原理，能提出并解决与光有关的问题，并初步利用光热转换、光电转换等原理进行项目设计与制造，掌握运用简单工具和材料进行加工的技能，熟悉激光3D打印技术。

2. 教学方法与过程

通过参与问题探究、实验研究、项目制作等各类活动，在观察、分析、讨论、合作、交流的过程中，形成积极思考、主动探究的意识，培养动手操作能力、问题提出与问题解决能力和交流表达能力。

3. 文化理解与价值观

通过课程学习和活动参与，体会大自然的美并关注光在日常生活中的广泛应用，形成节能与环保的意识，养成合作意识，体会探索创新、小组合作的乐趣。

4. 创新思维与科学精神

通过参与学习本课程，树立问题意识，学会发现并解决现实生活中有关光的问题，养成严谨细致的科学态度，体会运用相关科学知识完成项目制作的乐趣。

（三）"光芒四射"STEAM课程内容

"光芒四射"STEAM课程遵循学生的身心发展规律，采用螺旋式上升的课程内容组织方式，选择五年级和八年级的学生作为教学对象，分别对其开展主题相同，但内容层层递进、难度逐步加深的课程教学。其中，选择五年级学生作为教学对象，是因为小学高年级的学生发育较为成熟，脑机能较发达，思维能力和动手操作能力较强，能进行"光"这一较为抽象且具有一定难度的课程的学习,且六年级学生要准备升学考试,学业较为繁忙,没有多余的时间和精力开展STEAM课程的学习;选择八年级学生作为教学对象,是因为八年级学生在学校的物理课中正好会学习"光"的相关内容,这能加强学生对于"光"的理解与认识,进而为更好地开展STEAM课程的学习奠定基础。

  本课程内容从光与日常生活的联系的角度出发,初步形成"寻光""识光""拾光""光之梦工厂"四大主题。首先,"寻光"主题下的话题依然是"寻光"(五年级和八年级),旨在让学生自由组建小组,发挥充分的想象,设计并实施寻光方案,找寻各式各样的"光";其次,"识光"主题下的话题设计有"光与植物""光与镜""彩虹制造机"(五年级)以及"小小温室""温室铭牌"(八年级)。前三个话题旨在把上一主题(即"寻光",下同)的汇报成果作为学习素材,通过探究活动、实验研究和项目制作等方式来引导学生认识光,学习光的基本知识;后两个话题旨在把上一主题的汇报成果作为学习素材,通过项目制作来引导学生深入学习光在实际生活中的运用;接着,"拾光"主题下的话题设计有"解决校内(或社区)阴暗处光照的问题"(五年级)以及"解决校内(或社区)的光污染问题"(八年级)。这两个话题旨在通过教师的指导和帮助,学生提出并解决实际生活中与光有关的问题。最后,"光之梦工厂"主题下的话题设计有"创意灯光秀"(五年级)以及"创意机器人灯光秀"(八年级)。这两个话题旨在综合前面所学,发挥学生的想象力与创新意识。

1."光芒四射"STEAM课程内容框架

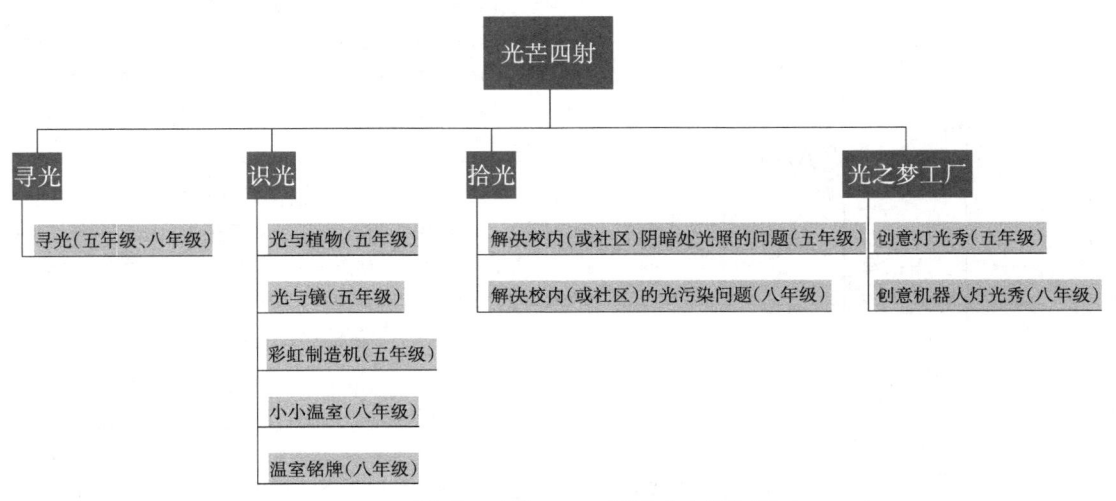

图4-1 "光芒四射"STEAM课程内容框架图

2. "光芒四射"STEAM课程具体内容设计

表4-1 "光芒四射"STEAM课程具体内容设计表

课程主题	话题设计	适用年级	开展形式	具体内容设计
寻光	寻光	五年级、八年级	小组讨论与汇报	①以小组为单位,初步构想可以从哪里找到"光",并设计小组行动方案;②安排人员分工,实施小组行动方案;③把找到的"光"按一定的标准分类整理、组织汇报
识光	光与植物	五年级	探究活动	①教师引导学生开展探究活动:探究光照对植物生长的影响;②学生思考、设计探究活动方案(材料准备+开展过程);③小组之间分享和讨论各方案的合理性和可行性,完善方案;④实施方案,形成探究活动报告
识光	光与镜	五年级	实验研究	①教师引导学生做"模拟光路"实验,研究黑暗中光在镜子的反射下形成的光路;②学生记录实验中的光路图,分析光路与镜子摆放角度的关系,形成实验研究报告;③根据实验研究结果,学生选择并运用光源和多个镜子制作一幅光路图案,并汇报总结
识光	彩虹制造机	五年级	项目制作	①教师从彩虹这一自然现象入手,让学生学习与彩虹相关的科学及人文艺术知识,引导学生思考如何人工制造一个彩虹,并提出要解决的关键性问题(要找到水滴的代替物、蓝天的代替物以及阳光的代替物);②学生思考,各小组初步拟订彩虹制造机的设计方案(材料准备+制作程序);③在教师的指导下,小组之间分享和讨论各方案的合理性和可行性,完善方案;④各小组实施方案,制作彩虹制造机并展示成果
识光	小小温室	八年级	项目制作	①教师从学校内或周围的小型植物入手,提出在冬天为喜温植物(蔬菜、花卉等)建造一个小型温室的项目要求;②学生思考,各小组初步拟订小型温室的设计方案(材料准备+制作程序);③在教师的指导下,小组之间分享和讨论各方案的合理性和可行性,完善方案;④各小组实施方案,为学校的喜温植物制作出小型温室并投入使用
识光	温室铭牌	八年级	项目制作	①教师提出运用3D打印技术为小型温室制作一个铭牌挂件的项目要求;②学生思考,各小组初步拟订3D打印技术制作铭牌的设计方案(材料准备+制作程序);③在教师的指导下,小组之间分享和讨论各方案的合理性和可行性,完善方案;④各小组实施方案,为自己的小型温室制作出铭牌并贴在温室上
拾光	解决校内(或社区)阴暗处光照的问题	五年级	问题提出与问题解决	①教师向学生介绍"凿壁偷光"的故事,学生谈感想;②教师引导学生去观察和思考校园内(或社区)阴暗处的光照问题,并汇报情况;③在教师的指导下,学生确定校内(或社区)需要解决光照问题的阴暗处,并以此分成不同小组,每个小组各负责一个阴暗处光照问题,并初步制订解决方案;④在教师的指导下,小组之间分享和讨论各方案的合理性和可行性,完善方案;⑤各小组实施方案,解决问题并总结汇报

续表

课程主题	话题设计	适用年级	开展形式	具体内容设计
拾光	解决校内(或社区)的光污染问题	八年级	问题提出与问题解决	①教师向学生简单介绍光污染及其危害;②学生以小组形式深入学校(或社区)去了解校内(或社区)所存在的光污染情况,并汇报自己所发现的校园内存在的光污染问题;③在教师的指导下,各小组选择一个校内(或社区)光污染问题,深入了解问题,并初步制订问题解决方案;④在教师的指导下,小组之间分享和讨论各方案的合理性和可行性,完善方案;⑤各小组实施方案,解决问题并总结汇报
光之梦工厂	创意灯光秀	五年级	主题活动	①教师向学生介绍活动主题"创意灯光秀",并提出活动要求(创意、节能等);②学生自愿组成小组,设计活动流程和作品的方案;③在教师的指导下,小组之间分享和讨论各方案的合理性和可行性,完善方案;④各小组实施方案,举办主题活动
光之梦工厂	创意机器人灯光秀	八年级	主题活动	①教师向学生介绍活动主题"创意机器人灯光秀",并提出活动要求(创意、机器人与灯光相结合、节能等);②学生自愿组成小组,设计活动流程和作品的方案;③在教师的指导下,小组之间分享和讨论各方案的合理性和可行性,完善方案;④各小组实施方案,举办主题活动

二、"光芒四射"STEAM教学设计案例

(一)彩虹制造机(项目型)

【课程背景与目标】

彩虹是日常生活中一种常见的自然现象,也是气象中的一种光学现象。当阳光照射到半空中的雨点,光线被折射及反射,在天空中形成拱形的七彩光谱,就是人们常说的彩虹。彩虹这一自然现象既涉及光的反射、光的折射等科学知识,也涉及诗词、色彩等人文艺术知识,是供学生学习的良好素材,对于五年级的学生来说,虽具有一定难度但也在其能力范围内。

本课旨在让学生通过参与两个活动,学习与彩虹相关的人文艺术知识,让学生在感受大自然的美的同时陶冶情操,并在此基础上了解彩虹形成的基本原理,通过自主设计和制作彩虹制造机,丰富学生的自然科学知识,锻炼学生的动手操作能力。

【课程重点与难点】

本课的重点在于让学生通过学习,掌握彩虹形成的基本原理及必备条件。本课的难点在于让学生自主设计和制作彩虹制造机。

【课程领域】

科学、技术、工程、艺术

【建议年级】

五年级

【建议时间】

160 min

【课程任务】

学生通过多媒体手段欣赏与彩虹相关的歌曲、图片和视频,学习与彩虹相关的神话和诗词,并在此基础上了解彩虹形成的基本原理,尝试设计方案并制作彩虹制造机,最后在全班进行展示与交流。

【教学过程】

一、导入课程(15 min)

(一)歌曲导入(10 min)

播放儿歌《彩虹桥》,学生听后发表感想,说说歌曲主要讲的是什么,从中能得到哪些信息。

彩虹桥

雨过了,天晴了,

彩虹在天边出现了。

红条条,橙条条,

黄绿青蓝紫条条。

七色的条条,

组成一座彩虹桥。

雨过了,天晴了,

彩虹在天边出现了。

红条条,橙条条,

黄绿青蓝紫条条。

七色的条条,

组成一座彩虹桥。

(二)图片及视频展示(5 min)

教师以PPT的形式展示大自然中的彩虹图片和视频,引导学生从生活中的自然现象出发,寻找生活中各式各样的彩虹,观察图片,并让学生结合图片与之前所学的儿歌,谈谈自己对彩虹的认识和理解。

二、活动设计(110 min)

(一)活动1：彩虹我知道(30 min)

1. 神话故事：女娲补天(5 min)。

教师以PPT的形式展示女娲补天的神话故事，学生齐读，并谈感受。

教学材料：传说在洪荒时代，水神共工和火神祝融因故吵架而大打出手，共工因战败而羞愤地朝西方的不周山上撞去，顶垮了作为天的支柱的不周山，天破了，系地的绳子也被扯断了，地陷了。在天塌地陷、百姓无法生存的关键时刻，女娲挺身而出，收集五色石子，用火烧炼后拿着烧好的石糊糊把天补好，直到今天天空中还会出现彩虹，那就是女娲五色石留下的痕迹。

2. 分享、诵读诗词(5 min)。

教师PPT展示有关彩虹的诗词，学生自由诵读，之后学生可分享补充自己所了解、搜集的有关彩虹的神话、诗词或歌曲。

教学材料：

香炉初上日，瀑水喷成虹。

——孟浩然《彭蠡湖中望庐山》

两水夹明镜，双桥落彩虹。

——李白《秋登宣城谢朓北楼》

我欲穿花寻路，直入白云深处，浩气展虹霓。

——黄庭坚《水调歌头·游览》

赤橙黄绿青蓝紫，谁持彩练当空舞？

——毛泽东《菩萨蛮·大柏地》

3. 总结彩虹的特点(5 min)。

教师引导学生根据刚才了解的有关彩虹的歌曲、视频、图片、神话、诗词等，从颜色、形状、出现时间等方面总结彩虹的特点。

4. 分析彩虹的形成原理(15 min)。

教师引导学生观察简单的彩虹形成原理图，学生就原理图提出相关问题。随后，教师教授光的反射和光的折射知识，让学生观察详细的彩虹形成原理图，进而引导学生分析彩虹的形成原理，找到形成彩虹的关键要素。

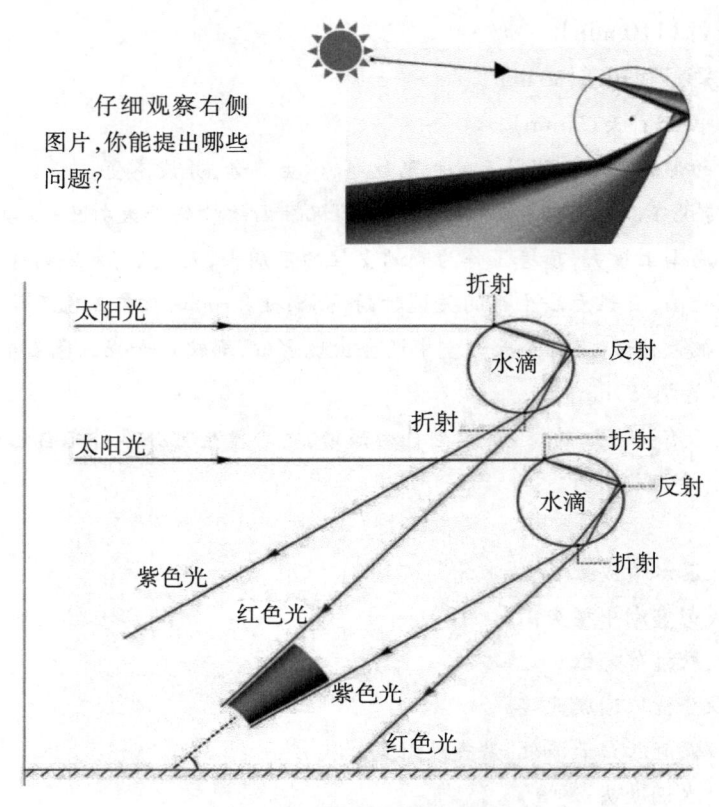

仔细观察右侧图片,你能提出哪些问题?

图 4-2　彩虹形成原理图

（二）活动 2：彩虹制造机（80 min）

1. 初步构思，设计方案（20 min）。

教师发布"彩虹制造机"的活动任务，并出示评价量规表和操作记录单。学生分成不同小组，各小组初步拟订彩虹制造机的设计方案。在此期间，教师可引导学生从以下几个方面进行思考和讨论：

(1) 可以用什么物品代替阳光？

(2) 可以用什么物品代替蓝天？

(3) 可以用什么物品代替水滴？

(4) 需要用到什么固定工具？

(5) 需要用到什么测量工具？

(6) 小组内如何进行分工？

（参考材料：不同功率大小的电灯泡、不同饱和度的蓝色纸张、多种材质与大小规格不同的透明"小球"、不干胶、量角器、剪刀等。）

表4-2　"彩虹制造机"课程评价量规表

"彩虹制造机"课程评价量规表				
项目	分数		
^	1分	2分	3分
初步的设计方案	小组设计方案较简单，缺乏科学性或可操作性	小组设计方案具有一定的合理性和可操作性，但缺乏对某些细节的思考	小组设计方案合理清晰、考虑周到，具有较强的可操作性
小组分工合作	小组无分工合作	小组有基本的分工合作	小组分工合理，各成员均积极参与
展示说明	在展示中，小组对方案设计和执行过程的描述缺乏逻辑，且未说明操作过程中遇到的问题及解决方案	小组对方案设计和执行过程进行了部分展示，但其中部分内容显得混乱且无意义	小组关于方案设计和执行过程的展示清晰明确，有效地体现了设计的意图和特点，并简单明了地说明了操作过程中遇到的问题及解决方案
彩虹制造机最终成果展示	没有出现彩虹	出现了彩虹，但较模糊，且持续时间较短	出现了较为清晰的彩虹，且持续时间较长

表4-3　"彩虹制造机"操作记录单

"彩虹制造机"操作记录单		
小组分工情况：			

序号	小组成员	分工情况
1		
2		
3		
……		

制作方案：

步骤	具体说明	备注
1		
2		
3		
……		

制作过程中遇见的问题：

序号	问题描述	解决思路
1		
2		
3		
……		

总结与反思：
1.
2.
3.
……

2.交流讨论,完善方案(20 min)。

在教师的指导下,各小组汇报和分享本组方案,并讨论各组方案的合理性和可行性,进而完善方案。在此期间,教师可引导学生从以下几个方面进行思考和讨论:

(1)该组方案是否合理?

(2)该组方案是否可行?

(3)该组方案有哪些地方还需完善?

3.实施方案,展示成果(25 min)。

各小组实施方案,制作彩虹制造机并展示成果。展示需要介绍本组的方案设计思路,操作过程中遇到的问题及解决方案并展示整个操作过程。

4.评价与反思(15 min)。

全部小组完成任务后,教师组织学生进行讨论,并根据评价量规进行总结、反思,可从以下几个方面进行:

(1)设计方案还可以从哪些方面进行改进?

(2)小组是如何进行分工合作的?其中哪些方面可以进行优化调整?

(3)是否还有可以升级彩虹制造机的方法?

(二)小小温室(项目型)

【课程背景与目标】

温室,又称暖房,指有防寒、加温和透光等设施,供冬季培育喜温植物的房间。在不适宜植物生长的季节,温室能向植物提供生育期所需的温度条件并使其增加产量,多用于低温季节喜温蔬菜、花卉、林木等植物的栽培或育苗等。本课程适合在秋季学期开展,此时冬季将至,校园(或社区)里有许多植物,其中不乏喜温植物,如何在冬天为校园(或社区)里的喜温植物建造一个小型温室,将是学生需要解决的一个的现实问题。

本课旨在让学生以小组为单位通过参与项目制作活动,经历明确要求、设计方案、完善方案、实施方案、展示成果等环节,学习与温室相关的自然科学知识,了解温室的含义、历史起源、分类和作用,锻炼学生的动手操作能力,最终自主设计和制作出小型温室,解决实际问题。

【课程重点与难点】

本课的重点在于让学生通过学习,掌握与温室相关的自然科学知识,并自主设计和制作小型温室。本课的难点在于让学生自主设计和制作小型温室。

【课程领域】

科学、技术、工程、艺术、数学

【建议年级】

八年级

【建议时间】

120 min

【课程任务】

学生根据教师发布的任务要求,学习与温室相关的自然科学知识,并在此基础上设计方案、完善方案、实施方案并制造小型温室,最后在全班进行展示与交流。

【教学过程】

一、导入课程(10 min)

教师向学生提问:"冬天就要到了,我们日常生活的校园(或社区)里有许多植物,其中有一些植物非常怕冷,在寒冷的冬天无法生长甚至可能会死去,我们要怎样保护它们呢?"学生自由回答,在此基础上教师引导学生向"制作小型温室"的课程目标贴近,并向学生系统介绍温室的含义、历史起源、分类和作用等基础知识,由此引入下一环节的学习。

教学材料:1.温室的含义。温室,又称暖房,指有防寒、加温和透光等设施,供冬季培育喜温植物的房间。在不适宜植物生长的季节,温室能向植物提供生育期所需的温度条件并使其增加产量,多用于低温季节喜温蔬菜、花卉、林木等植物栽培或育苗等。温室是指能控制或部分控制植物生长环境的建筑物。主要用于非季节性或非地域性的植物栽培、科学研究、加代育种和观赏植物栽培等。2.温室的历史起源。温室的起源最早可追溯到秦始皇时期,据学者卫宏在《古文官书序》中记载,"秦即焚书,恐天下不从所改更法,诸生到者拜为郎,前后七百余人,乃密种瓜于骊山陵谷中温处。"3.温室分类。根据温室的最终使用功能,可分为生产性温室、试验(教育)性温室和允许公众进入的商业性温室。蔬菜栽培温室、花卉栽培温室、养殖温室等均属于生产性温室;人工气候室、温室实验室等属于试验(教育)性温室;各种观赏温室、零售温室、商品批发温室等则属于商业性温室。4.温室的作用。温室具有帮助喜温植物御寒、御冬或促使生长和提前开花结果等作用。

二、项目制作(110 min)

1.初步构思,设计方案(20 min)。

教师发布制作"小小温室"的活动任务,并出示评价量规表和操作记录单。学生分成不同的小组,各小组初步拟订制作小型温室的设计方案。在此期间,教师可以引导学生从以下几个方面进行思考和讨论:

(1)温室能在冬天御寒、御冬的原理是什么?
(2)制作温室有哪些必不可少的要素?
(3)如何设计温室的规格大小、形状?
(4)需要用到什么固定工具?
(5)需要用到什么测量工具?
(6)小组内如何进行分工?

(参考资料:采用的是吸热保温原理,一是大棚的材料可以采光吸热,二是同时也有保温的作用,防止热量散失;参考材料:废纸箱、细钢管、透明薄膜、绳子、胶带、尺子、裁纸刀、剪刀等。)

表4-4 "小小温室"课程评价量规表

项目	1分	2分	3分
初步的设计方案	小组设计方案较简单,缺乏科学性或可操作性	小组设计方案具有一定的合理性和可操作性,但缺乏对某些细节问题的思考	小组设计方案合理清晰,考虑周到,且具有较强的可操作性
小组分工合作	小组无分工合作	小组有基本的分工合作	小组分工合理且明确,各成员均积极参与
展示说明	在展示中,小组对方案设计和执行过程的描述缺乏逻辑,且未说明操作过程中遇到的问题及解决方案	小组对方案设计和执行过程进行了部分展示,但其中部分内容显得混乱且无意义	小组关于方案设计和执行过程的展示清晰明确,有效地体现了设计的意图和特点,并简单明了地说明了操作过程中可能遇到的问题及解决方案
小小温室最终成果展示	制造的温室不具备成型条件	制造的温室初步成型,但其吸热、保温的效果一般	制造的温室成型较好,具有较强的美观性,且吸热、保温等实用性效果较好

表4-5 "小小温室"操作记录单

"小小温室"操作记录单		
小组分工情况：		
序号	小组成员	分工情况
1		
2		
3		
……		
制作方案：		
步骤	具体说明	备注
1		
2		
3		
……		
制作过程中遇见的问题：		
序号	问题描述	解决思路
1		
2		
3		
……		
总结与反思： 1. 2. 3. ……		

2. 交流讨论，完善方案（30 min）。

在教师的指导下，各小组汇报和分享本组方案，并讨论各组方案的合理性和可行性，进而完善方案。在此期间，教师可引导学生从以下几个方面进行思考和讨论：

(1) 该组方案是否合理？

(2) 该组方案是否可行？

(3) 该组方案有哪些地方还需完善？

3. 实施方案，展示成果（40 min）。

各小组实施方案，制作小型温室并展示成果。展示需要介绍本组的方案设计思路、操作过程中遇到的问题及解决方案并展示整个操作过程。

4.评价与反思(20 min)。

全部小组完成任务后,教师组织学生进行讨论,并根据评价量规进行总结、反思,可以从以下几个方面进行:

(1)设计方案还可以从哪些方面进行改进?

(2)小组是如何进行分工合作的?其中哪些方面可以进行优化调整?

(3)是否还有可以升级该小型温室的方法?

(三)解决校内(或社区)的光污染问题(探究型)

【课程背景与目标】

光污染,是指光对环境产生的污染。广义的光污染包括一些可能对人的视觉环境和身体健康产生不良影响的事物,包括日常生活中常见的书本纸张、墙面涂料的反光,甚至路边彩色广告的"光芒"也属于光污染的范畴,光污染范围之广可见一斑。

光污染会对人体乃至其他生物造成极大伤害,因此,本课旨在从减少光污染、保护自然环境的理念出发,通过让学生深入学校(或社区)去了解存在的光污染问题,并就其中一个光污染问题深入思考,制订问题解决方案并实施,帮助学生树立爱护环境的意识,培养学生善于思考的好习惯,提高学生发现问题、分析问题、解决问题的能力。

【课程重点与难点】

本课的重点在于让学生经历问题提出与问题解决的过程,即学习小组要先深入学校(或社区)去发现问题,再根据问题制订解决方案,小组讨论完善方案,最后实施方案。本课的难点在于让学生切实解决生活中所存在的光污染问题。

【课程领域】

科学、技术

【建议年级】

八年级

【建议时间】

180 min

【课程任务】

教师先播放动画短片向学生简单介绍光污染及其危害,学生再以小组的形式深入学校(或社区)去了解存在的光污染问题并进行汇报。各小组选择一个光污染问题深入研究,并初步制订问题解决方案。在教师的指导下,小组完善并实施方案,解决问题。

【教学过程】

一、导入课程(10 min)

教师播放动画短片《光污染的危害》导入课程，通过短片向学生简单介绍光污染及其危害。在此期间，教师可通过以下几个问题引导学生：

(1) 光污染的原理是什么？
(2) 生活的校园(或社区)内是否存在光污染问题？
(3) 该如何解决生活中存在的光污染问题？

二、问题提出环节(70 min)

(一) 发布任务，寻找问题(50 min)

教师发布"发现光污染问题"的任务，并出示评价量规表和操作记录单。学生分成不同小组，各小组深入学校(或社区)去了解学校(或社区)内所存在的光污染问题。在此期间，教师可以引导学生从以下几个方面进行思考和讨论：

(1) 学校(或社区)里的哪些地方最可能出现光污染问题？
(2) 小组该如何分工去寻找学校(或社区)里的光污染问题？
(3) 如何记录所发现的光污染问题？

表4-6 "解决校内(或社区)的光污染问题"课程评价量规表

项目	1分	2分	3分
发现光污染问题	小组未发现学校(或社区)内所存在的光污染问题	小组只发现了部分学校(或社区)内所存在的光污染问题	小组发现了大部分学校(或社区)内所存在的光污染问题
汇报光污染问题	小组只是简单陈述所发现的光污染问题，汇报时表述不完整	小组对所发现的光污染问题进行了简单分类，汇报时表述较为完整	小组对所发现的光污染问题进行了详细分类，汇报时表述清晰、完整有逻辑
初步的解决方案	小组的问题解决方案较为草率，不能有效解决问题	小组的问题解决方案具有一定的合理性，但在可行性方面还需完善	小组的问题解决方案具有较强的合理性和可行性，能有效解决问题
小组分工合作	小组无分工合作	小组有基本的分工合作	小组分工合理且明确，各成员均积极参与
总结汇报	小组未完全解决问题	小组基本解决问题，但就问题解决过程中遇到的关键问题及解决方案的表述不够完整	小组完全解决问题，并在此基础上完整汇报本组问题解决过程中遇到的关键问题及解决方案

表4-7 "解决校内(或社区)的光污染问题"操作记录单

"解决校内(或社区)的光污染问题"操作记录单		
小组分工情况：		
序号	小组成员	分工情况
1		
2		
3		
……		
小组发现的校内(或社区)阴暗处光照的问题：		
序号	发现的问题	备注
1		
2		
3		
……		
问题解决方案：		
步骤	具体说明	备注
1		
2		
3		
……		
总结与反思： 1. 2. 3. ……		

(二)整理分类，汇报问题(20 min)

各小组整理并汇报自己所发现的校园(或社区)内存在的光污染问题。在此期间，教师可以引导学生从以下几个方面进行思考和讨论：

(1)应按照怎样的标准对所发现的光污染问题进行分类？

(2)应按照怎样的逻辑组织汇报语言？

三、问题解决环节(70 min)

(一)初步构思，设计方案(20 min)

在教师的指导下，各小组选择一个校园(或社区)内光污染问题，深入了解问题，并初步制订问题解决方案。

(二)完善方案,解决问题(50 min)

在教师的指导下,小组之间分享和讨论各方案的合理性和可行性,完善并实施方案,解决问题。在此期间,教师可引导学生从以下几个方面进行思考和讨论:

(1)该组方案是否合理?

(2)该组方案是否可行?

(3)该组方案有哪些地方还需完善,以确保校园(或社区)内光污染问题能得到有效解决?

四、总结汇报环节(30 min)

各小组对整个问题提出与问题解决过程进行回顾、总结与汇报。汇报需要介绍本组的方案设计思路、操作过程中遇到的问题及解决方案、问题解决结果。

(四)创意灯光秀(设计型)

【课程背景与目标】

"万物生长靠太阳",我们日常生活中的每一天都有光的影子。然而,生活中也常常存在着浪费能源的问题,如离开时没有关灯,洗完手不关水龙头,等等。因此,有必要进行一场以"创意灯光秀"为活动主题,以"环保""节约"为活动理念的主题活动,呼吁学生关注环保,节约能源。

本节课旨在让学生根据活动主题,自由发挥想象,在以"环保""节约"为基本理念的引导下,通过创作各式各样与"灯光"有关的创意作品参与活动,帮助学生树立环保和节约意识,提升其艺术创作能力和审美情趣。

【课程重点与难点】

本课的重点在于让学生通过参与主题活动,创作"灯光"创意作品,树立环保和节约意识。本节课的难点在于学生私下去收集相关资料、创作作品等。

【课程领域】

科学、技术、工程、艺术、数学

【建议年级】

五年级

【建议时间】

120 min

【课程任务】

教师先向学生介绍活动主题"创意灯光秀",学生自愿组成小组,设计活动流程和作品的方案,之后完善并实施方案,举办主题活动。

【教学过程】

一、导入课程(15 min)

教师通过播放相关图片及视频(如"节约能源"的公益图片及视频、灯光秀的图片及视频等)向学生介绍本次活动主题"创意灯光秀",并提出"环保""节约"活动理念。在此期间,教师可以通过以下几个问题引导学生:

(1)你是如何理解活动主题"创意灯光秀"的?

(2)为何要举办本次活动?

(3)如何在作品中体现"环保""节约"的活动理念?

二、活动准备环节(45 min)

(一)初步构思,设计方案(20 min)

在教师的指导下,学生自愿组成小组,根据活动主题设计活动流程和作品的方案。并根据学生自愿原则,拟订2名主持人(1名男生、1名女生)。在此期间,教师可通过以下几个问题引导学生:

(1)小组成员应如何进行分工?

(2)本组作品需要准备哪些道具、音乐?

(3)本组作品是否体现了"环保""节约"的活动理念?

(4)应如何安排本组作品的制作进度?

(二)完善方案,制作作品(25 min)

在教师的指导下,小组之间分享和讨论各方案的合理性和可行性,并完善方案,制作作品。在此期间,教师可以引导学生从以下几个方面进行思考和讨论:

(1)该组方案是否切合活动主题?

(2)该组方案是否体现了"环保""节约"的活动理念?

(3)该组方案是否可行?进度安排是否合理?

(4)该组方案有哪些地方可以完善?

三、活动实施环节(60 min)

在教师的组织下,学生共同举办主题活动。主要包括以下环节。

(一)活动开场

2名主持人开场并介绍本次"创意灯光秀"主题活动的背景、内涵和理念,教师作为本次活动的嘉宾并致辞。

(二)活动过程

按照预定的小组顺序依次展示本小组与"灯光"有关的创意作品。在此期间,教师可以引导学生从几个方面思考对本次"创意灯光秀"主题活动的感想。

1.你最喜欢哪个小组的作品？为什么？

2.除了展示的小组作品外,你认为还可以通过哪些作品形式来体现本次活动主题？

3.通过本次主题活动,你对"光""环保""节约"有了哪些更进一步的认识？

(三)活动结束

活动结束后,学生就以上问题发表对本次"创意灯光秀"的感想。最后,教师进行活动总结,重申"环保""节约"的活动理念,升华本次活动主题。

第二节 "雨落世界"STEAM课程与教学设计案例

一、"雨落世界"STEAM课程设计

(一)"雨落世界"STEAM课程理念

降雨是日常生活中常见的一种自然现象,蕴含着许多可供开发的课程资源。本课程从学生的好奇心出发,基于降雨这一自然现象及其发生的过程,设计主题式STEAM课程,将有关降雨过程的具体内容拆解成一系列任务单元,引导学生在课程学习中通过小组合作的形式,体验自主讨论、制订方案、执行方案、汇报成果等过程,发掘生活中常见的自然现象所蕴含的奥秘。在进行数据统计分析的过程中,让学生领悟数据信息对实验方案的意义和价值。在进一步的实验中,带领学生体会问题解决方案从商讨、制订,到修改、执行的过程,帮助学生养成科学严谨的思维方式,从而培养学生的实践能力和创新精神。

开发以降雨为主题的STEAM课程,课程内容与问题设置要贴近学生的生活实践,课程设计要基于学生自身的理解,课堂教学要注重学生的获得感与体验感,让学生全身心参与主题式课程,在理论学习与实践探索中发展其实践和创新能力。

(二)"雨落世界"STEAM课程目标

基于降雨开发的STEAM课程旨在培养学生从生活中发现问题的好奇心,在寻找问题、探究问题的过程中,引导学生习得综合性学科知识,促进学生的自我发展,提升学生的社会参与度,让他们在理解课程的基础上发展核心素养。因此,在具体的课程目标设置上,又分为三个分目标。

1. 学科知识与技能

通过学习本课程,了解降雨的发生过程;学会做实验分析雨的成分;掌握如何设计实验模拟降雨的过程;根据城市集雨系统设计简单的家庭雨水收集装置;能结合雨的相关诗词等,围绕雨的特点创作现代艺术形式的作品,表达对雨水的赞美;能根据发电原理制作简单的水能发电装置。

2. 教学方法与过程

在学习本课程的过程中,利用知识迁移的方法,实现自主建构;提供有效材料,鼓励探究发现;及时归纳总结,利用思维提升的方法,来帮助和引导学生在自主讨论、制订方案、验证方案、汇报交流的过程中有所提高。

3. 文化理解与价值

在本课程内容的设置上,学生在参与项目制作和实验设计的全过程中,实现对多学科知识的理解和迁移运用的深度跨越,提升对人类和自然环境和谐发展关系的共情和感悟,同时发展探究能力、数据分析能力、团队协作能力和预测推理能力。

4. 创新思维与科学精神

本课程激发学生探究、发现生活中的自然现象的问题意识;培养学生严谨的实验操作观念;锻炼学生坚持不懈完成任务的意志品质;开阔学生的思维和眼界,培养学生的创新精神和实践意识。

(三)"雨落世界"STEAM课程内容

"雨落世界"STEAM课程,主要选择五、六年级学生作为教学对象,并根据学生认知发展的阶段性特点来组织教学内容。在设计课程内容时,综合考虑了不同学科在课程中的定位,并根据不同学科培养学生不同的发展能力,进行相应的主题单元式的内容设计。在每一单元的教学内容中,以学生的学习结果为导向,采取以核心概念为着力点的内容安排,让学生掌握核心概念,并能够进行知识的迁移。基于核心概念,整合学科知识,实现对重要原理的深入探索,促进学生对知识的深度理解,促使学生参与工程实践,并提升学生的核心素养,已经成为国际STEAM学科教育研究者的共识,这也是STEAM教育研究和课程整合的发展方向。

在"雨落世界"STEAM课程中,以培养学生的综合能力为目标,在课程内容的安排上,以实验性、探索性项目为主,同时结合了一些生活性和发展性问题,如环保、新能源等问题,有助于培养学生学习的责任感和使命感。在课程结果的评价上,针对学生团队合作创作相应的项目成果,进行形成性和发展性评价,侧重诊断问题,提出改进措施。

1. "雨落世界"STEAM课程内容框架

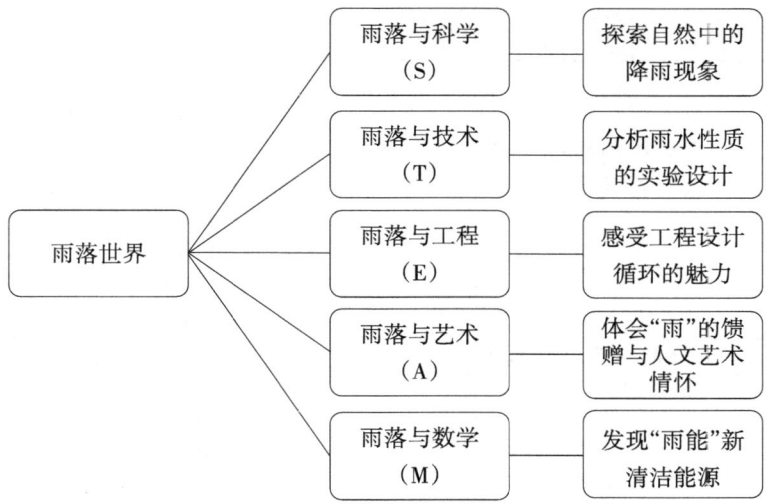

```
                    ┌── 雨落与科学(S) ── 探索自然中的降雨现象
                    │
                    ├── 雨落与技术(T) ── 分析雨水性质的实验设计
                    │
         雨落世界 ──┼── 雨落与工程(E) ── 感受工程设计循环的魅力
                    │
                    ├── 雨落与艺术(A) ── 体会"雨"的馈赠与人文艺术情怀
                    │
                    └── 雨落与数学(M) ── 发现"雨能"新清洁能源
```

图4-3 "雨落世界"STEAM课程内容框架图

2. "雨落世界"STEAM课程具体内容设计

表4-8 "雨落世界"STEAM课程具体内容设计表

序号	课程主题	课题	核心概念	教学内容
1	雨落与科学	为什么会下雨：降雨过程大猜想	降雨过程、自然现象	(1)观看教学视频，初步猜想大自然中降雨的过程和原理 (2)设计实验，模拟和验证降雨的过程 (3)让学生养成细心观察的好习惯和科学严谨的态度
2	雨落与技术	雨水是什么水：窥探雨水的性质	雨水酸碱度、酸雨危害、环保	(1)引导学生掌握测试雨水酸碱度的基本方法和原理 (2)学生自主设计简单实验，探究雨水的化学成分 (3)让学生掌握雨水按酸碱度的分类，了解酸雨的形成及危害，培养学生的环保意识
3	雨落与工程	为家里设计一个雨水收集系统：感受工程设计的魅力	水资源短缺、工程设计循环、节约用水	(1)观看教学视频，讨论并形成各小组雨水收集器的设计方案 (2)从节约用水的理念出发，设计一种能够回收雨水的装置并完成实验，从而更好地利用雨水 (3)让学生经历从想法、创意转变成问题解决方案的过程，提高学生的动手实践能力，培养学生善于思考、节约用水的好习惯

续表

序号	课程主题	课题	核心概念	教学内容
4	雨落与艺术	"雨"是自然的馈赠：吟唱雨水的赞歌	审美、人文素养	(1)让学生根据主题，通过创作有关"雨"的作品、海报等，表达对"雨"及大自然的感恩之情 (2)通过诗朗诵、才艺表演等活动形式切身体会这种感受，提升学生的艺术创作能力和审美情趣
5	雨落与数学	"水能"发电机：发现新的清洁能源	生长规律、作物分布	(1)引导学生了解"降雨"也可以被作为一种能量的来源 (2)观看教学视频，掌握"水力发电"的基本原理和简易水力发电机的制作过程 (3)培养学生善于思考、勤于动手的习惯，并提升学生的创新意识和实践能力

二、"雨落世界"STEAM教学设计案例

（一）为什么会下雨——降雨过程大猜想（探究型）

【课程背景与目标】

科学是人类认识宇宙的实践方法，是系统化和公式化的知识，而自然现象是科学知识的重要来源。许多科学知识都是人们在观察和分析自然现象的基础之上提出来的，例如牛顿通过观察和分析"苹果从树上自然掉落"这一自然现象，提出了万有引力定律，从此以后，任何人想要了解炮弹或行星是按照怎样的轨迹运行的，最终又会落向何方，只需测量一下物体的质量、方向、加速度和作用力，把这些数据代入牛顿的方程式，答案就像魔术一样跃然于眼前。因此，观察自然现象并分析其中的原理是科学领域中重要的学习部分。

本课旨在让学生猜想自然降雨的过程和原理，并通过实验操作，让学生养成细心观察的好习惯和科学严谨的态度。

【课程重点与难点】

本课对学生的实验操作有一定的难度要求。本课的重点在于让学生通过观看相关视频，总结和概括降雨发生的要素、条件和过程。本课的难点在于让学生自主操作，演示降雨的过程。

【课程领域】

科学、数学

【建议年级】

六年级

【建议时间】

120 min

【课程任务】

学生通过多媒体观看自然降雨的过程,思考降雨发生应具备的因素和条件。在此基础上,学生组成合作小组,开展实验,模拟降雨的过程,最后在全班进行展示。学生在活动中学习如何与他人进行交流合作,共同完成从自由畅想到实验操作的过程。

【教学过程】

一、导入课程(20 min)

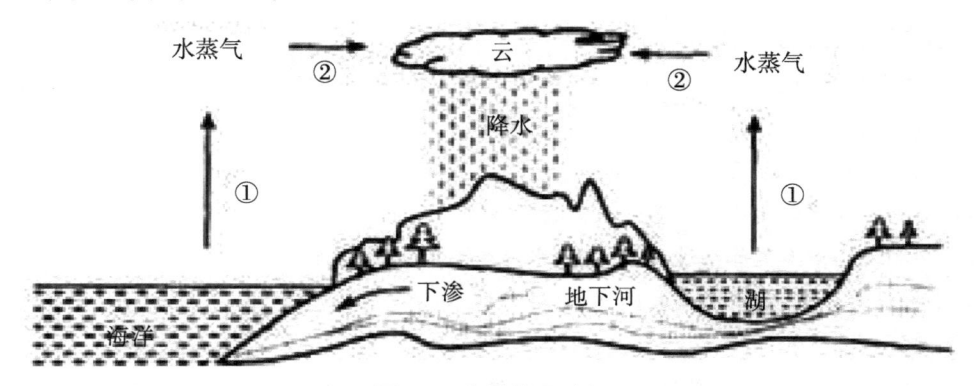

图4-4 自然降雨过程

播放自然降雨的视频,包括各地区、各种类型的降雨过程。通过视频,教师向学生提出以下问题:

(1)为什么会下雨?

(2)在降雨的过程中,水一共经历了几种形态的变换?

(3)水要想降落到陆地上变成雨水,需要具备哪些条件?

二、执行任务(80 min)

(一)出示任务要求和任务清单(5 min)

1.任务:以小组为单位完成降雨过程的实验设计,模拟水从水蒸气变成水滴的过程。学生先进行操作方案的设计,然后凭设计方案领取实验操作器材与材料。

2.材料:干冰、自来水、酒精灯(一定要提前教会学生正确的使用方法)、蒸馏瓶、导管、温度计等。

3.任务清单。

表4-9 操作记录单

课堂问题:		
1.		
2.		
3.		
实验步骤	具体说明	备注
1.		
2.		
3.		
4.		
5.		
6.		

(二)实验设计(25 min)

学生自由使用材料,设计模拟降雨过程的实验。在设计过程中,教师询问学生以下几个问题,启发学生思考:

(1)每一种器材的作用是什么?

(2)降雨的过程需要通过哪些实验器材来体现?

(3)回顾视频中有关降雨过程的表述,水的形态变换是怎么样的?

各小组设计好实验后,示意教师,依次进行演示。

(三)修正实验(20 min)

各小组根据刚刚的演示操作,总结问题和经验,并通过小组讨论再次改进实验操作。

汇总的问题可能包含以下内容:

(1)如何有效控制酒精灯加热水或干冰?

(2)水在什么温度下会蒸发成水蒸气?

(3)要使水蒸气凝结成水滴,需要温度控制在多少?

(4)如何将水蒸气进行有效回收并降温?

(四)实验演示并汇报(25 min)

实验完成后,各小组进行展示。介绍本组的实验操作步骤、设计和操作过程中遇到的问题以及解决方案、整个实验操作。

(五)实验总结(5 min)

对本次实验的收获,实验中出现的问题,涉及的知识,做的好的地方、不好的地方进行总结、反思。

三、活动延伸(20 min)

可以让学生围绕以下问题进行头脑风暴:

(1)经过本次活动,你觉得还有哪些自然现象可以用科学方法来解释?

(2)降雨有什么好处和坏处？
(3)雨水是一种什么样的水？
(4)能否测量降雨量，需要具备什么条件？
(5)人类能调节或干预降雨吗？
带着这些问题，进入下一次课程的学习吧。

四、学习评价

表4-10 降雨过程实验评价量表

项目	分数		
	1分	2分	3分
完成时间	30～35 min	25～30 min	25 min以内
实施情况	未能组装实验器材	按照原理组装实验器材，但未能模拟降雨过程	按照原理组装实验器材并完成展示降雨过程
操作步骤	没有实验操作步骤	实验操作步骤缺少	填写了完整的实验操作步骤
实验演示	无演示	演示过程不完整	演示完整的实验流程
总结展示	1人上台汇报，表述不完整	1人或2人上台汇报，表述较完整、表达能力较强	所有成员共同汇报，能详细说明过程，表达能力强

（二）雨水是什么水——窥探雨水的性质（探究型）

【课程背景与目标】

技术在当今社会中广泛存在，许多时候我们需要通过各种技术来帮助我们达到目的。我们身处的世界由各种各样的物质组成，即使是非常微小的沙子，其内部成分也是多种多样的。为了探究这些物质的内部世界，科学家们总结出了许多研究方法，本节课就需要我们借助一些工具和方法，来探讨雨水的成分和性质。

雨水是学生生活中非常常见但也容易被忽略的一种形态的水，本节课旨在让学生通过简单的实验操作，探究雨水的成分，在此过程中养成对生活中常见现象的质疑和探究的精神，同时培养学生保护环境的人文情怀。

【课程重点与难点】

要想成功开展本节课，学生需要明白水的酸碱性检验的方法和原理，因此，本节课的重点在于明白水有酸性和碱性之分，并学会通过简单的实验测试收集雨水并尝试"制造酸雨"。本节课的难点在于理解雨水的酸碱性对植物、建筑等的危害，并探讨如何才能避免酸雨的形成。

【课程领域】

科学、艺术

【建议年级】

六年级

【建议时间】

120 min

【课程任务】

学生通过视频讲解的内容,总结测试雨水酸碱性的方法和原理。同时根据要求调制不同酸度的"酸雨",测验在不同酸度下,石头(碳酸钙)的溶解情况,最后得出结论,汇报成果。

【教学过程】

一、导入课程(15 min)

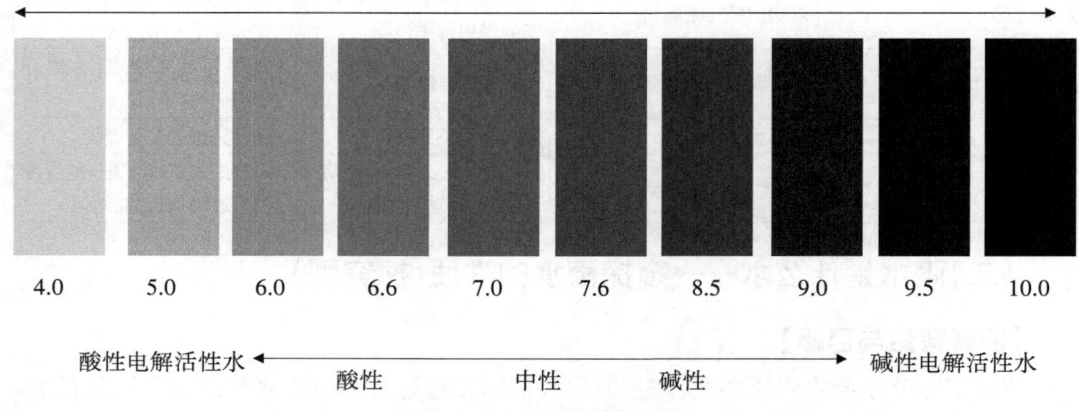

图 4-5 PH值色度差别图

播放有关水酸碱性的科普视频,介绍水酸碱性的检验方法和原理,以及酸雨对环境的危害。

学生在观看教学视频后,教师可通过以下几个问题来引导学生:

(1)用什么标准来区分水的酸性和碱性?

(2)酸雨是怎么形成的?如何界定是不是酸雨?

(3)能否通过简单的操作证明酸雨对建筑的危害?

二、执行任务(85 min)

(一)出示任务要求和任务清单(5 min)

1.任务:以小组为单位完成雨水的酸碱度检验,并记录数值,然后根据标准"制造酸雨",在制成的酸雨中,加入建筑物常用的石头(化学成分:碳酸钙),观察酸雨对石头的腐蚀程度,并记录结果。学生要先进行操作方案的设计,然后凭设计方案领取实验操作器材与材料。

2.材料:酸碱度pH试纸、量杯、白醋、质量均为20 g的碳酸钙、天平、砝码等。

3.任务清单。

表4-11 操作记录单

课堂问题： 1. 2. 3.		
实验步骤	具体说明	备注
1.		
2.		
3.		
4.		
5.		
6.		

(二)实验设计(20 min)

各小组根据任务要求，测量量杯中水的酸碱性，同时根据要求制作酸雨。通过控制，观察不同酸度下石头的溶解情况，并记录过程。

(为了实验的安全和便利起见，本操作实验以白醋作为酸雨的替代物，让学生对白醋进行稀释或增加浓度，以此来观察在不同酸度下石头的溶解情况)

在学生小组讨论操作方案时，教师可以提出以下问题作为思路引导：

(1)普通的水与酸雨的pH值有什么不同？

(2)酸雨的pH值在多少时，石头溶解得最快？

各小组设计好实验后，示意教师，依次进行演示。

(三)修正实验(30 min)

各小组根据刚刚的演示操作，总结问题和经验，并通过小组讨论再次改进实验操作。总结与反思的问题可能如下：

(1)每隔几分钟记录一次石头的重量最能反应问题？

(2)白醋的酸度每次增加或减少多少值观测数据最方便？

(四)实验演示并汇报(25 min)

实验完成后，各小组进行展示。展示需要介绍本组的实验操作步骤、设计和操作过程中遇到的问题以及解决方案、整个实验操作。

(五)活动总结(5 min)

对本次实验的收获，实验中出现的问题、涉及的知识、做得好的地方、做得不好的地方进行总结、反思。

三、活动延伸(20分钟)

可以让学生围绕以下问题进行头脑风暴：

(1)通过本次实验操作，你对酸雨的危害了解多少？

(2)生活中哪些气体会导致酸雨的形成？我们该从哪些方面避免产生这些气体？

(3) 可以从哪些方面减少酸雨的产生？

四、活动评价

表4-12 "制造酸雨"评价量表

项目	分数		
	1分	2分	3分
完成时间	30～35 min	25～30 min	25 min以内
实施情况	未能完成操作实验	按照原理设计实验，但未能记录完整的白醋腐蚀碳酸钙的过程	按照原理设计实验并记录完整的白醋腐蚀碳酸钙的过程
操作步骤	没有实验操作步骤	实验操作步骤缺少	填写了完整的实验操作步骤
实验演示	无演示	演示过程不完整	演示完整的实验流程
总结展示	1人上台汇报，表述不完整	1人或2人上台汇报，表述较完整，表达能力较强	所有成员共同汇报，能详细说明过程，表达能力强

（三）为家里设计一个雨水收集系统——感受工程设计的魅力（项目型）

【课程背景与目标】

工程设计旨在解决某一个或某一项问题，在具体的任务中，需要经历提出问题、制订方案、修正方案、得出成果这些步骤，有时候在制订与修正方案中可能要经历"制订—修正"数个循环过程，直到能够形成解决问题的最终方案，这是一个多次循环的过程，也称工程设计循环。工程设计最大的魅力在于团队成员在方案的制订与修正的过程中，相互学习、相互促进、团结一致，在交流和互动中既解决了问题，又能够建立起深厚的伙伴关系。

现如今，水资源短缺已经演变成一种全球性问题，许多国家在基础教育阶段向学生普及节约用水的理念。本课旨在从节约用水的理念出发，探讨一种能够回收雨水的装置，从而更好地利用雨水，让学生经历从想法、创意转变成问题解决方案的过程，提高学生动手实践能力，培养学生善于思考、节约用水的好习惯。

【课程重点与难点】

本节课的重点在于让学生经历工程设计循环的过程，即学生小组要先商讨并提出问题、根据问题制订解决方案、实验并对方案进行修正、最后形成成果。本节课的难点在于设计与制作雨水收集系统。

【课程领域】

科学、工程

【建议年级】

六年级

【建议时间】

120 min

【课程任务】

学生需要先观看教学视频,获得启发后再根据小组讨论的方案设计雨水收集器,最后在全班进行展示。

【教学过程】

一、导入课程(10 min)

学生在观看教学视频后,教师可以通过以下几个问题引导学生:

(1)雨水收集器的原理是什么?

(2)视频中展示的储水罐,上部开孔和下部开孔的作用和特点分别是什么?

(3)如何扩大雨水收集器的容量?

二、执行任务(90 min)

(一)出示任务要求和任务清单(15 min)

1.任务:设计方案并制作本小组的雨水收集器,演示能够成功收集1.5 L的雨水(可以用自来水代替)。各小组依据自己的方案领取相应材料。

2.材料:塑料瓶(500 mL)、软管、剪刀、美工刀、胶布、漏斗。

3.任务清单。

表4-13 操作记录单

课堂问题：		
1.		
2.		
3.		

实验步骤	具体说明	备注
1.		
2.		
3.		
4.		
5.		
6.		

（二）方案设计并制作（30 min）

各小组根据本组讨论的设计方案，制作雨水收集器。在制作过程中，教师可询问以下问题引导学生思考：

（1）雨水收集器最重要的两个部分是什么？每部分的特点是什么？（收集和储存）

（2）如何让存储部分存放更多的雨水？如何设置每个存储罐之间的连接方式？

各小组制作好以后可示意教师进行初期的展示，教师可将水壶里的水倒入学生的作品中，看各小组制作的雨水收集器是否出现漏水、无法储存等问题，并提醒学生记录展示过程中出现的问题。

（三）修正设计（20 min）

各小组根据初期演示中出现的问题再次对本组的作品进行修正，并讨论提出解决方案。

汇总后的问题可能包括以下几个方面：

（1）进水口的水怎么流不进储存罐里面？

（2）储存罐之间连接的导管为何不能把收集的雨水平均分配？

（3）各导管是否存在漏水的现象？

教师可根据学生的问题进行适当的点拨。

（四）测试并汇报（20 min）

每组测试一次，观察在倒入1.5 L的水后，各小组设计的雨水收集器是否出现溢出或漏水现象。各小组还需汇报本小组从讨论并制订方案、制作并修改以及出现的问题的整个过程。

（五）活动总结（5 min）

对本次活动的收获，实验中出现的问题，涉及的知识，做得好的地方、做得不好的地方进行总结、反思。

三、活动拓展（20 min）

可以让学生围绕问题进行头脑风暴。

(1)能否通过本次活动,为家里设计一个循环利用生活用水的装置。

(2)某地在夏季高发暴雨天气,一旦暴雨持续时间过长就会导致市区道路被淹没。如果每个城市的排水系统与本次雨水收集器的原理类似,你觉得是哪个地方出现了问题?

(3)如果让你设计一个城市排水系统,你会怎么做?

四、学习评价

表4-14 "为家里设计一个雨水收集系统"评价量表

项目	分数		
	1分	2分	3分
完成时间	30~35 min	25~30 min	25 min以内
实施情况	既没有设计方案,也未能完成雨水收集器的制作	有完整的设计方案,但未能制作一个完整的雨水收集器,或在演示阶段出现漏水或溢出水的现象	既有完整的设计方案,又能制作一个完整的雨水收集器,并在演示阶段未出现漏水或溢出水的现象
操作步骤	没有设计操作步骤	实验操作步骤缺少	填写了完整的实验操作步骤
实验演示	无演示	演示过程不完整	演示完整的实验流程
总结展示	1人上台汇报,表述不完整	1人或2人上台汇报,表述较完整,表达能力较强	所有成员共同汇报,能详细说明过程,表达能力强

(四)"雨"是自然的馈赠——吟唱雨水的赞歌(设计型)

【课程背景与目标】

"雨"是自然的馈赠。对于诗人来说,"雨"是表达情感的重要载体,如"夜阑卧听风吹雨,铁马冰河入梦来";对于农民来说,适时而下的"雨"预示着一年好的收成,如"好雨知时节,当春乃发生"。同时"雨"为草、树、花等植物的生长提供了条件。本节课旨在让学生根据主题,通过创作有关"雨"的作品等,表达对"雨"和大自然的感恩之情。同时,通过诗朗诵、才艺表演等活动形式提升学生的艺术创作能力和审美情趣。

【课程重点与难点】

本节课是一次艺术主题的活动课,重点在于让学生通过活动感受"雨"的美,懂得"雨"是自然的馈赠。本节课的难点在于资料的收集与作品的创作等。

【课程领域】

科学、艺术

【建议年级】

六年级

【建议时间】

135 min

【课程任务】

本节课分为两部分,第一部分:基础课程,学生根据要求制作一份以"雨"是自然的馈赠为主题的海报或简笔画作品。第二部分:活动课程,让学生以小组为单位,选择本组要表演的形式——讲一个有关"雨"的故事,朗诵一首有关"雨"的诗词,表演一个有关"雨"的话剧或小品,形式不限,但要体现以"雨"为主题的活动内涵。

【教学过程】

一、导入课程(10 min)

向学生介绍本次"'雨'是自然的馈赠"的课程背景和活动目标,然后播放相应的视频、音乐等,向学生介绍"雨"的艺术内容。通过视频,教师可以向学生提出以下问题:

(1)你眼中的雨是什么样的?能简单描述一下吗?

(2)你将通过哪些内容来传达"雨"的场景和魅力?

二、执行任务(125 min)

(一)出示任务及基础课程(35 min)

1.任务:学生以小组为单位,在课堂上完成海报制作,下课前进行展示、交流,根据小组讨论的方案,领取相应的材料。

2.材料:蜡笔、橡皮泥、海报纸、硬纸板、剪刀、尺子等(可自带工具)。

3.方案设计并制作。

各小组根据组内讨论的结果制作相应的作品。

4.活动展示。

各小组根据制作的海报或绘画作品,上台进行展示,说明设计的主题、表达的情感等。

(二)延伸活动课程(90 min)

1.前期准备。

以小组为单位,商讨要表演的节目类型,收集材料,拟订排练计划。在学生商讨的过程中,教师可以提醒学生提前准备节目所需的服装、道具、音乐等,并根据自愿原则,拟订2名主持人。

2.组织活动。

(1)活动开场:主持人开场并介绍本次主题活动的背景、内涵,要求语文老师作为本次活动的嘉宾并致辞。

(2)活动过程:按照预定的小组顺序依次展示本小组有关"雨"的节目。

(3)活动结束:教师可以引导学生从以下几个方面进行总结:

①这个节目从哪些方面展示了"雨"的什么内涵,自己感受到了什么情感?

②除了今天的这些形式,你认为还可以从哪些方面体现"雨"的内涵?

最后,教师对本次主题活动进行总结,再次提炼"雨——自然的馈赠"这个内涵,升华本次活动主题。

(五)"水能"发电机——发现新的清洁能源(项目型)

【课程背景与目标】

电为人类驱走了黑暗,带来了光明。但人类取电的方式在不同程度上对环境造成了一定的破坏。现如今,全世界都在探索在不破坏环境的前提下,能够有效开发电力资源的方式,像风力发电、水力发电、潮汐发电等,今天我们就一起来探索一种新的开发电力资源的方式——水能发电。众所周知,不同地区的降雨情况是不同的,如果能够有效利用地区降雨量,并把它转化成电力资源造福当地居民,不失为一种有利于环境保护和促进经济发展的良好方式。

本节课旨在让学生思考如何有效将降雨转化成"电",并通过实验操作,开发出一种"水能"发电机,从而培养学生善于思考、勤于动手的习惯,并提升学生的实践能力和创新意识。

【课程重点与难点】

发电的原理看似简单,其实对学生的实验操作有一定的难度,利用"雨水"进行发电,就需要将"降雨"转化成一种动能或势能,然后利用动能或势能转化成电。本节课的重点在于让学生通过观看相关视频,获得发电原理的知识,并通过案例学习,掌握能量转化的基本原理和操作过程。本节课的难点在于让学生自主操作,开发出"水能"发电机。

【课程领域】

科学、数学

【建议年级】

六年级

【建议时间】

120 min

【课程任务】

学生通过多媒体观看古代风车灌溉的视频、风车水力发电的原理和简易水力发电机的制作过程。在此基础上,学生组成合作小组,设计方案、开展实验,模拟由"降雨"转化成电力的过程,最后在全班进行展示。学生在活动中学习如何与他人进行交流合作,共同完成从案例学习到实验操作的过程。

【教学过程】

一、导入课程(20 min)

播放各种方式的发电视频,重点讲解水力发电的原理和简易水力发电机的制作过程。通过视频,教师向学生提出以下问题:

(1)水是怎么转化成电的? 在发电过程中,哪些能量转化成了电能?

(2)雨水具有动能或势能吗? 雨一会儿大一会儿小,怎么把雨水分散的能量汇集起来?

(3)水在发电的过程中,哪些环节是必不可少的?

二、执行任务(80 min)

(一)出示任务要求和任务清单(5 min)

1.任务:以小组为单位完成"水能"发电机的实验设计,模拟降雨推动小电机发电的过程。学生先进行操作方案的设计,然后凭设计方案领取实验操作器材与材料。(本课中"水能"可用流动的自来水代替)

2.材料:小电机、自来水、塑料瓶、胶水、工笔刀、小木板、橡胶圈/皮、小灯泡等。

3.任务清单。

表4-15　操作记录单

课堂问题: 1. 2. 3.		
实验步骤	具体说明	备注
1.		
2.		
3.		
4.		
5.		
6.		

（二）实验设计（25 min）

学生自由使用材料，制作一个"水能"发电机。在设计过程中，教师询问学生以下几个问题，启发学生思考：

（1）视频中水推动轮子转动起到了什么作用？

（2）如何设计水的流动，能让轮子的转动保持在最大效率？

（3）"水能"发电机实验成功的标志是什么？

各小组设计好实验后，示意教师，依次进行演示。

（三）修正实验（20 min）

各小组根据刚刚的演示操作，总结问题和经验，并通过小组讨论再次改进实验操作。

汇总的问题可以包含以下内容：

（1）为什么小灯泡亮不了？

（2）为什么轮子的转动效率太慢？

（3）小灯泡时亮时灭，有没有办法解决？

（四）实验演示并汇报（30 min）

实验完成后，各小组进行展示。展示需要介绍本组的实验操作步骤、设计和操作过程中遇到的问题，以及解决方案、整个实验操作。

（五）实验总结

对本次实验的收获，实验中出现的问题、涉及的知识、做得好的地方、做得不好的地方进行总结、反思。

三、活动延伸（20 min）

可以让学生围绕以下问题进行头脑风暴：

（1）经过本次活动，你觉得还可以从哪些方面改进"水能"发电机，使发电效率更高？

(2) 除了雨之外,还有什么自然资源可以转化成人类可利用的能量?

(3) 通过本次活动,你对人与自然的相处方式有了什么新的感悟?

四、学习评价

表4-16 "'水能'发电机"评价量表

项目	分数		
	1分	2分	3分
完成时间	30~35 min	25~30 min	25 min以内
实施情况	未能组装实验器材	按照原理组装实验器材,但未能模拟发电过程	按照原理组装实验器材并完整展示发电过程
操作步骤	没有实验操作步骤	实验操作步骤缺少	填写了完整的实验操作步骤
实验演示	无演示	演示过程不完整	演示完整的实验流程
总结展示	1人上台汇报,表述不完整	1人或2人上台汇报,表述较完整,表达能力较强	所有成员共同汇报,能详细说明过程,表达能力强

第三节 "奇妙的时间"STEAM课程与教学设计案例

一、"奇妙的时间"STEAM课程设计

(一)"奇妙的时间"STEAM课程理念

太阳会东升西落,地球有自转和公转,我们在每一年里感受着春夏秋冬四季,也在每一天里经历着时、分、秒的流逝。穿越历史,农耕文明的世界与节气息息相关,传统节日里蕴藏着时间的身影;漫游文学世界,时间成为寸金难买的光阴,又或游离在花与月间,化作心头的感叹;踱步科技空间,日晷和水钟记录时间的轨迹,现代的石英表和机械表已成为记录时间的工具,时间无处不在,错过的是时间,留下的也是时间,让我们走进时间,了解时间的奥妙,成为时间的主人,你准备好了吗?

本课程将不同学科领域有关时间的知识整合起来,让学生了解时间的来源、感受时间的变化、学习时间的知识,将时间运用到不同的生活领域,学会管理生活和学习时间,形成珍惜时间的观念。

(二)"奇妙的时间"STEAM课程目标

"奇妙的时间"STEAM项目课程旨在让学生综合掌握与时间有关的知识,同时发展学生动手操作、不断探索、合理运用时间的能力和勇于追求更好生活的精神,进而促进学生核心素养发展。因此,"奇妙的时间"STEAM课程的目标设置既是综合的,又是具体的,按照三维目标的框架,本单元的具体课程目标表述如下:

1. 学科知识与技能

理解和掌握时分秒、年月日等时间相关的基本知识;了解时间的产生,古代的计时工具及运作原理;能够将时间与相关的传统文化及生活应用联系起来;了解时间管理的小技巧和时间在不同学科领域的知识,能够对学习、生活进行规划。

2. 教学方法与过程

通过对钟表工作原理的探索及生活素材的情境认识,加深对时间的理解和运用;通过实验探究、动手操作来理解时间由来和运转,培养学生主动探究、动手操作、逻辑推理以及团队协作等能力,以科学的思维来进行学习。

3. 文化理解与价值

在学习和生活中形成珍惜时间、充分利用时间的观念,成为时间的主人;培养学生勇于探索、坚韧不拔以及追求综合发展的精神和品质。

4. 创新思维与科学精神

以创意的方式深入了解时间,对时间计划进行个性化设计与规划;正确认识时间的科学来源,感悟科学家不断探索、勇于追求的科学精神。

(三)"奇妙的时间"STEAM课程内容

基于已有的分科教材、生活经验以及STEAM各领域知识去寻找有关时间的知识,并在头脑风暴中,对时间相关的知识内容进行初步整理和归类,形成"寻觅小时间""探索大时间""我是时间小主人"以及"时间知识知多少"四个不同的主题知识团,从而构成"奇妙的时间"STEAM项目课程。整个课程内容的设计,既有对基本知识的新授和巩固,又有对基本知识的拓展和延伸,在传统的讲授基础上增添了有趣的活动形式,如在利用春联和糖葫芦素材作为情境元素的情况下,引领学生完成对时间中1~12个数字、时分秒知识及钟表工作原理的"做中学";基本知识的拓展和延伸则让学生打开视域,走进生物、走进管理、走进地理、走进历史、走进生活,探索时间的规律,让学生以更加综合的视角看待时间,感受时间在生活中的融入和作用,如让学生了解和熟悉经典的"番茄"和"34枚金币"时间管理法则,从而让学生更好地将知识和生活结合起来,形成珍惜时间、充分利用时间的良好观念。

1. "奇妙的时间"STEAM课程内容框架

```
                          ┌── 时间从哪里来
                          ├── 钟表大解密
              ┌─ 寻觅小时间 ┤
              │           ├── 当时辰遇上生肖
              │           └── 我是小小钟表家
              │
              │           ┌── 走进趣味大时间
奇妙的时间 ──┼─ 探索大时间 ┼── 制作活动日历
              │           └── 地球运动大解密
              │
              │              ┌── 时间管理妙招
              ├─ 我是时间小主人 ┤
              │              └── 时间规划站
              │
              └─ 时间知识知多少 ── 时间知识竞赛
```

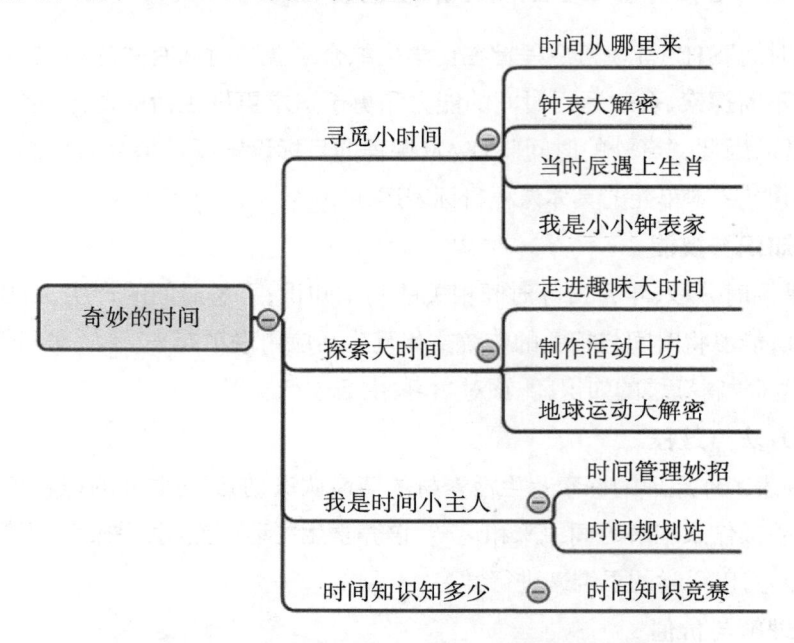

图4-6 "奇妙的时间"STEAM课程内容框架图

2. "奇妙的时间"STEAM课程具体内容设计

表4-17 "奇妙的时间"STEAM课程具体内容设计表

单元主题	单元话题	内容提要	具体内容
寻觅小时间	时间从哪里来	冥想体验	教师准备3 min的情境冥想,让学生体会冥想过程,初步感受时间的快慢,引出时间从哪里来的话题
		传说和科学来源	教师先提问学生时间的来源,然后从西方传说、东方传说以及科学解释引导学生系统认识时间的来源,并寻找生活中时间存在的痕迹
		时间工具的发展历史	教师引导学生讨论古人表示时间的方法和工具的进步,如从立杆测影、日晷、铜壶滴漏,逐渐过渡到现代的钟表
	钟表大解密	制作糖葫芦钟表	教师以糖葫芦和春联为素材,引入中华传统文化元素,在制作情境中引导学生认识钟表的12个时刻以及3个指针,又以学生喜爱的《大头儿子和小头爸爸》动画中的人物帮助区分不同指针
		数字拓展	教师由钟表上不同的数字表示,引入阿拉伯数字和罗马数字的区别的学习,同时还可延伸到英语学习中来。1~12的数字学习、时分秒的英文表示,并将"阿拉伯数字由来"的数学史贯穿其中
		花儿会计时	教师让学生通过朗读散文《花钟》,认识不同花儿代表的时间,然后让学生根据散文中花儿开放的时间,在草稿本上绘制一个花钟
		我会用时间	教师通过演示PPT让学生观察钟表的转动情况,根据观察结果读取时间;随后,教师引导学生在不同的情境中读取时间和简单的加减运算;最后教师给出故事情境,让学生展开联想,编写关于时间的创意故事

续表

单元主题	单元话题	内容提要	具体内容
寻觅小时间	当时辰遇上生肖	生肖里的时辰	通过观看十二生肖的动画短片带领学生认识时辰,着重理解各个时辰与当下时间的对应关系
	我是小小钟表家	制作沙漏水钟	教师让学生分小组,通过观看视频,分步骤指导学生制作一个沙漏水钟
探索大时间	走进趣味大时间	破冰大时间	教师新授/回顾闰、平年,农历和阳历、大月和小月等相关知识
		生活拓展	教师通过小组趣味竞赛的形式拓展有关节日、生日、节气、朝代等的时间知识
	制作活动日历	制作活动日历	教师让学生以小组为单位,根据所学知识,通过卡纸、线圈、彩笔等材料进行创意发挥,制作活动日历,巩固所学知识,培养审美能力。当各小组制作完成后,进行交流展示和互相评价
	地球运动大解密	地球我知道	教师向学生提问,对于地球的了解有哪些,学生根据经验进行思考,教师在学生交流讨论以及表达的基础上,引导学生思考从哪些地方可以发现地球在运动,然后结合学生的经验感悟和生活发现,向学生介绍地球的基本知识,包括赤道、经纬线、晨昏线、自转、公转以及日地月基本关系等
		地球自转与时间	教师引导学生通过手电筒灯光照射的方式,探索地球的自转原理,以及一天的时间变化情况,进一步探究证明地球在自转,学习地球上的不同时区等知识,最后形成探究报告
		地球公转与时间	教师引导学生通过演示PPT探索地球公转的原理,然后让学生以小组为单位自行演示地球如何公转,进一步探究公转对一年四季气温、植被变化有哪些影响并形成简单的探究报告
		日地月运转系统探索	在理解地球公转和自转的基本原理和影响后,将学生的视野转向宇宙,引导学生通过实验探索了解日地月的基本运转关系
我是时间小主人	时间管理妙招	"番茄"时间管理法则	教师提问学生平时如何进行时间管理,向学生介绍"番茄"时间管理法则的基本内容,然后给出真实情境,让学生以小组为单位运用该法则,最后进行小组展示
		"34枚金币"时间管理法则	教师向学生介绍"34枚金币"时间管理法则的基本内容,并根据小学生的身心发展特点进行金币调整,然后给出真实情境,让学生以小组为单位进行该法则的运用,最后进行小组展示
	时间规划站	常规:日常生活作息计划	教师可先让学生以小组为单位畅谈自己的生活作息规划,然后向学生介绍不同年龄所需要的睡眠时间、中医"子午觉"等与生活作息有关的事情,让每个学生制作一份生活作息计划
		中期:暑假生活计划	教师给出即将来临的暑假生活的情境,让学生根据自身经验和梦想做的事情等来计划自己的暑假生活
		长期:职业发展规划	教师询问大家以后梦想的职业是什么,向学生简单普及几种职业的工作内容及实现途径,然后让学生为实现自己的职业梦想进行长远的发展规划

续表

单元主题	单元话题	内容提要	具体内容
时间知识知多少	时间知识竞赛	活动策划	教师将学生进行分组,向学生说明活动策划的大概框架;各小组分别撰写时间主题知识竞赛活动策划书,选出最佳活动策划,以此策划为蓝本,吸取其他小组活动策划精华,形成最终活动策划书(教师可进行一定的指导),并负责时间知识竞赛的实施组织,其他小组进行知识比赛准备
		时间知识竞赛活动	学生参加活动,各小组参与时间知识竞赛活动,教师作为嘉宾和纪律维护者也参与其中

二、"奇妙的时间"STEAM教学设计案例

(一)制作糖葫芦钟表(项目型)

【课程背景与目标】

古代人通过观察影子、滴漏等方法记录时间,后逐渐出现浑天仪、机械钟、摆钟等计时仪器,而在现代生活中,钟表已成为我们经常用到的,计量和指示时间的"好帮手",合理的时间安排能够帮助我们管理生活事项、提高学习效率,让饮食、睡眠、工作、出行等大小事宜变得井然有序,因此,认识钟表,学习钟表相关的时间知识,有利于我们更好地度过每一天、每一月、每一年,成为时间的主人。

糖葫芦和春联都是中华传统文化中的重要元素,本节课旨在以糖葫芦和春联为创意素材来制作钟表,引领学生在"做"的情境创设中学习钟表知识,并依托《大头儿子和小头爸爸》动画中的人物形象,类比区分时针、分针、秒针的不同之处,更添生动性和趣味性。

【课程重点与难点】

本课的重点在于以糖葫芦和春联为情境依托,让学生在"做"的情境创设中了解时、分和秒的概念,然后以动画为依托,让学生正确区分时针、分针、秒针,能够任意读取钟表上的具体时间点。本课的难点是让学生区分时、分、秒,体会12时制和24时制的差别。

【课程领域】

科学、技术、艺术、数学

【建议年级】

二年级

【建议时间】

90 min

【课程任务】

教师以糖葫芦和春联为素材,引入中华优秀传统文化元素,在制作情境中引导学生认识钟表的12个时刻及三个指针,又以学生喜爱的《大头儿子和小头爸爸》中的动画人物帮助其区分不同的指针。

【教学过程】

一、导入课程(10 min)

教师向学生提问"时间从哪里来",引导学生思考、回答。在此基础上,教师系统向学生介绍有关时间来源的西方传说、东方传说以及科学解释,教师进一步提问学生在生活中见到过哪些时间留下的身影,预设学生会想到钟表,由此引入学习。

二、执行任务(70 min)

(一)出示任务要求和材料清单

1.任务:以小组为单位,在制作糖葫芦钟表的过程中,完成对钟表知识的学习。

2.材料:糖葫芦形状的红色卡纸、双面胶、空白A4纸、剪刀、缩小版春联图。

(二)教学任务开展(70 min)

1.观看模型,准备材料(10 min)。

教师让学生观看PPT上的糖葫芦图案,提问学生这是什么,然后引入制作糖葫芦钟表的话题,为学生展示PPT已经做好的糖葫芦钟表,然后让学生分组,并向每组发放制作材料和工具,简单说明这些材料和工具各自的用途。

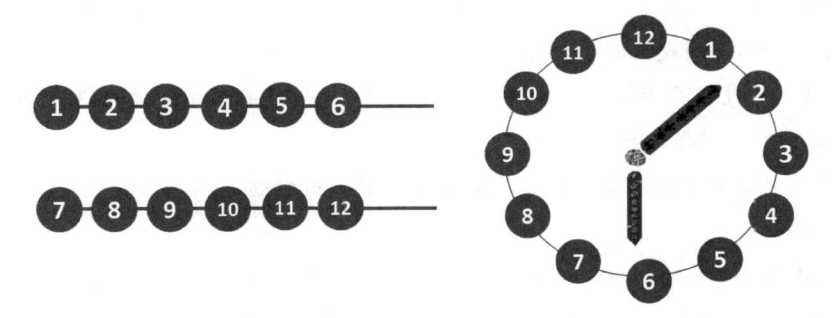

2.对比实物,寻找特点(15 min)。

教师让学生与生活中的钟表对比,观察糖葫芦钟表是如何做出来的,通过观察以及互动交流,学生明确了糖葫芦钟表制作的重要元素及特点,主要如下表:

表4-18 糖葫芦元素、特点对比表

元素	特点	对比生活中的钟表
12个数字	小时刻度	还有更小的刻度
间隔	相同	相同
整体图形	对称、圆形	对称,圆形、方形、三角形等都有
指针数量	2根	有的3根,有的2根

3.进行制作,形成作品(15 min)。

在此基础上,教师提问学生PPT上的糖葫芦钟表还有哪些不完善之处,请学生带着观察结果,先与小组成员完成糖葫芦钟表的实际制作,形成最终作品,然后进行展示。在展示环节中,需先说明PPT上的不完善之处,以及自己是如何完善和添加了创新的元素,从而形成新的创意手工作品。

4.区分钟针,走进时间(10 min)。

教师可以引导学生思考为什么有的钟表有2根指针,有的有3根等问题,让学生思考和探讨它们分别代表着什么,然后,教师以动画《大头儿子和小头爸爸》中的主人公一家来类比时、分、秒针的形状,让学生更加牢固和形象地掌握三根指针的区别,得出"时针最短,秒针最长,分针居中"的结论。

- 指针辨别小技巧:
- 时针:大头儿子(又胖又矮)
- 分针:围裙妈妈(身材适中)
- 秒针:小头爸爸(最高最瘦)

- 两根指针:儿子和妈妈
- 三根指针:儿子、妈妈和爸爸

5.观察作品,深化理解(20 min)。

学生经过比较、寻找特点和糖葫芦钟表的制作环节后,教师进一步引导学生观察小组的自制钟表,学习秒针转一圈是1分钟,分针转一圈是1小时,时针转一圈是半天,12时制和24时制的差别等知识。通过学习形成"一天"的概念,在这个过程中,教师可以向学生提出如下问题,以循循引导学生展开深化学习。

"秒针转一圈是多少分?分针转一圈是多少小时?时针转一圈是多少天?三者的换算关系是如何的……"

"一天有几个小时?钟表上有几个数字?钟表转几圈代表一天?所以当我们看见钟表上时针指向一个数字的时候它表示什么时间?此刻是7:00,我们的时针指向哪个数字?分针指向哪个数字,我们的秒针呢?如果是8:00情况有什么不一样……"

三、总结与反思(10 min)

让学生总结学习的收获,并要求学生课后观察钟表的数字是否都是阿拉伯数字,从而为接下来"数字拓展"一课的学习做铺垫。将学生的糖葫芦钟表作品收集起来,在展板处粘贴展示,供学生后续观赏和研究学习。

（二）当时辰遇上生肖（探究型）

【课程背景与目标】

时辰是我国古代所运用的计时方式，它来源于圭表所测得的每一太阳方位，在渐渐的发展中形成了固定的名称。时辰与十二生肖相对，相传每一个生肖都守护着一个时辰，从而构成了"一天"的概念，而不同的时辰也让我们联想到耳熟能详的"打更"，那么时辰与"打更"又存在着怎样的联系和区别呢？古人对时间的研究将为你打开新的大门，带领你去感受古时的生活与文化。

本节课将从现在出发，回望历史，学习时辰、生肖以及"打更"等知识，学会灵活转换不同的时间表述，开阔学生的视野，发展贯通古今的比较、联想能力。

【课程重点与难点】

本节课的重点在于让学生能够理解时辰与小时、生肖、更时的对应和转换关系，开阔学生的视野，带领学生感受中华历史优秀史文化的魅力，而难点在于让学生了解它们的关系后能够实现灵活的转换和运算。

【课程领域】

数学、艺术

【建议年级】

三年级

【建议时间】

100 min

【课程任务】

通过十二生肖的动画短片带领学生认识不同的时辰，注重时辰与小时、生肖以及更时的对应关系，并让学生在掌握古今时间的对应关系后能够进行灵活的转换与运算。

【教学过程】

一、导入课程（10 min）

教师提问学生是否听过十二生肖，知道十二生肖有哪些吗？预设学生能够回答出部分生肖或能全部说出，中间教师可以穿插"猫为什么不在十二生肖中"的趣味问题，关于这个问题的解释众说纷纭，其中，有两大主流解释：

一是认为猫原产于埃及，猫何时传入中国已不可考究。相传是唐三藏去印度取经时带回来的，在猫传入中国之前，中国已有十二生肖的说法。

一是传说玉帝下达了召开生肖大会的圣旨，圣旨上还规定了到会的时间，那时候猫和老鼠是很好的朋友，当它们得知圣旨后，非常高兴，决定一起去参加，但猫很喜欢打瞌睡，于是向好朋友老鼠嘱咐,如果到时候它还在睡觉,就叫醒它一起去。老鼠满口保证,但那天老鼠起得很早,自己偷偷上天庭去了,根本没有叫醒熟睡的猫,猫醒来后狂奔到天庭,发现十二生肖已经排好了位,而自己的好朋友老鼠竟然还是第一位,于是猫失去了列入十二生肖的机会,也恨透了自私、无信的老鼠,从那以后,猫看见老鼠就抓。

二、执行任务(80 min)

(一)依托动画,排位生肖(20 min)

听完十二生肖没有猫的趣味故事,教师进一步引出"十二生肖的排位是怎样的"的问题,通过让学生观看动画短片的方式,让其观察和记忆十二生肖陆续到达天庭的顺序,学生一边观看动画一边记忆。这个环节后,教师让同桌之间互相提问,任意说出每个生肖的排位。

(二)依托生肖,认识时辰(20 min)

教师进一步以神话传说为情境,向学生讲述:十二生肖大会选出生肖后,便让它们代替玉皇大帝掌管和守护人间每天的十二个时辰,这些时辰分别被称为子时、丑时、寅时、卯时、辰时、巳时、午时、未时、申时、酉时、戌时、亥时,请同学们数一数总共有多少个,然后让学生在对应的表格中进行填写,以加深记忆。

在这个过程中,教师可以向学生简单解释十二时辰的命名来源于"十二地支",而"十二地支"是我国古代的一种计数方法,相当于现在的"一、二、三……"或"1、2、3、…",它们来源于我国远古的农业活动。在长时间的农业活动中,古人发现每隔一段时间,天气物候都会呈现一定的相同状态。他们依据月亮朔望的十二次(一年)进行了"十二地支"的命名,每个名称代表着不同的天气物候状态,如"卯"代表万物冒地而出等。因此,十二地支最初对应月份的表述,后来也逐渐应用到一天的时间表述中,形成了十二时辰。

生肖	鼠	牛	虎	兔	龙	蛇	马	羊	猴	鸡	狗	猪
时辰												

(三)依托时辰,对应小时(20 min)

教师进一步提问学生,根据之前的学习,我们现在的一天有多少个小时?学生回答出24个,再提问24是12的几倍?学生回答出2倍,因此,可以推算出1个时辰等于2个小时。在此基础上,教师再次询问学生,根据现在的条件是否可以在表格中写出时辰对应的时间段,学生尝试或当即发现缺乏明确的时间起点,然后教师先提示学习老鼠守护的小时段为23:00-1:00,最后让学生在学习单上写出每个时辰对应的时间段。

生肖	鼠	牛	虎	兔	龙	蛇	马	羊	猴	鸡	狗	猪
时辰	子	丑	寅	卯	辰	巳	午	未	申	酉	戌	亥
时间	23:00-1:00											

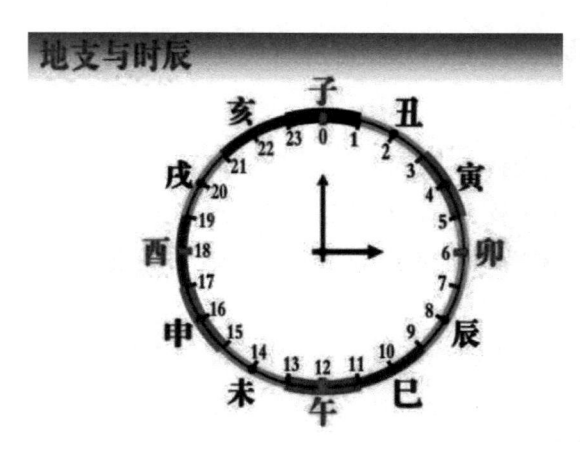

(四)"更时"拓展,综合应用(20 min)

教师为学生播放有关"打更"的视频短片,然后进一步提问,我们学习了古代的计时单位是时辰,那么电视剧里经常出现的"更时"是时辰吗?如果不是,它与时辰的关系和区别又是什么呢?新的问题让学生充满疑问,想要进一步探索,教师"趁热打铁",引领学生学习更时的知识,其中,教师可以"一更"为例,进行具体的讲解,然后让学生依次补充学习单上其他的更时。在填写完成后,教师让学生展示结果,然后让学生观察更时与小时、时辰的联系和区别。

更时	小时	时辰
一更	19:00-21:00	戌时
二更		
三更		
四更		
五更		

最后,教师通过PPT呈现小时、时辰、生肖、更时之间互相转换的练习题,让学生进行练习和回答,以巩固学生在本节课对时间的学习,具体的练习题参考如下:

1.四更对应的小时是(　　　　)。
2.午时的守护生肖是(　　　　)。
3.21:00-23:00对应(　　)更,(　　)时辰,(　　)生肖。
……

三、总结与反思(10 min)

教师让学生谈谈本节课的收获和感想,并提出问题"我们已经认识了古代表示时间的方法,并且学会了与现代的计时单位进行转换,那么古代依靠什么仪器来进行计时呢?",从而为下一节课的教学做好铺垫。此外,教师可以让学生在课后绘制一个包括生肖、更时、小时、时辰的时间表,以巩固本节课所学内容。

(三)地球自转与时间(探究型)

【课程背景与目标】

随着太阳的东升,白天到来了,而到太阳西落,夜幕便慢慢降临,第二天太阳又从东方升起,白昼再一次来临……昼和夜便在地球自转的运动中不停地交替出现,构成我们的每一天。地球和太阳在怎样运动时才会出现这种现象呢,昼夜的交替与地球的运动存在怎样的联系?

本节课将通过假设、模拟实验等方法引领学生通过实践操作,探索总结出地球运动的规律和昼夜交替现象背后的原因,并向学生介绍科学家们的探索经历和故事,让学生走进地球,了解地球自转所带来的时间变化。

【课程重点与难点】

本节课的重点在于让学生通过模拟实验掌握昼夜交替的原因,发展主动探索、动手操作、批判求证的科学精神。而难点在于让学生进一步探索地球自转的方向以及时差、时区等概念。

【课程领域】

科学、艺术、数学

【建议年级】

五年级

【建议时间】

120 min

【课程任务】

首先提出地球运动的几种假设,然后通过模拟实验探索地球自转以及与太阳的运动关系,从而厘清昼夜交替的原因,接着通过历史上科学家们的探索结果来进一步印证各小组的模拟实验,最后通过模拟实验来学习地球自转的方向以及时差、时区等概念。

【教学过程】

一、导入课程(10 min)

教师向学生提问"大家认为昼夜交替是怎么形成的",预设学生回答,教师将学生的猜想总结为以下几种情况:

1. 地球不动,太阳围着地球转。
2. 太阳不动,地球围着太阳转。
3. 地球自转。
4. 地球围着太阳转,同时地球自转。

二、执行任务(100 min)

(一)活动1:模拟不同假设的昼夜交替(20 min)

1.出示任务要求和材料清单。

(1)任务要求:让学生分成若干小组,各小组对昼夜交替现象进行模拟实验,然后在记录单上记录不同的昼夜变化情况以及进行简单的示意图绘制。

(2)材料:地球仪、手电筒、记录单。

2.教学任务开展。

教师让学生分成若干小组,根据导入环节的四种假设来模拟昼夜交替现象出现的情况,并在实验过程中将相关的操作及示意图绘制到记录单上,可用箭头表示手电筒和地球仪运动的方式和方向。具体的记录表可设计如下:

表4-19 操作记录表

不同假设情况	实验结果描述	实验示意图
地球不动,太阳围着地球转		
太阳不动,地球围着太阳转		
地球自转		
地球围着太阳转,同时地球自转		

(二)活动2:地心说和日心说的比较(20 min)

教师向学生分别介绍地心说和日心说的观点,然后让学生通过表格清单对二者进行对比,并与活动1中的假设进行对应。

图4-20 地心说与日心说对比表

类别	地心说	日心说
提出者	托勒密	哥白尼
主要观点	①地球是球体 ②地球处于宇宙中心,而且静止不动 ③所有日月星辰都绕着地球旋转,并且每天做一次圆周运动,从而出现太阳东升西落的现象	①地球是球体 ②太阳处于宇宙的中心,而且静止不动 ③地球在运动,24小时自转一周,且同时和其他行星一起围绕太阳做圆周运动
对应假设	地球不动,太阳围着地球转	地球围着太阳转,同时地球自转

(三)活动3:证明地球在自转(30 min)

1.出示任务要求和材料清单。

(1)任务要求:让学生分成小组,各小组通过对材料器具的操作,进行"傅科摆"的实验。

(2)材料:铁架台、圆刻度盘。

2.开展教学任务。

(1)教师向学生介绍"傅科摆"的出现过程及实验原理,从而引入证明地球自转的实验。

"日心说"提出几百年后,傅科根据他在日常生活中的发现,用实验证实了地球在自转:傅科将一个摆长为60余米,重20余千克的铁球摆锤吊挂在一个高高的圆顶大厦里,并且在摆下的地面上画一个刻度盘,摆摆动起来,随着时间一分一秒地流逝,人们惊奇地发现刻度盘所指示的方向与摆摆动的方向悄悄地发生着"偏转",并且是顺时针的偏转。

(2)教师向学生提出需要的实验材料及步骤,发放记录清单,学生自行进行实验,注意在实验中引导学生得出地球自转方向是与摆的偏转方向相反的逆时针方向的结论,即自西向东的方向。

实验步骤:①用铁架台(或自制木架)做支架,挂上一个摆;②将铁架台和摆一起放到一个圆底盘上,先让摆前后来回摆动起来,再缓慢而平稳地转动圆底盘。

记录清单:

表4-21 操作记录表

摆的方向的记录	
底盘和摆架转动情况	摆的摆动方向
未转动时	前后来回
缓慢而平稳地转动90°后	
缓慢而平稳地转动180°后	
结论	

(四)活动4:探究地区时间(30 min)

教师选择8-10名学生,让2名学生贴上"乌鲁木齐"(西)、"北京"(东)的标签,然后所有学生手拉手围成一个圈,一名学生手举起"太阳"的卡纸,站在圆圈的边缘外。围成圆圈的学生按照由西向东的方向慢慢转动,探究哪个城市首先见到太阳。

在该活动的基础上,教师进一步为学生呈现世界时区图,并向学生介绍时区图是通过英国伦敦格林尼治天文台的经线(0°经线)来进行确定的,然后让学生尝试解答如下问题:

1.时区分为( )时区和( )时区,一共有多少个时区,北京处于哪个时区?

2.一个时区横跨多少度? 相邻两个时区相差多少小时? 哪边的时区先迎来黎明?

3.北京和巴黎的日出时间相差几小时? 北京和纽约呢?

……

三、总结与反思(10 min)

教师与学生一起通过表格完成对本节课学习知识内容的小结,并给学生留下课后思考题,具体包括"与地球的自转相比,地球的公转情况是怎样的,如何通过实验来演示,具有怎样的特点"等问题。

地球的形状	自转的证据	自转方向	自转周期	时区与时差

第四节 "台风"STEAM课程与教学案例

一、"台风"STEAM课程设计

（一）"台风"STEAM课程理念

台风是我国最常见的气象灾害之一。每年的夏秋季节，我国毗邻的西北太平洋上会生成不少名为"台风"的猛烈风暴，有的消散于海上，有的则登上陆地，带来狂风暴雨，冲毁城市房屋等各类建筑设施，淹没城镇和农田，威胁着居民的生命健康和财产安全。因此，对全国中小学生尤其是沿海中小学生的台风安全教育显得尤为重要。本课程从学生的生活实际出发，紧贴学生生活经验，将与"台风"有关的跨学科知识分为若干个专题，并在每个专题下设置两个难度等级的课程内容，以适应小学、初中不同阶段学生认知发展差异的需要，让学生全身心投入STEAM课程中，在学习的过程中实现数学、科学、技术、工程与人文艺术领域的知识整合，学习和运用解决问题与制作项目的方法，了解台风的形成原理，以及台风给天气、农业、建筑及日常生活带来的影响，提高学生的知识迁移能力、复杂问题解决能力、人文素养与社会责任意识。

（二）"台风"STEAM课程目标

1. 学科知识与技能

掌握台风的基本科学知识，了解台风对天气、农业、建筑、居民日常生活的影响以及与台风相关的历史文化知识；掌握各学科领域常用的思维方式与操作技能。

2. 教学过程与方法

通过独立探究与小组协作，进行问题解决与项目制作，包括查阅资料、分析问题、设计方案、操作实施、任务评估与改进等。

3. 文化理解与价值观

了解与台风有关的人文知识，理解台风灾害对人类社会的影响，尊重自然，树立灾害自我保护意识和社会责任意识。

4. 创新思维与科学精神

能够发现现实生活中的新问题；多角度、辩证地分析问题并做出决策；根据复杂环境中的信息提出新颖独创的解决方案；树立严谨求实的科学态度和坚持不懈的探索精神，用科学的思维方式认识事物，大胆假设，小心求证。

(三)"台风"STEAM课程内容

本课程以小学高年级、初中低年级学生为教学对象,以数学、科学、技术、工程、人文艺术(语文、历史、音乐、美术)五大学科领域为课程内容,以与学生生活紧密相关的事物为学科整合的连接点,形成以下七个专题:台风的基本原理、台风与天气、台风与生活、台风与文化、台风与农业、台风与建筑以及一个关联前面所有专题内容的综合活动。具体内容框架与设计如下:

1."台风"STEAM课程内容框架

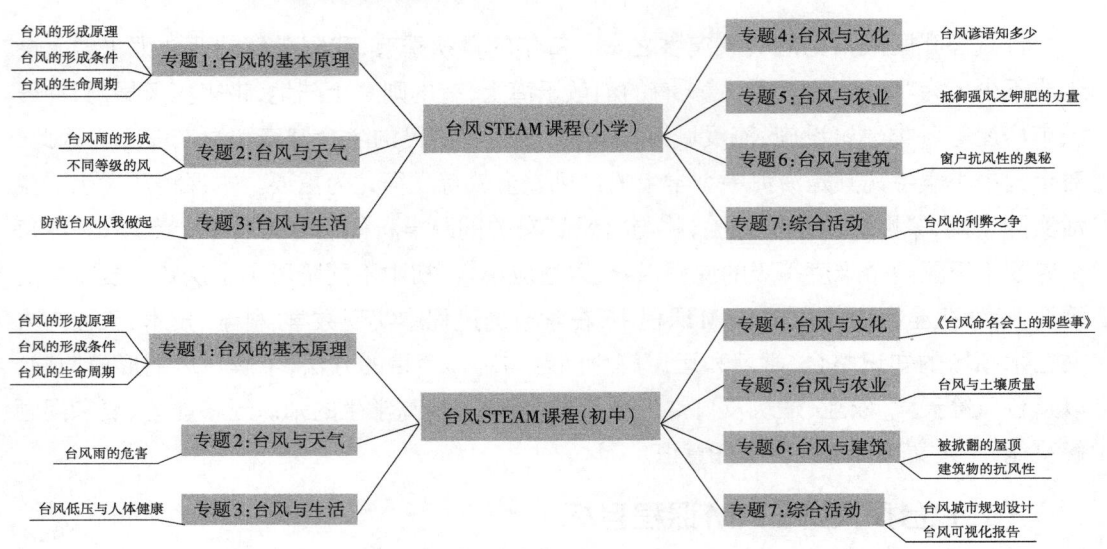

图4-7 "台风"STEAM课程内容框架图

2."台风"STEAM课程具体内容设计

表4-22 "台风"STEAM课程具体内容设计表

单元专题	学龄段	专题核心概念	专题内容
台风的基本原理	小学	形成原理及条件、生命周期	设计实验模拟台风"旋转"的现象,学习台风的形成原理
			学习台风形成的条件,以小组为单位围绕"你的家乡有台风吗"这一问题进行讨论
			绘制各阶段台风移动速度、路径及范围的图表
	初中	形成原理及条件、台风结构	学习台风的形成原理,根据原理推测台风形成的条件并对照世界地图判断世界上的台风发源地
台风与天气	小学	台风雨、风级	设计实验模拟台风带来的降雨过程
			了解各个风级的自然现象与社会影响,编写风级歌
	初中	台风雨的危害	探究台风降雨与城市内涝的关系,学习"海绵城市"的运作原理
台风与生活	小学	居民防范、生存急救包	通过小组协作,自主设计方案,搜集材料,制作台风生存急救包
	初中	台风低压、身体健康	搜集资料了解台风低压对人体健康的影响,并绘制电子科学报告

续表

单元专题	学龄段	专题核心概念	专题内容
台风与文化	小学	台风谚语、历史文化	搜集与台风有关的谚语,以小组为单位进行知识竞答比赛,并探究谚语背后的科学原理
	初中	台风命名、国际台风委员会	查找国际台风命名的视频资料,模拟扮演国际台风委员会为台风命名的场景
台风与农业	小学	农作物、钾肥、抗倒伏	考察农业基地,探索钾肥对农作物抵御强风的作用并撰写观察报告
	初中	土壤湿度、盐度、含氧量	考察农业基地,测量台风过境前后土壤的湿度、盐度与含氧量,撰写测量报告
台风与建筑	小学	窗户抗风性、建筑工程	设计工程实验,探究胶带在窗户上的不同贴法、胶带种类对窗户抗风性的影响
	初中	建筑物抗风性	用吹纸实验模拟台风掀翻屋顶的现象,并分析计算蕴含的物理规律,设计工程实验探究影响建筑物抗风性的因素
综合活动	小学	辩论、台风利弊,辩证分析	举行以"台风对人类社会的利与弊"为主题的辩论比赛
	初中	城市规划、可视化报告	综合考虑多方面因素,设计台风受灾城市的规划方案;搜集我国历年台风大数据,制作台风可视化报告

二、"台风"STEAM 教学设计案例

(一)台风生存急救包(项目型)

【课程背景与目标】

台风是我国最常见的气象灾害之一。每年的夏秋季节,我国毗邻的西北太平洋上会生成不少名为"台风"的猛烈风暴,有的消散于海上,有的则登上陆地,带来狂风暴雨,冲毁城市房屋和各类建筑设施,淹没城镇和农田,威胁着居民的生命健康和财产安全。

本课程将台风与居民的日常生活紧密联系,以台风生存急救包的制作为教学内容,通过让五年级学生了解台风的危害以及对周围生活的影响,引导他们亲手制作台风生存急救包,帮助学生树立正确的灾害意识,培养学生积极思考、归纳总结、交流协作、动手操作等能力,强化学生知识迁移和创造性解决问题的能力。

【课程重点与难点】

本课程的重点是一般灾害急救包的内部构造及项目方案的基本内容,本课程的难点是台风灾害急救包的动手制作及对作品的反思和改进。

【课程领域】

科学、工程、艺术、数学

【建议年级】

五年级

【建议时间】

180 min

【课程任务】

了解一般灾害急救包的构成，以小组为单位设计制作台风生存急救包并进行小组展示活动。

【教学过程】

一、回顾与导入(5 min)

(一)回顾台风的形成原理及危害

1.教学内容。

(1)回忆台风的形成原理：台风是一种热带气旋，形成于广阔的太平洋洋面，那里有着强烈的光照，温暖的海水和丰富的水汽蒸发，海面被太阳照射，当到达一定温度后，海水蒸发成水汽飘向天空高处，靠近海面的低处冷空气不断汇聚并继续受热上升。天上的水汽遇冷凝结，释放热量，于是低压中心越来越热，风力逐渐变大，在地转偏向力的作用下气团开始旋转。随着气团越转越快，受离心力的影响，中间形成一个洞，台风得以形成。

(2)台风的危害：台风有时也能起到消除干旱的作用，但在过境时常常带来狂风暴雨，引起海面巨浪，严重威胁航海安全。台风登陆后带来的狂风暴雨可能摧毁庄稼、各种建筑设施等，造成人民生命、财产的巨大损失。

2.教学形式。

(1)教师向学生提问：台风是如何产生的？对我们的生活有什么影响？

(2)学生分小组讨论，自愿举手发言。

(二)设置情境

教师为学生提供情境：如果你所在的城市在未来3天有较强台风过境，你家所在社区将面临数天停电、停水，不能外出的威胁，请你设计一个台风生存急救包，以保证生活的正常进行。

(三)了解家庭生存急救包的重要性与构造(30 min)

1.教学内容。

(1)生存急救包的重要性。

随着生活品质的提高，人们对安全健康倍加重视。家庭急救包对维护我们的生命安全具有重要的意义。例如，当我们在家里受到一些刮伤碰伤或意外伤害时，可以利用急救包中的急救药具(无菌纱布片、止血带、消毒酒精、创口贴等)进行自我急救护理。因此，在台风多发的地区，配备一个台风生存急救包有备无患。

(2)生存急救包的一般构造(以家庭地震急救包为例)。

容器:急救包的容器应该以结实耐磨又轻便为原则,密封性要好。

食物:在连续数天无法从外界获取食物的情况下,能够维持生命体的基本需求,包括矿泉水、压缩饼干、火腿肠等。

基本医用物品:酒精、纱布、绷带、创口贴和常见药物等。当出现划伤、刮伤等意外情况时,能够用消毒和止血物品快速包扎伤口,避免流血过多,消炎药也可防止伤口细菌感染。

工具:手电筒、火柴、绳索、剪刀、纸笔等。手电筒和火柴可用来照亮周围环境,绳索剪刀便于自救。纸笔便于向他人求助。

娱乐:收音机或扑克牌。在没有受伤等待救援的前提下,适当的娱乐可以消耗时间,保持良好的心态。

2.教学形式。

讲授:教师通过举例的方式向学生传达生存急救包的重要性。每个小组分发一份家庭地震急救包的构造资料(文字+图片),教师进行详细讲解。

小组讨论:以小组为单位讨论问题,"生存急救包需要哪些物件,设计制作需要注意什么?"

二、任务执行(130 min)

(一)任务一:台风生存急救包的制作方案设计(40 min)

1.任务内容:以小组为单位根据台风的危害、生存急救包的设计原则设计一份台风生存急救包的制作方案并填写下表。

表4-23 台风生存急救包制作方案

台风生存急救包制作方案	
台风对普通居民的危害:	
材料与工具: 急救容器制作:	急救包所需物品及原因(包含食物、医用物品、基本工具、娱乐等方面):
小组分工情况:	

序号	小组成员	分工情况

反思与完善:

2.材料:纸笔若干、"台风生存急救包制作方案表"。

3.老师布置任务。

同学们,现在想象一个这样的场景:某年秋季,你从新闻上得知台风"玉兔"将于五天后登陆你所在的城市,由于此次台风来势汹汹,对居民的安全会构成严重威胁,请你为你的家庭制作一个台风生存急救包,要求能够满足三天断水断电的生活。

4.老师提问,启发学生思考。

(1)台风会对每个家庭的生命安全造成哪些危害?

(2)什么样的材料能够满足急救容器轻便、结实耐磨、密封性好的要求?为什么?

(3)制作这个急救容器需要什么工具和材料?

(4)你准备将哪些物品放入你的急救箱?为什么?

(5)你们小组准备如何分工?

5.执行步骤。

根据老师提出的问题,以小组为单位展开讨论并完成制作方案的填写。

每组派代表上台讲解,展示小组的设计方案。

展示结束后,各小组对本小组的设计进行修改完善,形成最终制作方案。

(二)任务二:台风生存急救包材料收集

1.任务内容。

根据小组台风生存急救包制作方案完成台风生存急救包的材料收集工作。(除基本材料和工具:剪刀、胶水、胶带、铅笔等)

2.老师布置任务。

同学们,现根据你们小组的台风生存急救包制作方案,利用两天的课余时间收集制作材料(包括急救容器的制作材料、急救用品材料及一些特殊的制作工具等)。

3.老师提问,启发学生思考。

(1)你准备通过哪些途径收集这些材料?

(2)在收集过程中遇到困难时应如何解决?能否用别的材料替代?

(3)如何保证你急救包里的食物能够满足三天断水断电的生活?

(4)如何高效地收集材料?小组应该如何分工?

4.执行步骤。

利用两天的课余时间收集台风生存急救包的制作材料。

材料收集结束后,反思这次小组材料收集行动。

(三)任务三:台风生存急救包制作(90 min)

1.任务内容。

根据台风生存急救包制作方案和相关材料工具、物品,完成台风生存急救包的制作。

2.材料。

各组收集的材料工具和物品,以及剪刀、胶水、胶带、马克笔、铅笔、橡皮等基本材料和工具。

3.老师布置任务。

同学们,请根据你们小组的台风生存急救包制作方案和材料工具,制作台风生存急救包。

4.老师提问,启发学生思考。

(1)制作急救容器的时候应该如何提高它的密封性和稳定性?

(2)台风生存急救包内的物品应该如何摆放才能在保证容量有限的情况下,尽可能多地装进物品?

(3)你准备将这个台风生存急救包放在家里的什么地方?

(4)你的生存急救包和市面上一般的生存急救包相比有什么优点或不同?

(5)你们如何进行小组分工?

5.执行步骤。

学生在老师的指导和帮助下,以小组为单位制作台风生存急救包。

制作结束后各小组上台展示成果,并进行讲解说明。

展示结束后,学生对本组或其他组制作的台风生存急救包进行点评,最后由老师总结。

三、活动反思(15 min)

1.任务内容。

每名学生根据此次台风生存急救包的整个活动过程进行反思总结,并书写一篇200字左右的反思报告。

2.老师提问,启发学生思考。

(1)在这次活动中你学到了什么?

(2)为什么在制作某个项目前需要进行方案设计?

(3)为什么需要进行小组分工?小组如何分工能够提高项目制作的效率?

四、拓展延伸

教师向学生提出以下问题,引导学生进行知识的迁移与应用:

(1)面对不同的群体或不同的意外灾害,生存急救包里的物品是否有差异?如果有,请举例说明。

(2)如果设计一个野外生存急救包,它和台风生存急救包的设计有什么异同?

五、学习评价

表4-24 学习评价表

评价主体	分数 项目	1分	2分	3分
教师评价	课堂倾听	全程无纪律	专注度一般	专注程度高
教师评价	方案设计	设计内容填写不完整	设计内容填写完整,严谨性、科学性、可操作性不足	设计内容填写完整,严谨性、科学性、可操作性强
学生互评	项目执行	执行随意,没有责任心,缺乏同伴沟通	态度负责执行认真,能与同伴较好沟通	态度负责、执行认真,领导力强、沟通能力强
教师评价	汇报展示	全程不参与	表达时间较少,表达能力不足	表达能力强,积极性高
学生自评	活动反思	反思报告不认真	部分反思内容不够具体、缺乏全面性	反思全面、具体、客观

(二)台风数据可视化报告(设计型)

【课程背景与目标】

台风作为我国最常见的气象灾害之一,给人类社会带来了巨大的影响,由它带来的狂风暴雨,冲毁城市房屋和各类建筑设施,淹没城镇和农田,威胁着居民的生命健康和财产安全。

信息技术的日新月异为人类生产生活带来了深远持久的影响,信息技术成为21世纪人才的核心素养之一。信息技术事关个人生活工作能力,社会生产、国家科技战略各个方面。相比传统学科,国内学生信息技术的能力培养未得到充分重视,信息技术相关的知识与基本技能较为欠缺。

本课程从关注学生日常的微观生活转向一个更宏观的学习视角——关注我国台风的整体演变状况,以制作台风可视化报告为学习任务,让学生了解我国1945—2015年这70年间台风变化的整体趋势,探索其中"变"与"不变"的规律,帮助学生树立正确的环境保护意识,让学生掌握运用信息技术处理数据与分析数据的基本技能和创新能力,同时在潜移默化中体会信息技术对现代社会产生的重大影响。

【课程重点与难点】

本课程的重点是台风可视化报告图的制作与分析,本课程的难点是FineBI分析工具的认识和操作。

【课程领域】

科学、技术、艺术

【建议年级】

八年级

【建议时间】

100 min

【课程任务】

了解FineBI分析工具的主要功能、特点和基本使用方法,运用老师提供的"1945—2015年台风登录数据"(Excel表格)制作一份台风数据可视化报告。

【教学过程】

一、回顾与导入(15 min)

(一)回顾台风的形成条件及原理

1.教学内容。

(1)台风的形成条件。

适宜的温度，

广阔的洋面，

水汽的蒸发，

地转偏向力，

……

(2)台风的形成原理。

台风是一种热带气旋，形成于广阔的太平洋洋面，那里有着强烈的光照，温暖的海水和丰富的水汽，海面被太阳照射，当达到一定温度后，海水蒸发成水汽飘向天空高处，靠近海面低处的冷空气不断汇集并继续受热上升。天上的水汽遇冷凝结，释放热量，于是低压中心越来越热，风力逐渐变大，在地转偏向力作用下气团开始旋转。随着气团越转越快，受离心力的影响，中间形成一个洞，台风得以形成。

2.教学形式：问答。

教师为学生呈现图片，引导学生回答：台风的形成条件及原理是什么？

教师为学生呈现图片，请学生运用台风的形成条件及原理分析判断世界上的台风发源地有哪些。

(二)任务导入

1.教师通过提出一系列问题，激发学生的兴趣和好奇心，引发学生思考：

我国哪些地区最易受到台风的影响？

哪些省市成为台风登陆的"热门"地？

台风登陆较为集中的时间是一年中的哪几个月份？

台风登陆的强度在一年中有什么变化？

你认为相比七十年前，登陆我国的台风数量有什么变化？

……

2.教师简要介绍FineBI分析软件，为学生提供"1945—2015年台风登陆数据"的Excel表格，布置制作台风数据可视化的学习任务。

二、FineBI使用教学(45 min)

注：本部分教学可由学校计算机专业教师或能熟练操作FineBI软件的教师执行。

(一)理论部分

1. 介绍FineBI的基本功能。
2. 介绍FineBI的工作区。
3. 介绍可视化分析的制作流程。

(二)实操部分

1. 教师以样本数据为例,为学生演示并讲解制作台风可视化分析的整个流程,具体包括:
(1)导入Excel数据;
(2)原数据处理;
(3)各组件可视化分析(新建可视化报告—组建可视化图形—添加指标及数据—美化图表);
(4)构建完整可视化报告。
2. 教师通过提问引发学生思考。
如何根据分析数据及分析目的选择合适的统计图?
各组件在排版、大小、颜色上如何设计显得简洁美观?

三、任务执行(40 min)

(一)设计制作台风可视化报告图表

1. 教师为学生呈现下列任务,让学生自由进行选择(5选3)。
(1)分析1:各年度登陆我国的台风数量。
(2)分析2:台风登陆各省沿海城市分布——数据地图。
(3)分析3:各月份我国台风登陆的数量。
(4)分析4:各月份我国台风的登陆强度与巅峰强度。
(5)分析5:各月份我国台风的登陆风力与巅峰风力。
2. 学生独立进行台风可视化报告图表绘制,教师在学生需要时提供指导与帮助。

(二)分析台风可视化报告图表

1. 引导学生对所设计的台风可视化图表进行数据描述。
教师通过提问引发学生思考:
(1)数据描述应具备哪些信息要素?
(2)数据描述如何表达才能彰显数据所蕴含的深层意义?
2. 引导学生对各个台风可视化任务进行原因分析。
例如:学生选择了任务(3)(各月份我国台风登陆的数量),就需要对"为什么我国各月份台风登陆的数量呈现这样的变化趋势"进行原因分析。

(三)汇报展示

学生在教师的指导下,上台展示台风数据可视化报告,教师和其他学生进行点评。

四、拓展延伸

教师向学生提出以下问题,引导学生思考:

(1)请列举生产生活中运用数据可视化分析的事例。

(2)你如何看待信息技术的发展对社会生产生活的影响?

(3)请谈谈你对台风或经济发展与环境保护关系的看法。

五、学习评价

表4-25　学习评价表

评价主体	分数＼项目	1分	2分	3分
教师/自我评价	课堂参与	全程无纪律、无参与	专注度一般,参与度一般	专注程度高,全程积极参与
教师/自我评价	软件操作	几乎不会操作软件	基本能独立操作软件,偶尔出现问题	完全能按要求操作软件
教师/自我互评	可视化图表	未完全符合基本要求	符合基本要求,美观程度不足	符合甚至超越基本要求,美观程度高
教师/自我评价	可视化分析	分析缺乏逻辑和严谨性	分析严谨性一般,表达逻辑性一般	分析严谨性强,表达有逻辑,有独特的观点
教师/自我自评	汇报展示	汇报展示不认真	态度认真,表达清晰度一般	态度认真,表达清晰简明

(三)台风雨的危害——城市内涝与"海绵城市"(项目型)

【课程背景与目标】

每逢台风来临,东南沿海地区总是暴雨连连,城市内涝成为一个亟待解决的难题。城市内涝会在短时间内给城市带来较大的排水压力,严重影响城市交通运输、生产生活、生态系统等。

在这种情况下,"海绵城市"应运而生。"海绵城市"作为新一代城市雨洪管理系统的总称,其出发点在于统筹管控城市雨水的导流、保存与再利用。如果将城市建在"海绵"上,人们就可以利用"海绵"适应天气变化,下雨时由"海绵"自主吸水、蓄水、渗水、净水,需要时则将储存在"海绵"里的水取出并加以利用。

本课程将台风雨与城市内涝、"海绵城市"等核心概念结合,从台风雨这一视角切入,带领学生关注台风雨对城市环境的影响,引导学生树立正确的环保意识与良好的生态观念,并让学生在亲手制作简易版"海绵城市"微观模型的过程中,学习"海绵城市"的设计理念与排洪原理中的科学知识。

【课程重点与难点】

本课程的重点是"海绵城市"的排水、净水原理,本课程的难点是"海绵城市"建筑模型的制作(各部分零件的组装)。

【课程领域】

科学、技术、工程、数学

【建议年级】

八年级

【建议时间】

120 min

【课程任务】

了解台风雨带来的城市内涝的表现与成因,掌握"海绵城市"的基本原理与运作机制,借助主控板、水泵、液面传感器等材料搭建一套"海绵城市"模型,模拟"海绵城市"的排水与储水过程,并学习使用电脑编程模拟"海绵城市"模型内水体的存储与释放过程。

【教学过程】

一、回顾与导入(15 min)

(一)回顾台风雨的形成

1. 教学内容。

台风雨的形成原因:台风雨是台风带来的降水现象,风中有气流螺旋上升,上升过程中与冷空气结合,形成降水。

2. 教学形式。

教师向学生提问,引导学生回忆台风雨的形成原因

(二)导入城市内涝与"海绵城市"的核心概念

1. 教学内容。

(1)城市内涝:台风往往会带来连续暴雨,导致城市排水系统超负荷,形成城市内涝,主要表现在排水不畅、地面积水严重、城市内江河湖泊水位上升等。

(2)海绵城市:"海绵城市"作为新一代城市雨洪管理系统的总称,其出发点在于统筹管控城市雨水的导流、保存与再利用。如果将城市建在"海绵"上,人们就可以利用"海绵"适应天气变化。下雨时由"海绵"自主吸水、蓄水、渗水、净水,需要时则将储存在"海绵"里的水取出并加以利用。

2. 教学形式。

教师播放一段关于城市内涝的视频,引导学生总结城市内涝的成因及表现,并提出"海绵城市"的概念,激发学生兴趣。

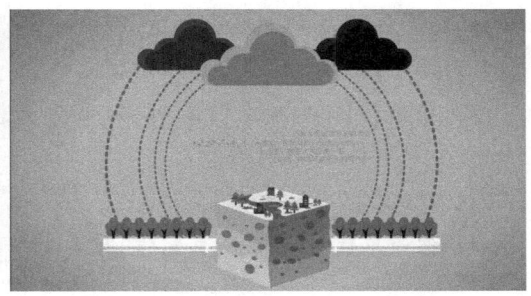

二、"海绵城市"的设计原理（25 min）

观看"海绵城市"的科普视频，教师向学生提出下列问题，并引导学生思考：

(1)"海绵城市"的设计重点利用了自然界的哪些事物？

(2)"海绵城市"的雨水存储总系统主要包括哪些子系统？每个子系统的设计是怎样的？

(3)"海绵城市"排水系统与传统排水系统有什么不同？相比传统排水系统有什么优势？

教师根据学生的问答情况进行总结。

三、海绵城市模型制作（40 min 教学+40 min 制作）

(一)理论知识教学

1.了解自然界的水循环过程。

教师播放水循环的教学视频，向学生提出下列问题：

(1)水循环包括哪些过程？

(2)水循环分别有哪些环节，主要作用是什么？

随后，教师根据学生回答情况进行总结。

2.了解物理与化学的净水方法，认识活性炭与明矾的作用。

教师先向学生讲解活性炭和明矾的净水原理；然后，以小组为单位，引导学生进行活性炭净水实验与明矾净水实验，引导学生在实验过程中思考下列问题：

(1)活性炭净水是物理变化还是化学变化？

(2)明矾净水的过程哪些是物理变化，哪些是化学变化？

(3)通过计算分析活性炭净水和明矾净水的效果有什么差异？

随后，教师根据学生回答情况进行总结。

3.连通器的使用原理。

教师以茶壶为例，向学生讲解连通器的工作原理。

4.掌握编程主板的使用方法。

教师向学生介绍编程主板的各个部件，并演示讲解编程的方法，教会学生如何使用编程控制海绵城市模型内水体的存储与释放。

(二)"海绵城市"建筑模型制作(40 min)

1. 制作材料准备。

以小组为单位,准备主控板、水泵、液面传感器、房子模型、净水砂石、无色透明亚克力板、胶水、剪刀等材料(课程材料包)。

2. 模型制作。

以小组为单位,根据说明书制作"海绵城市"建筑模型,并填写操作记录表:

表4-26 "海绵城市"建筑模型操作记录表

"海绵城市"建筑模型操作记录表		
制作步骤	具体说明	备注
1.		
2.		
3.		
4.		
5.		
6.		
制作中的问题: 1. 2.		

学生在制作过程中思考下列问题:

(1)如何对水泵实现精准控制?

(2)液面传感器的作用是什么?

(3)砂石、活性炭、明矾的放置顺序是怎样的及这样放置的原因?

(4)连通器在调节水位、防止水溢出中的作用是什么?

教师在该过程中对各小组进行指导和帮助。

(三)汇报展示及修正(20 min)

制作完成后,各小组依次进行模型工作原理的演示汇报,并根据教师点评对模型进行修正。汇报的内容包括:

(1)"海绵城市"模型的制作步骤是怎样的?

(2)在制作过程中遇到什么困难,是如何解决的?

……

四、拓展延伸

课程结束后,教师引导学生拓展思考以下问题和任务:

(1)"海绵城市"能带来什么社会效益和经济效应?

(2)分析国内外"海绵城市"的典型成功案例资料。

(3)查找资料,是否存在"海绵城市"的失败案例,尝试分析出现问题的原因。

五、学习评价

表4-27　学习评价表

分数 项目	1分	2分	3分
完成时间	35-40 min	30-35 min	30 min 以内
实施情况	未能组装实验器材	按照原理组装模型器材，但未能实现完整的模型运作过程	按照原理组装模型器材，并成功实现完整的模型运作过程
操作步骤	没有实验操作步骤	实验操作步骤缺少	填写了完整的实验操作步骤
模型演示	无演示	演示过程不完整	演示完整操作过程
总结展示	1人上台汇报，表述不完整	1人或2人上台汇报，表述较完整，表达能力较强	所有成员共同汇报，能详细说明过程，表达能力强

第五章

STEAM 课程评价的原理

STEAM课程评价是依据一定的评价标准,通过系统地收集有关信息,采用各种定性、定量的方法,对STEAM课程的计划、实施、结果等有关问题做出价值判断,并寻求改进途径的一种活动。为此,本章首先通过梳理STEAM课程评价的相关文献,厘清STEAM课程评价的内涵,包括对课程设计的评价、对课程实施的评价、对学生的学业成绩及自身发展的评价、对课程评价的评价等,总结梳理STEAM课程评价的特点与功能。然后基于目标评价模式和CIPP模型,构建STEAM课程评价的两种模式,并在此基础上,形成STEAM课程的评价指标体系。

第一节　STEAM课程评价的概述

一、STEAM课程评价的内涵与内容

　　STEAM课程评价的最终目的是促进学生最大程度地发展,学生的发展是判断课程价值和改进课程的主要依据。STEAM课程评价是调整课程设置、完善课程内容的重要依据。对STEAM课程进行评价有助于转变教育观念,自觉地从传统教育模式中解脱出来,调整学校课程设置、完善课程内容,落实学生德智体美劳全面发展的目标。STEAM课程评价是促进课程目标达成的重要环节。STEAM课程评价旨在以评价促发展,是促进学生全面发展的内在需要,是促进教师专业发展的客观要求,是促进学校多元发展的现实动力。STEAM课程评价是课程管理的重要手段。通过评价构建具有特色的STEAM课程理念,设计和开发STEAM课程实施方案和课程内容,进而提高课程管理水平。

(一)STEAM课程评价的内涵

　　要确定STEAM课程评价的内涵,首先要明确课程评价的内涵和发展。课程评价的定义是一个颇有争议的问题,这主要与评价发展的不同时期人们对评价的理解不同有关。19世纪30年代,有人将评价等同于测验,即对学生的评价等同于对学生进行智力测验和人格测验,例如比奈编制的用于筛选智力落后儿童的智力量表、桑代克编制的第一批标准化的教育测验。20世纪30年代,在美国进行的课程与评价的"八年研究"中,泰勒将评价看作是对课程目标实际达成程度的描述,他强调评价过程在本质上是一个确定课程与教学计划实际达到教育目标的程度的过程,对课程评价问题做出了明确的回答,并在此基础

上提出了著名的课程评价的"泰勒模式"。而后有专家学者认为,评价还应是价值判断的过程。斯塔弗尔比姆认为,评价是为做判断而描述、获得和提供有用信息的过程。他这一观点在很大程度上影响了美国教育评价标准委员会,其在1981年对"评价"的定义是,对某一对象(方案、设计或内容)的价值或优缺点所做的系统探查。这一定义在一段时间内左右了教育评价学界,在很大范围内被当作教育评价的权威性定义。

在我国,学者们将课程评价区分为狭义概念和广义概念。狭义的课程评价特指对课程计划、课程标准、教材在改进学生学习方法方面的价值做出判断的活动或过程,一般包括对课程目标体系、课程计划、课程标准、教材等核心内容的评价,它的实施一般是由专门受过培训的评价人员,借助专门的评价方法和技术进行的。广义的课程评价即教育评价,是指按照一定的价值标准,通过系统地收集有关信息,对教育活动中受教育者的发展变化以及构成其变化的各种因素满足社会与个体发展需要的程度做出判断,并为被评价对象的自我完善和有关部门的科学决策提供依据的活动。一般的教育活动都是由目标、内容、方法以及具体的教育时间这几个因素构成,课程评价就是依据对这些活动的调查分析,揭示教育程序所具有的价值与效果,为课程开发提供有效的信息。从本质上说,课程评价就是以一定的方法、途径对课程的计划、活动以及结果等有关问题的价值或特点做出判断的过程。综上所述,可以将STEAM课程评价的内涵界定为,依据一定的评价标准,通过系统地收集有关信息,采用各种定性、定量的方法,对STEAM课程计划、课程设置、教学设计等有关问题做出价值判断并寻求改进途径的一种活动。

(二)STEAM课程评价的内容

基于STEAM课程评价的内涵,本书中的STEAM课程评价内容主要包含STEAM课程计划的评价、STEAM课程设置的评价、STEAM教学设计的评价等。

1. STEAM课程计划的评价

STEAM课程计划是对学校教育的培养目标、STEAM课程的指导思想、STEAM课程的设置与课程结构、STEAM课程的管理方式等方面的规定,是学校需要遵照执行的文件。STEAM课程计划的评价主要是对STEAM课程的指导思想与培养目标进行的评价。

(1)STEAM课程指导思想的评价。

STEAM课程指导思想的评价是指对课程设置价值取向的评价,这是对学校教育具有全局影响的重要问题。在我国,STEAM课程指导思想的评价可以从以下几个方面进行分析:第一,社会需求的调查与现行课程问题的诊断性评价。教育是为社会发展服务的,其能否培养出社会所需要的人才是衡量学校教育价值的重要标准。新的社会发展需要新的课程来满足,通过调查针对现行课程的不足,为我国课程体系提供新的正确的方向。虽然我国的课程标准经历了数次调整和改革,但目前仍存在课程与目标之间、教学目标与社会需求之间的不平衡问题。[①]这一系列问题根源追溯到课程体系上,主要表现为过于强调学科本位、学科科目过多和学科之间缺乏有效整合的情况。STEAM课程正是以"跨学科"为主要特点,以完成项目或解决问题的方式带动学生学习,使学生在不断探索中逐渐增强创新意识、形成创新思维并不断提高创新能力。由于STEAM课程的诸多特点与我国现行课程体系之间存在着某种契合,故STEAM课程理念能在一定程度上缓解我国课程体系建设中存在的问题。第二,课程开发可能性的预评价。STEAM课程开发可能性的预测是对学校教育课题现存问题在多大程度上能得到解决的预测,但并非所有问题都能通过STEAM课程得到全部解决。在现行的条件下,哪些问题有希望在目前的基础上得到解决,哪些问题还需要等到社会发展到一定阶段才能加以解决,还需要预先做出判断与评价。如果开发某一STEAM课程的时机不成熟、条件不许可,则需暂缓进行,否则将事倍功半。

(2)STEAM课程培养目标的评价。

STEAM课程培养目标是STEAM课程及其教学活动的蓝图,是教育教学工作开展的指南,也是衡量课程质量的准绳。STEAM课程培养目标是教育价值观的体现和教育思想的反映,主要涵盖以下几个方面:一是STEAM课程培养目标与学校教育目标的一致性。STEAM课程目标是否体现了学校教育目标,这对学校教育目标能否落实有着重要影响。在一致性评价中主要考察STEAM课程目标体现学校教育目标的程度,STEAM课程目标必须是全面的,与学校教育目标具有一致性才能造就全面发展的人才;二是STEAM课程培养目标实现的可行性。即STEAM课程目标在学校教育教学活动是切实可行的,并与学校的客观基础条件相符,具有可操作性,是能为教师所理解、所接受、所实施的。同时也应充分考虑学生的实际水平和身心发展规律,提升培养目标实现的可能性。三是STEAM课程培养目标表述的准确性。所谓准确性,就是指用于STEAM课程评价和检查教学效果的具体目标必须准确界定。

2. STEAM课程设置的评价

课程设置是指学校根据专业培养目标和教学目的,对选定的课程进行设立和安排,包括规定课程类型和课程门类的设立、按学期安排课程的开设顺序、分配课程学时、规定课程的学习目标、学习内容和学习要求等。STEAM课程设置是课程评价的核心内容,也是学校教育教学评估的依据。STEAM课程设置的评价主要包含课程设置与课程目标一致性的评价、课程结构完整性的评价和课时安排合理性的评价。

[①] 周东岱,樊雅琴,于颖等.基于STEAM教育理念的小学课程体系重构研究[J].电化教育研究,2017(8):105-110+128.

(1)课程设置与课程目标一致性的评价。

STEAM课程设置与课程目标的一致性是保障课程价值得以实现的首要因素,即开发什么类型的STEAM课程,课程内容对课程目标的支持程度是课程目标得以实现的关键因素。因此,保证STEAM课程设置与课程目标的一致性是课程评价需要关注的重要问题。选择的STEAM课程的教学内容和教学经验能否满足学生的发展价值需求,课程的组织是否有效,课程内容能否反映课程目标的基本要求,这些都需要对其进行评价。对STEAM课程的教学内容和教学经验及其组织有效性的判断,评价者不仅需要从技术层面进行标准化的评价,也需要从社会需求和学生发展层面进行分析和评价。

(2)课程结构完整性的评价。

课程结构是指一门课程中各组成部分的组织、排列、配合的形式,它要解决的是每门课程的教学目标、教学内容、教学组织及教学评价等方面的问题,具体体现为教学大纲,即STEAM课程结构的完整性评价体现在对STEAM课程教学大纲的评价上。教学大纲是根据课程计划以纲要的形式编订的有关各学科教学内容的教学指导文件,它规定了学科知识的范围、深度及其结构、教学的进度和教学方法上的基本要求。STEAM课程的教学大纲评价可以分为两个方面。一是对STEAM课程教学目标的评价。教学目标的评价首先要保证其与课程计划的一致性,教学目标是为了课程计划规定的培养目标服务的。其次要评价课程内容实现教学目标的可能性。STEAM课程的教学目标要通过具体的内容反映,保障教学目标与课程内容的一致性,通过课程内容使教学目标得以充分实现。最后要评价STEAM课程教学目标与学生身心发展程度的衔接性,教学大纲所规定的教学目标必须充分考虑特定年龄阶段学生身心发展的实际水平,若脱离学生的实际身心发展水平,教学目标则难以实现。二是对STEAM课程教学内容的评价,其标准包括作为教学内容的有效性与意义性,教学内容的全面性与深度性,满足学生需要与兴趣的适当性,教学内容重点部分的时效性,事实和其他次要内容与主要观点和概念的关联性,内容的科学性以及由其他课程迁移过来的可能性等。

(3)课时安排合理性的评价。

STEAM课程安排的合理性主要体现在课时总量、课时的学段安排和周课时安排等方面。首先,STEAM课程课时总量的合理性。在STEAM课程的课时安排中,课时总量的合理性是一个最为重要的问题。课时总量不合理,其他方面的合理性就难以衡量。针对不同学龄阶段学生的知识储备和学习情况,合理规划STEAM课程的课时总量,做到"因年级、因班制宜"。其次,STEAM课程的课时在不同年级的安排合理性。在课时总量确定的情况下,STEAM课程课时在各个年级的课时安排各有不同,需要根据学生在不同年龄阶段身心发展现状做出相应的评价。最后,STEAM课程的周课时安排的合理性。每周STEAM课程课时安排也要符合学生的身心发展特点和规律,以满足学生对STEAM课程的学习需求,保障每名学生都能达到学习目标。

3. STEAM课程教学设计的评价

对STEAM课程教学设计进行科学评价的目的在于建立运行机制,有效推进STEAM课程教学设计的落实,通过评价提高教师的教学设计水平和教学质量。STEAM课程教学设计的评价内容主要包括对教学设计的准备评价、过程评价和结果评价。STEAM课程教学设计的评价标准表现为整体性、有序性和建构性。

(1)STEAM课程教学设计的评价内容。

第一,STEAM课程教学设计的准备评价。STEAM课程教学设计的准备评价就是对实施前的课堂教学设计进行初步评价,评价的内容主要包括教师对学生当前的知识技能储备和身心特征的分析是否合理;对教学内容、教学方法和教学工具的选择和处理是否恰当,是否符合学生的需求;课堂教学时间的安排是否合理等。第二,STEAM课程教学设计的过程评价。教学过程是课堂教学设计的核心,这一阶段的主要评价内容包括教学内容的处理是否有效;根据学生的学情,明确教学用具的选择是否有效,是否对学生达到目标有所帮助;教学目标的期望值与实际值之间是否存在差异;学生是否达到教学的某个目标或多个目标;学生对设计中的教学方法和教学用具的反应如何;教师是否满意自己所选择的教学材料的价值等。第三,STEAM课程教学设计的结果评价。STEAM课程教学设计的结果评价是对课堂教学设计做一个整体的评价和分析,主要内容包括评价整个教学设计是否能实现预期目标;学生是否学到了应学的知识和技能;教学设计中是否还有哪些地方需要改进和完善等。

(2)STEAM课程教学设计的评价标准。

一是STEAM课程教学设计评价的整体性。整体性是指STEAM课程教学的各个要素与环节是相互关联、相互作用、缺一不可的。首先,要做到STEAM课程教学各个要素的内部整合,如教学目标、教学内容、教学方法等方面的整合。其次,要实现STEAM课程教学设计系统中各组成要素之间的整合,使教学要素之间形成合理的组合方式和运作流程。二是STEAM课程教学设计评价的有序性。有序性是指STEAM课程教学中各系统要素有规则的联系和组合。它主要表现在两个方面:一方面要求呈现教材内容有序化、结构化,即按照STEAM知识内在逻辑顺序来组织教学内容,提高知识的结构化程度;另一方面要求将教学过程模式化、程序化,即将构成STEAM课程教学系统的诸要素,在时间、空间等方面设计出比较稳定、简化的组合方式及活动程序。三是STEAM课程教学设计评价的建构性。建构性是指教师在STEAM课程教学中不应采取"填鸭式"的方法,而应启发学生自主建构认知结果,这就要求教师按照学生建构认知结构的过程与规律设计STEAM课程教学,以促进学生更好地学习知识和技能。

二、STEAM课程评价的特点与功能

(一)STEAM课程评价的特点

1. 评价方法注重学生多方面的学习体验

相比于常规的课程评价,STEAM课程评价因其具有的STEAM教育特性,在评价方法方面更加注重学生的学习体验,而非常规课程评价过于注重对学生学习成绩的甄别与选拔。常规的课程评价依赖于传统教学评价,如通过检查考试等方式开展。STEAM课程评价由于其注重在做中学,强调课程的实施要基于项目或问题来展开,因此其课程评价注重强调学生在真实情境下的学习体验,其评价方法也注重选择能够维持学生感知不同情境学习体验的方法。因此,STEAM课程评价的重点不是终结性评价,而是形成性评价。评价方法非常强调对人际互动给予更多的关注。因为STEAM课程的本质特征是集中开发现实世界的项目,让学生能够应用对各种不同概念的理解,使用类似课堂回应系统和评价量规等技术的真实评估,既突出了形成性评价也强调了终结性评价。因此,STEAM课程评价的方法主要包括合作性小组项目、文章、项目展示或者必要技能的评估、档案袋、正式观察、自我评价、仿真模拟、完成项目后的口头检查,以及其他课程评价也会采用的方法:真实性、案例研究、观察后的口头提问、检查(闭卷)、实践项目——小型的,但与更大的项目相关联;直接观察。相比于检查考试、简答题、工作任务单、多项选择测试,STEAM课程评价注重基于项目或问题学习的评价方法,更能帮助、引导学生关注自我学习过程中的认知,从而培养学生在富于创新的学习体验中成为完整的人。

2. 评价过程注重课程实施与培养目标的适配

课程评价从评价的目的方面可以分为诊断性评价、形成性评价和终结性评价,其中诊断性评价一般是在课程实施开始阶段施行的评价,目的是更好地对症下药;形成性评价是

一种过程评价,是指为改进现行课程计划所从事的评价活动,其"目的是要提供证据以便确定如何修订课程计划,而不是评定课程计划的优良程度"[①];终结性评价则是在课程实施后对其实施效果的评价。虽然几乎任何一个评价都能采用形成性或者终结性的方式,但是STEAM课程评价显然因其具有的基于项目或问题注重情境创设的STEAM教育特性,更具有形成性评价的属性。STEAM课程评价的形成性表现为通过基于项目或问题学习,帮助学生应用跨学科知识的方法,其中课程评价关注的重点不是学生应用方法的结果,而是应用知识方法的本身。注重终结性评价的传统课程评价,在意的是课程实施效果,如考试过程中关注的是学生的回答是否符合答案,缺乏关注问题回答背后的认知过程。相比传统课程评价,STEAM课程评价注重对课程实施过程的评价,需要在课程设计与实施的不同阶段注重收集课程信息,即收集或者观察、检查学生在课程实施过程中,是否能够根据课程目标或培养目标有效掌握课程内容,或者根据目标还需要进一步掌握学习的课程内容,其目的都是便于及时进行修正。STEAM课程评价具有形成性评价属性,能够体现STEAM教育理念,在课程评价中关注学生创新型思维与创造力发展的培养,能够促进学生在STEAM课程学习中的推理、思考与论证。STEAM课程评价也因此能够适时调整课程实施,以符合培养目标。

(二)STEAM课程评价的功能

STEAM课程评价首先具有改进课程设计与实施的基础性功能,在此基础上具备发展学生、培养其成为完整的人的发展性功能。

1. 改进STEAM课程设计与实施

STEAM课程评价因其具有鲜明的形成性评价特点,在评价中注重过程,因此STEAM课程评价的基础性功能体现为改进STEAM课程设计与实施。格朗伦德把教育评价定义为,确定学生的达成度——在多大程度上达到了教育目标——的有计划的步骤。布卢姆认为,确定作为特定的学习经验的结果,在学生身上所发生的变化的范围……评价,就是用这些学习经验的有效性的概念来说明学生发生的变化的。概言之,评价就是通过测量的描述或质性的分析,对评价对象做出价值判断。具体到课程评价中,通过描述分析课程设计、课程实施与课程效果来做出价值判断与必要的课程改进。其中描述分析的过程就是收集信息资料的过程,从而实现课程评价为决策服务的初衷,也是课程评价的最基本功能。STEAM课程评价为课程改革而进行评价时,其评价的主要目的是确保课程实施是否具有培养目标规定的课程效果,即体现为在学生身上发生了什么样的积极变化。对此需要通过课程评价来收集课程设计理念、课程实施的过程性资料,从而做出评判。

---

① 施良方.课程理论——课程的基础、原理与问题[M].北京:教育科学出版社,1996:153.

2. 发展学生实践能力与创新精神

STEAM 教育具有整合培养实践型、创新型、综合型人才的教育理念,已成为一种全球性的科技教育战略。STEAM 课程评价围绕着实践型、创新型与综合型人才的培养目标,实施课程评价。因此,STEAM 课程评价的发展性功能就是促进发展学生功能。STEAM 课程设计围绕着 STEAM 教育理念展开,培养学生的实践能力与创新精神,最终成为完整的人,并成为其课程评价的关注重点。首先 STEAM 课程评价关注课程设计是否是基于项目或问题展开的学习,致力于发展学生在真实情境中解决真实问题的能力,从而有助于实践能力培养目标的实现。此外,STEAM 课程评价关注课程设计是否融合多学科,旨在打破学科边界,破除学科逻辑思维对学生思维发展的限制,有利于实现学生创新思维的发展。培养学生创新思维的目的就是引导学生能够创造出前所未有的、有价值的精神或物质产品。STEAM 课程评价促进学生创新精神与实践能力的发展,正是基于"做中学"的课程设计以学生问题意识为培养目标的本质体现,也正如美国 STEAM 教育专家格雷特·亚克门所言,STEAM 教育引导学生在历史、当前和潜在情境下评估个人爱好和生活机遇以及职业发展……帮助他们认清自己的职业兴趣,并积极做好知识、技能和心理方面的准备。

三、STEAM 课程的评价原则

STEAM 课程是学校自主开发的课程,集中体现了"以校为本"的理念。它充分考虑到学生个性发展和学校的差异性,强调课程的开放性、民主性、参与性,重视各方的交流与合作,从根本上改变教师的传统角色,使教师从原来的课程实施者转变为课程的开发者、实施者和评价者。课程评价作为 STEAM 课程开发的一个重要环节,它既是一种导向机制,又是一种质量监控系统,对 STEAM 课程的评价不能是静止的、终结性的,而应贯穿于 STEAM 课程开发的全程,使 STEAM 课程评价成为一个连续的、动态的过程。由于 STEAM 课程具有综合性、实践性和经验性等特征,STEAM 课程的评价很难用某种统一的模式或方法加以规约,STEAM 课程评价有着自己特有的规律,这些规律经过人们的探索、认识,反映为一系列的原则,它们是处理评价工作中各种矛盾的指导思想,是 STEAM 课程评价工作应遵循的基本要求。STEAM 课程评价既要遵循课程评价的一般原则,同时也要考虑 STEAM 课程特点,具体应遵循以下原则。

(一)发展性原则

STEAM 课程作为现代课程决策分享的产物,是素质教育的一种创新形式,以新一轮基础教育课程改革的思想为指导,关注学生的不同需求,其意义在于促进学生、教师、课程的发展与完善。发展性原则是STEAM课程评价体系的核心理念,该原则不仅着眼于学生当前的表现状态,更强调关注其未来的成长空间与潜力,旨在通过评价推动学生在现有基础上不断提升与发展。这一原则体现了评价视角的转变,即从单纯关注过去和当下的表现,转而更加关注个体未来的发展前景和进步潜能。在评价过程中要对评价对象的过去和现在做全面分析,根据他们过去的基础和现实表现,预测性地揭示评价对象未来发展的目标,引导和激励他们通过发展,缩小与目标的差距。此外,STEAM课程评价的发展性原则还要促使评价对象发挥自己的长处,表现出自己最佳的水平,认识到自己的优势,释放自己的发展潜能。为此,学生、教师、家长以及社区有关人员要真正参与到STEAM课程评价中来,共同研讨、协商制订发展目标,不以奖惩作为评价结果的唯一目的,在宽松和谐的环境下,给学生、教师和学校以弹性化、个性化的发展空间。从另一个方面来讲,发展性原则承认每一个评价对象在发展过程中存在着差异,也存在着不同的发展水平,需要着力构建一种促进每个学生、每位教师、每所学校在已有水平上发展的评价机制。STEAM课程评价的发展性原则其目的在于促进STEAM课程本身的发展与完善,使STEAM课程开发成为一个连续的、动态过程。

(二)个性化原则

STEAM课程作为学校自主开发的课程,集中体现了"以校为本"的理念,是每个学校根据自身的特点,按照学校独有的办学理念,利用已有的软硬件资源,结合学校所处社区的环境,为满足学生个性化发展需求,由本校教师自己开发的课程。这些课程无论是价值取向、课程目标、内容、结构、组织,还是课程实施过程与效果,都有不同之处,因此,在对STEAM课程进行评价时应体现个性化原则,不能按照统一的标准、方法、手段,"千人一面"地加以评价。个性化原则要求在对STEAM课程评价时不能仅用一把尺子,只讲在目标、功能、内容以及操作上的统一要求,不讲STEAM课程背后不同学校的办学哲学以及各校特有的资源、环境和师生在认知、能力、情感等方面的差异。所谓个性化就是要在STEAM课程评价操作中做到"个别化",思想上突出"个性化",要有针对性地进行评价。从这个意义上来说,个性化原则也可称作针对性原则,即STEAM课程评价要针对每所学校STEAM课程不同的特点来展开,突出课程特点,凸显学校特色,满足学生个性化需求,促进教师的专业自主。

(三)多元化原则

"STEAM课程作为一门多学科融合的实践性课程,从多个方面帮助提升学生创造力水平,而单一的评价标准和方法显然很难对这一特点做出评估。因此,不仅需要选择多元的评价内容,更需要利用多元化评价主体,选择多种评价指标进行评价。"[1]具体而言,多元化原则指的是STEAM课程评价内容的多元化、方法的多样化和主体的多元化、评价标准的多样化。就评价内容而言,多元化原则要求评价既要体现共性,更要关心评价对象的个性;既要关心结果、更要关心过程,注重学生、教师和学校发展的主动性、创造性和积极性。STEAM课程评价内容丰富多样,具体可从纵向与横向两个维度展开分析。从纵向维度而言,STEAM课程评价涵盖了课程开发背景与目标设定的合理性评价、课程方案设计的可实施性评价、课程实施过程中的质量评价,以及课程实施最终效果的评价;而从横向维度来看,评价则涉及课程设计方案本身的质量审查、教师课堂教学的实施水平评价,以及学生学习成效与学业表现的综合评价。由于STEAM课程评价内容的广泛化、多元化,STEAM课程评价的方法也应该是多样的,应将定量评价的方法和质性评价方法结合,采用测验、调查、问卷、访谈、档案袋研讨评定法等多种评价方法,对STEAM课程多元化的内容进行评价,用这些评价方法时要注意根据不同的内容选择最有效、最便利的方法。

就评价主体而言,多元化原则要求STEAM课程的评价主体是多元的,STEAM课程实质上是一个以学校为基地进行课程开发的开放、民主的决策过程,即校长、教师、课程专家、学生和社区人士共同参与学校课程计划的制订、实施和评价活动。作为STEAM课程开发中的一个环节,对STEAM课程的评价,其评价主体应将上述这些与课程有关的人员都包括在内,使各方课程消费者都有平等表达自己需求、意见的机会。基于评价主体的多元化,对于STEAM课程评价的标准也应该是多样的,因为每个评价者都有自己独特的生活经验履历,他们的价值观、兴趣、爱好、需求、态度等都不尽相同,对同一问题有着不同的看法,因此在评价中会依据自己所特有的价值观提出不同的判断标准,形成一个多样化的评价标准体系。

(四)连续性原则

"连续性原则是指评价既要看到过去、诊断现在,也要预测未来。"[2]而STEAM课程评价的连续性原则其含义在于将评价贯穿于STEAM课程开发的全程,使评价成为一个动态的、连续的、不断发展的质量监控过程。在STEAM课程开发的每一个环节上,都要进行评

---

[1] 郭芬芬.创造力培养视野下的STEAM课程评价研究[D].北京:中央民族大学,2018:18.
[2] 单华.校本论[M].大连:辽宁师范大学出版社,2009:161.

价,这不仅涉及评价内容的广泛化,更重要的是突出评价过程的连续性和动态性。STEAM课程开发是一个耗资费时的、渐进完善的过程,因此对STEAM课程的评价也不是一次性、终结性的。STEAM课程评价首先通过对STEAM课程开发情境的分析和目标定位的评价,充分了解学校所具有的资源以及学生和当地社会的需求,为STEAM课程的编制奠定目标基础,然后对依据这些目标而设计的STEAM课程方案进行评价。STEAM课程评价到此还未结束,还需对"菜单"实施后的效果进行评定,以判别优劣,为课程决策提供依据:是继续采用"菜单"或是改进"菜单",还是否决"菜单"。这个阶段评价的意义在于为下一轮STEAM课程开发积累经验、提供素材,它的本意并不在于奖惩,而是为STEAM课程决策服务,当然这一阶段的评价也将作为新一轮课程开发的基础,为新的课程评价提供依据和起点。由此可见,STEAM课程应是一个连续的、动态的、不断螺旋上升的过程。

(五)对话性原则

评价是精神的对话,是双方心灵的相遇。对话性原则是指评价者之间形成一种平等交流的关系,评价各方基于某一共同的背景协商讨论、相互作用、达成共识、促进发展。在这里对话有三层含义:①对话是一种人与人之间的平等交流,这种交流的结果是达成"重叠共识";②对话作为一种认知,这种意义上的对话就是一种解释,是要解释者带着自己的前知识结构与对方相互作用;③对话具有一种生存论意义,这时对话成为双方精神之间的相遇相通。对话性原则作为校本课程的一个基本原则,其原因在于校本课程开发集中了教师、学生、家长、课程专家和社区有关人员的力量与智慧,对于校本课程的评价,其主体是多元的,这些人员来自不同的领域,有着不同的文化背景、生活履历,他们的价值观、人生观、世界观和兴趣、爱好、需求等不可能是统一的,而是各有特点的,呈现出差异性。因此,在对校本课程评价时需要在一种民主、宽松的环境中由评价各方自由地参与评价,进行平等的交流、对话,把自己的意见、想法表达出来。评价人员在各自的人生履历基础上通过讨论、协商达成重叠共识或互相理解,以达到精神的相遇;通过平等对话使真理得以显明,人心获得内在的敞亮,人的"视界"(hoirzon)得以扩展。从这个意义上来说,对话也就成为不同的"视界"得到"融合"的过程,在"融合"中意义得以生成。通过以上分析可见,对话性原则内在的需求在对校本课程进行评价时,除了让评价各方基于各自的语境进行平等交流之外,还应将"对话"作为评价者之间或评价者与被评价者之间形成"视界"相融的基石。

(六)离散性原则

离散性原则强调在课程评价过程中,不能局限于某些既定的目标或计划,而应全面、广泛地评估课程实施所带来的各类影响,特别是关注那些非预期的效应。STEAM课程评价贯穿于整个课程开发过程，其核心意义在于通过评价推动STEAM课程的开发，提升其质量，满足每个学生的个性化需求，并突出学校的办学特色。因此，STEAM课程的评价应涉及多方面的内容，不应仅仅局限于评价课程的预期效果，还要关注课程目标之外的非预期效应。通常，大家认为课程效果是可预期的，并且大多数效果是课程本身产生的。然而，由于教育问题的复杂性和不确定性，课程效果很难人为地"锁定"。STEAM课程是学校自主开发的，每所学校的具体情况各异，课程的实施受到多种因素的影响，包括教师素质、学生的基础水平、学校的软硬件资源，以及参与开发过程中的各种心理效应等。这些因素会通过不同方式影响课程的运行，并与课程本身产生互动效应，进而带来多种非预期的结果，可能有的表现为外显效应，有的则为内隐效应。因此，在评价STEAM课程时，必须遵循离散性原则，不拘泥于预定目标，而是全面评估课程实施的过程与效果，并且不忽视对非预期因素和效应的分析与评价。

第二节　STEAM课程的目标评价模式

STEAM课程内容涉及科学、技术、工程、艺术和数学等跨学科的、复杂的知识和技能，这对评估STEAM课程是否能达到预期结果造成了一定的阻碍。因此，本节以泰勒（Ralph Tyler）的目标评价模式为理论基础，结合STEAM课程所独有的特征，构建出STEAM课程的目标评价模式，并在此基础上确立STEAM课程的目标评价模式的指标体系，以期为教育实践者提供一种较为简单、易操作的结果性评价方法。

一、基于目标评价模式的STEAM课程评价

课程评价模式的选择，一方面体现了评价者的评价取向，另一方面也规定了整个课程评价的基本操作方法。不同的课程评价理念呈现出不同的课程评价模式，本部分主要选取泰勒的目标评价模式来构建STEAM课程的评价模型，该模式注重课程目标的达成评价，对学生的学习结果较为重视。

（一）目标评价模式的基本阐释

目标评价模式是最早也是最完备的评价理论模式，对 20 世纪的评价理论和实践产生了深远的影响。

1. 目标评价模式的基本内涵

泰勒在"八年研究"中提出了目标评价模式这一概念。泰勒认为，"评价过程实质上是一个确定课程与教学计划实际达到教育目标的程度的过程。"[①]目标评价模式是在"评价原理"和"课程原理"的基础上形成的。"泰勒的评价原理是以目标为中心而展开的，它是针对二十世纪初形成并流行的常模参照测验的不足而提出的。起源于智力测验的常模参照测验是以对学生进行分类为目的的，而对于了解学生学习进展情况、进而改进教育计划并无多大价值。目标参照测验则在这两个方面可有所作为。泰勒在这一评价原理的基础上，结合课程编制的实践，提出了更引人注目的'课程原理'。"[②]

"目标评价模式强调要用明确的、具体的行为方式来陈述目标。评价是为了找出实际结果与课程目标之间的差距，并可利用这种反馈信息作为修订课程计划或修改课程目标的依据。"[③]"泰勒模式的优点表现在：1.扩大了评价的范围。泰勒模式将评价的焦点从以学生学习成就为主转移到教学的其他方面，评价人员必须对教学目标、教学的行为目标及实施的程序等学生成就以外的事项有所了解。2.提高了评价的功效。泰勒提出的通过结果与目标的内在比较的方法，将注意力从条件的控制上转为衡量结果是否达成目标；并且使评价活动直接反映目标，反映学生成绩与所要求目标间的差异……3.评价结构上的严谨性。以目标为导向的评价模式是第一个全面系统的评价模式，它把目标作为教育活动和评价活动的主要依据，使评价有可以把握的标准。这种确定目标、实施目标、提供反馈、评价循环的思想和严谨的步骤，便构成了其紧凑的结构。"[④]

目标评价模式在课程评价中最为经典也最具有历史意义，但也存在着一些弊端：在评价内容方面上，过于关注认知层面目标的达成，而忽视了学生情感和心智的成长；在评价方法方面上，评价过分依赖纸笔测验，而较少使用调查、观察、作品分析等过程性评价方法；在评价实施方面上，教学目标的表达呈学术化倾向，较少使用教师行为术语来描述教学目标，致使教学目标难以有效落实。

---

① 泰勒.课程与教学的基本原理[M].施良方译.北京:人民教育出版社,1994:85.
② 施良方.课程理论——课程的基础、原理与问题[M].北京:教育科学出版社,1996:145.
③ 施良方.课程理论——课程的基础、原理与问题[M].北京:教育科学出版社,1996:156.
④ 支敏.教育评价的基本原理与运用[M].贵阳:贵州人民出版社,2006:111.

2. 目标评价模式的内容与方法

根据泰勒的看法，目标评价模式包含两个方面的内容。一是指评价必须针对教师教学中学生发生的行为而进行。二是指评价活动不可能一次完成，必须经过两次以上，一次在课程计划实施的早期进行，另一次可以在课程后期进行，以便测量这两个期间发生的变化。基于目标评价模式的课程评价，除了纸笔测验为收集学生行为变化提供有效办法外，其他凡是能获得教育目标所指各种行为的有效证据的任何途径，都可以看作是评价的适当方法。例如，在评价学生的某些操作技能方面上，可以采用观察法；在获取学生的兴趣或鉴赏能力等方面的证据时，可以采用问卷、访谈等方法；收集学生的作品有时也是获得学生行为证据的有效途径等。课程是为了改变学生的行为类型，那么要求评价反映学生行为变化的程度就是恰当的。依据教育目的和课程目标，用行为术语对每一个目标加以界说，因此，理应将其作为评价的出发点。行为目标确定之后，再为学生提供表现这种行为所需要的情境，那么课程目标是否达到就能清楚地检验出来。

3. 目标评价模式的操作流程

泰勒的"评价原理"是以目标为中心而展开的，可概括为七个步骤："(1)建立课程计划的目的和目标；(2)按照行为和内容两个维度界说每一个目标；(3)确定让学生有机会表现教育目标所指行为的情景；(4)选择和编制相应的评价工具；(5)设计获取学生行为记录的方式和使用的计分单位；(6)收集反映学生行为变化的有关信息；(7)将收集到的信息与行为目标作比较。"[①]

泰勒的"课程原理"可以概括为四个步骤：确定课程目标；根据目标选择课程内容；根据目标组织课程内容；根据目标评价课程。"其中，确定目标是最为关键的一步，因为其他所有步骤都是围绕目标而展开的。这也是人们把它称为目标评价模式的原因。在泰勒看来，如果我们要系统地、理智地研究课程计划，首先必须确定所要达到的目标。从某种意义上说，不能认为评价只是第四阶段的事情，事实上，可以把前面三个步骤看作是评价的中间阶段或初期阶段。由于评价是从目标入手的，所以目标一定要界定清楚。如果目标还不清楚，那么评价的第一步就是要界定目标，以便了解这些目标实际上达到的程度。第二步是要确定评价的情境，以便使学生有机会表现出目标所指向的那种行为。尽管泰勒特别重视评价的工具或手段，因为评价工具或手段直接影响到评价结果的信度和效度，但他强调必须在完成上述两个步骤之后，再考察现有的各种评价手段，以便发现获得有关证据的适当方式。"[②]如果评价方法与课程目标不相符，那么评价的结果就是无效的。由此可见，评价的实质，是要确定预期课程目标与实际结果相吻合的程度。

---

① 钟启泉，李雁冰. 课程设计基础[M]. 济南：山东教育出版社，2000：525.
② 施良方. 课程理论——课程的基础、原理与问题[M]. 北京：教育科学出版社，1996：144.

综上所述,目标评价模式可以分为三个阶段。第一阶段:制订目标阶段。首先,通过研究课程的实际需求和征求专家意见,设立备选目标;其次,用统计学等相关方法筛选课程的备选目标,确定实际应用的培养目标;最后,将基本的目标用有关的行为术语表述。第二阶段:根据目标测量评估客体阶段。一是先找出行为目标具体表现的条件和情境;二是选择满足客观性、可靠性和有效性三个标准的测量方法;三是运用相应的方法,通过事前和事后两次测量,检查评估对象的行为变化。第三阶段:测量结果分析判断阶段。第一,根据测量或检查结果对其与目标的差异做出判断,寻找课程本身存在的问题,并说明原因;第二,修改课程的大纲、计划或教学设计再进行评估,如此循环重复直至达到理想的目标;第三,由于课程水平、教育对象的不断发展,为适应其逐步提高的过程,还应制订课程新的目标和教学内容,故整个评估也是不断循环往复的过程。

(二)STEAM课程的目标评价模式内容与流程

"我国在政策文本中将STEAM教育定义为跨学科学习,强调其推动教育信息化应用、培养创新型人才的重要作用。"[①]2016年,《教育信息化"十三五"规划》中首次指出,"有条件的地区要积极探索信息技术在'众创空间'、跨学科学习(STEAM教育)、创客教育等新的教育模式中的应用,着力提升学生的信息素养、创新意识和创新能力,养成数字化学习习惯,促进学生的全面发展,发挥信息化面向未来培养高素质人才的支撑引领作用。"在STEAM教育飞速发展的时期,STEAM教育的目标到底是什么? 有学者认为STEAM教育的本质是跨学科,"教学目标可以分为三个层次:使学生掌握跨学科知识是STEAM教育的低层次目标;中等层次的目标是获得问题解决能力、自主探究能力和合作学习能力等综合能力;高层次目标是培养学生的计算思维、设计思维等高阶思维。"[②]因此,基于目标评价模式构建STEAM课程评价模式,有助于进一步落实STEAM课程目标,助推STEAM教育质量提升。

1. STEAM课程的目标评价模式内容

STEAM课程的目标评价模式是基于泰勒的目标评价模式构建的,因此,STEAM课程的目标评价模式主要内容:首先,根据STEAM课程的需求和学校开展教学活动的现实条件,确定和检验STEAM课程的目标;然后,依据STEAM课程目标、评价对象与相关人员的需求以及现有各种规章制度和科学理论,设计出以STEAM课程目标为核心的评价指标;最后,根据STEAM课程评价指标,实施评价活动。在STEAM课程评价活动中,该模式注重定量方法和定性方法的有机结合以及多种评价类型的结合,有效运用信息化技术和人工智能,完成和反馈STEAM课程评价报告,用评价制度控制和制约整个评价过程,以确保评价质量。

---

① 孙天慈.STEAM教育:人文转向与现实取向[J].上海教育科研,2020(4):27-30.
② 袁磊,郑开玲,张志.STEAM教育:问题与思考[J].开放教育研究,2020(3):51-57.

同时，STEAM课程的目标评价模式在开展评价时，应注意以下几个方面的内容：一是STEAM课程目标是要进行评价的，只有以其作为评价依据之一编制的评价指标才具有科学性、客观性和有效性；二是在制订STEAM课程评价指标时，除了要依据课程目标以外，还必须重视STEAM课程评价活动相关人员的需要和意图；三是评价指标的内容可以是定量的，也可以是定性的，根据STEAM课程评价的具体情况确定；四是STEAM课程评价主体是多元的，可以是教师、学生、家长或第三方评估等；五是在STEAM课程评价过程中要灵活运用不同的评价类型，如过程评价、结果评价、增值评价和综合评价等。

2. STEAM课程的目标评价模式功能

基于目标评价模式构建STEAM课程评价模式，重在强调STEAM课程目标的实现程度，故具有如下功能。

第一，有助于修订STEAM课程与教学计划。基于目标评价模式构建STEAM课程评价模式，其模式的各个步骤之间形成一个循环的回路，每一个步骤恰当与否都可以直接通过评价反映出来，从而可以为修订课程与教学计划提供有效信息。

第二，有助于进一步澄清STEAM课程的培养目标。清晰明确的STEAM课程培养目标是开展评价的前提和标准，如果在STEAM课程的开发设计阶段，部分课程培养目标不明确，则可以通过评价进一步厘清STEAM课程的培养目标。

第三，有助于提高教师STEAM教学质量。人们习惯将评价结果看作是教育质量高低的反映，因此教师的教和学生的学都会受到STEAM课程预期评价的影响。

第四，有利于对学生的个别指导。评价可以有效诊断学生的学习效果，教师可以依据STEAM课程评价结果采取相应的措施对学生进行个别指导，同时也为教师改进课程设计和教学计划提供依据，让其有助于实现STEAM课程的培养目标。

3. STEAM课程的目标评价模式特点

STEAM教育是以解决实际问题为导向，通过多学科知识整合与技术融合，在真实学习情境中培养具备创新能力和综合科学素养的新型教育模式。它强调以项目任务为驱动，注重学习过程体验，最终目标是造就全面发展的高素质人才。STEAM课程作为促进STEAM教育有序发展的关键，具有多样化、多视角和全过程等特征。构建符合我国STEAM课程发展需求、契合本土人才培养目标和课程目标的评价指标体系，已成为当前我国STEAM教育研究领域亟须突破的关键课题。基于此，STEAM课程的目标评价模式，既要具备目标评价模式的特点，也要具备STEAM课程的特点。融合二者特点，归纳出STEAM课程的目标评价模式的特点如下。

第一，STEAM课程的目标评价模式关注学生参与性。STEAM课程以问题导向为核心，注重整合科学、技术、工程、艺术和数学等多学科知识，通过跨学科的综合应用来培养学生解决实际问题的能力,从而实现突破学科边界、提升实践素养的教学目标。因此,STEAM课程的目标评价模式应着重考察学生的参与度及协作互动情况。参与性不仅体现在参与人数和时长等量化指标上,更关键的是学生的投入质量,即是否真正实现了深度学习状态。STEAM课程的学习任务通常源于现实生活情境,多数任务需要师生或生生协作完成。在任务实施过程中,学生以团队形式开展问题分析、资料收集、讨论交流和成果展示等活动,注重培养学生的协作能力。课程评价重点关注团队整体表现和协作成效,而非个人单独表现。评估学生的参与度可从课程设计中间接获取依据,比如真实问题情境的设置、推理建模等实践活动的开展、开放包容的团队协作环境的营造,这些外在特征都在不同程度上增强了课程的吸引力。

第二,STEAM课程的目标评价模式强调课程情境性。STEAM课程通过技术手段真实还原生活场景中的实际问题和典型案例,以此激发学生的学习热情,唤醒其相关背景知识,并在此基础构建新的认知体系。这种教学模式不仅培养了学生将知识应用于实际情境的能力,还帮助他们理解不同场景下的知识表现形式,从而准确识别问题本质,灵活运用所学知识解决现实问题。因此,在STEAM课程评价中重视情境性评估,能够有效促进课程目标的实现。通过创设真实情境,STEAM课程不仅帮助学生获取知识,更能使其理解知识的社会属性、情境特征及迁移应用方法,从而提升学生的创新思维和实践能力。

第三,STEAM课程的目标评价模式关注课程整合性。STEAM教育并不是科学、技术、工程、艺术和数学等学科知识的机械堆砌,而是基于现实问题解决需求,将各学科零散知识有机融合而形成的统一整体。因此,STEAM课程评价一定要关注课程内容的整合程度。课程整合性的评价涵盖三个维度:首先是STEAM课程对科学、技术、工程、艺术和数学等学科知识的有机融合;其次是STEAM课程在规划、执行和开发过程中对各类资源的系统整合;最后是STEAM课程对学生既有学习经验的创造性整合。同时,STEAM课程的重要价值在于能够有效衔接学生在多元场景中获得的经验。它不仅能够融合学生在校内外积累的学习经历,更能基于STEAM课程的递进式培养目标,为每位学生提供个性化的精准定位。

4. STEAM课程的目标评价模式步骤

STEAM课程的目标评价模式实施可以分为三个步骤。第一步:STEAM课程目标评价的指标确定。首先是需求分析与专家咨询,即通过STEAM课程实际需求调研与专家德尔菲法论证,建立初始目标池;其次是STEAM课程目标的筛选与确认,运用统计分析法对候选目标进行目标聚类与信效度检验,确定核心目标;最后是STEAM课程目标的行为化表述,依据布鲁姆的目标分类法,将课程目标转化为可观测、可评估的行为描述。

第二步：STEAM课程目标评价的模型构建。一是提取STEAM课程的情境要素，明确目标达成的具体表现条件与应用场景；二是开发测量工具，选择符合客观性、信度、效度的测量方法；三是运用相应的方法，通过前测-后测的对比研究设计，量化评估对象的行为改变。

第三步：STEAM课程目标评价的迭代优化。首先，基于测量数据与目标值的偏离度分析进行差异诊断，定位STEAM课程实施短板，并说明原因；其次，修改STEAM课程的大纲、计划或教学设计再进行评估，通过"设计-实施-评估"的循环，持续优化课程方案；最后，由于STEAM课程水平、教育对象的不断发展，要适应其逐步提高的过程，还应建立STEAM课程目标动态调整机制，根据教育对象发展水平迭代STEAM课程内容体系。

二、STEAM课程的目标评价模式指标体系

以项目开展和问题探究为内核的STEAM教育具有批判性思维、创新思维、问题解决能力、沟通合作能力、人文精神等人才培养目标。STEAM课程目标最终指向学生学习质量的提升，以此为基础再结合各学科的课程目标，可以有效构建STEAM课程的目标评价指标体系。

（一）STEAM课程目标的确立

"课程目标"（curricular objectives）是"教育目标"的下位概念，它是具体体现在课程开发和教学设计中的教育价值，如不同学科的目标、具体教学过程的目标。[1]目前，对课程目标概念的理解，尽管理论界也存有异议，但其基本观点还是比较一致的，即普遍认为课程目标是在课程设计与开发过程中，课程本身要实现的具体要求，它期望一定阶段的学生在发展品德、智力、体质、素养等方面所达到的程度。[2]确定课程目标可以分为四步：第一，明确教育目标，落实培养目标；第二，分析教育需求，确立目标基点；第三，确定价值取向，选择目标表征形式；第四，明晰具体课程目标，形成课程目标体系。STEAM课程目标可以根据上述步骤进行梳理。

STEAM课程由科学、技术、工程、艺术和数学五门学科融合而成，因此，STEAM课程目标确立也可以参考这五门学科的课程目标。

在科学课程标准中，科学课程的总目标是培养学生的科学素养，并为他们继续学习、成为合格公民和终身发展奠定良好的基础。学生通过科学课程的学习，保持和发展对自

---

[1] 张华.论课程目标的确定[J].外国教育资料，2000(1):13-19.
[2] 张威,唐俊红.课程目标涵义之层面观[J].中国成人教育，2007(17):127-128.

然的好奇心和探究热情；了解与认知水平相适应的科学知识；体验科学探究的基本过程，培养良好的学习习惯，发展科学探究能力；发展学习能力、思维能力、实践能力和创新能力，以及用科学语言与他人交流和沟通的能力；形成尊重事实、乐于探究、与他人合作的科学态度；了解科学、技术、社会和环境的关系，具有创新意识、保护环境的意识和社会责任感。

同时，在科学课程标准中，也涉及技术与工程的课程目标。技术与工程课程的学习可以使学生有机会综合所学的各方面知识，体验科学技术对个人生活和社会发展的影响。技术与工程实践活动可以使学生体会到"做"的成功和乐趣，并养成通过"动手做"解决问题的习惯。技术与工程课程的学习，主要可以帮助学生形成以下主要概念：人们为了使生产和生活更加便利、快捷、舒适，创造了丰富多彩的人工世界；技术的核心是发明，是人们对自然的利用和改造；工程技术的关键是设计，工程是运用科学和技术进行设计、解决实际问题和制造产品的活动。其课程目标是了解技术是人类能力的延伸，技术是改变世界的力量，是人们改造周围环境的方法，技术推动着人类社会的发展和文明进程；了解工程是依据科学原理设计和制造物品、解决技术应用的难题、创造丰富多彩的人工世界的一系列活动。

艺术课程标准对课程目标的概述是学生通过音乐、美术、戏剧、舞蹈、影视等艺术领域不同学段的学习，在与生活、情感、文化、科技的联系中，逐步发展感知与体验、创造与表现、反思与评价等方面的艺术能力，提高生活情趣，形成关怀、友善、合作、分享、爱国等品质，为塑造健全人格，实现艺术能力和人文素养的综合发展奠定基础。

在数学课程标准中，其总目标是通过数学学习，学生能获得适应社会生活和进一步发展所必需的数学基础知识、基本技能、基本思想、基本活动经验；体会数学知识之间、数学与其他学科之间、数学与生活之间的联系，运用数学的思维方式进行思考，增强发现问题和提出问题的能力、分析和解决问题的能力；了解数学的价值，提高学习数学的兴趣，增强学好数学的信心，养成良好的学习习惯，具有初步的创新意识和科学态度。

（二）STEAM课程的目标评价模式指标体系的构建

基于STEAM课程的目标评价模式，立足STEAM课程的具体目标，构建STEAM课程的目标评价指标体系，具体包括"知识与能力目标""探究与方法目标""态度与情感目标"等三个维度（如表5-1）。

知识与能力目标，指学生在完成STEAM课程之后所能获得的知识和技能，包括跨学科知识体系、跨学科思维、抽象扩展思维、批判性思维、科学精神、人文精神、创新能力等方面的培养。其中，跨学科知识体系的掌握指学生能够协调学科事实、核心概念、相关技能形成学科知识网络;跨学科思维的培养指学生能够从学科整合角度分析、解决问题,实现多学科思维的融会贯通;抽象扩展思维的培养指学生能够超越知识的结构性限制,概括现象或问题的抽象特征,生成一般性结论并迁移应用至新的问题情境中;批判性思维的培养指学生能够在辩证理性和开放精神的指导下,基于事实依据对事物进行理性的分析评估;科学精神的培养指学生在进行STEAM课程学习后形成理性、质疑、探究的价值标准与行为表现;人文精神的培养指学生在进行STEAM课程学习后获得人文领域的知识能力、情感态度和价值取向;创新能力的培养指学生利用已有知识与条件,在STEAM课程的学习中进行有价值的探索并获得具有创新意义的思想观念、理论方法或产品。

探究与方法目标,指学生在学习STEAM课程中掌握的探究能力、学习方法以及其他方面的技能,包括课程学习方法、有效学习策略、团队沟通与协作、积极的课堂行为、成果展示与表达、课外资源管理等方面的技能。其中,课程学习方法的掌握是指学生有效地形成自己的学习方法探究STEAM课程;有效学习策略的运用是指学生运用学习策略进行STEAM课程学习的自我监控和自我调节;团队沟通与协作技能的形成是指学生在团队中能够与他人进行有效沟通与交流,并与他人实现良好协作;积极的课堂行为是指学生在STEAM课堂中的积极行为表现;成果展示与表达技能的形成是指学生在展示分享STEAM课程学习成果的环节能够有效表达思想、情感、想法和意图;课外资源管理是指学生在课外管理STEAM课程学习中可用资源与环境的行为。

态度与情感目标,指学生在学习STEAM课程中需要体现出的积极态度和情感,包括学习动机、学习信念、积极情绪、积极预期、归属感、价值感等态度和情感。其中,学习动机是指学生对课程活动本身的兴趣和需要,不依靠外界条件就能激发学习行为;学习信念是指学生在STEAM课程学习后形成正确、积极的学习观念与态度;积极情绪是指学生在STEAM课程学习过程中积极的情绪体验;积极预期是指学生对完成STEAM课程任务的积极预期目标;归属感是指学生在STEAM课程学习过程中自我认可以及感受到外界认可的心理;价值感是指学生在STEAM课程学习过程中体会到并重视课程的价值。

表5-1　STEAM课程的目标评价模式的指标体系

一级指标	二级指标	三级指标	指标观测点
知识与能力目标	跨学科知识体系的掌握	学生能够利用学科事实、核心概念、相关技能搭建学科知识网络	(1)理解学科核心概念与学科交叉关联概念;(2)掌握学科基本知识与原理;(3)协调陈述性知识、程序性知识等多类型知识
	跨学科思维的培养	学生能够从学科整合角度分析、解决问题,实现多学科思维的融会贯通	(1)运用多个学科领域的知识验证同一种概念的基本原理;(2)整合复杂信息,以综合整体的思维进行思考和决策

续表

一级指标	二级指标	三级指标	指标观测点
知识与能力目标	抽象扩展思维的培养	学生能够突破知识的结构性限制,概括现象或问题的抽象特征,生成一般性结论并迁移应用至新的问题情境中	(1)对问题或现象进行演绎归纳形成抽象的一般性结论;(2)迁移应用于新问题的解决
	批判性思维的培养	学生能够在辩证理性和开放精神的指导下,基于事实依据对事物进行理性的分析评估	(1)对批判性思维活动有开明公正的态度;(2)多方面收集证据,寻求对问题的全面理解;(3)关注他人的理由及观点;(4)综合评价某一事物或观点并予以修正
	科学精神的培养	学生在STEAM课程学习后形成理性、质疑、探究的价值标准与行为表现	(1)严谨的求实态度;(2)坚持不懈的探究精神;(3)独立思考,独立判断的意识
	人文精神的培养	学生在学习STEAM课程后,获得人文领域的知识能力、情感态度和价值取向	(1)关切人类生存、发展与幸福的人文情怀;(2)发现、感知、欣赏美的能力,健康向上的审美取向;(3)社会责任担当
	创新能力的培养	学生利用已有知识与条件,在STEAM课程学习中进行有价值的探索,并获得具有创新意义的思想观念、理论方法或产品	(1)勇于尝试新事物,敏于发现新问题;(2)具有开放性,能不断吸收新信息;(3)从多角度思考问题,提出新的思路方法和设计方案;(4)通过实践创造出新的实际成果
探究与方法目标	课程学习方法	学生形成自己的学习方法,探究STEAM课程	(1)理解关联:用个人生活经验理解建构知识,建立跨学科知识的联系;(2)解释分析:运用跨学科知识对真实现象或问题进行多角度解释与原因分析;(3)假设验证:提出假设并通过实践验证假设
	有效学习策略	学生运用学习策略进行STEAM课程学习的自我监控和自我调节	(1)计划策略:根据课程目标制订学习计划、预估学习结果、选择学习方法;(2)监控策略:根据课程目标及时评价、反馈认知活动的达成程度;(3)调节策略:根据认知活动结果与认知策略效果及时调整认知策略
	团队沟通与协作	学生在团队中能够与他人进行有效沟通与交流,并与他人实现良好协作	(1)认真负责的态度;(2)相互尊重、宽容的品质;(3)具备倾听、对话等基本交往技能;(4)愿意与团队成员共享信息资源
探究与方法目标	积极课堂行为	学生在STEAM课堂中的积极行为表现	(1)专注行为:不被其他事物干扰,长时间保持专注;(2)互动行为:积极与老师、同学交流互动;(3)实践行为:积极参与动手操作,努力完成学习任务
	成果展示与表达	学生在展示分享STEAM课程学习成果的环节能够有效表达思想、情感、想法和意图	(1)以语言和书面形式完整地展现任务执行过程与成果;(2)表达清晰准确,具有逻辑性与条理性
	课外资源管理	学生在课外管理STEAM学习中可用资源与环境的行为	(1)时间管理:根据课程需要,妥善处理STEAM课程与其他科目的关系,高效利用学习时间;(2)学习工具利用:善于通过网络、媒体等途径获取需要的课程所需信息;(3)社会资源利用:主动寻求教师与同伴帮助,充分利用社区、场馆等课程资源

续表

一级指标	二级指标	三级指标	指标观测点
态度与情感目标	学习动机	学习动机源于学生对课程活动本身的兴趣和需要,不依靠外界条件就能激发学习行为	(1)满足自身学习兴趣;(2)发展特定学科素养
	学习信念	学生在STEAM课程学习后形成正确、积极的学习观念与态度	(1)认可STEAM课程学习的意义与价值,愿意付出时间与努力;(2)主动学习、终身学习的意识与习惯;(3)自主学习、主动向他人学习的精神
	积极情绪	学生在STEAM课程学习过程中积极的情绪体验	(1)困惑与好奇心;(2)兴奋感与愉悦感;(3)满足感与成就感
	积极预期	学生对完成STEAM课程任务的积极预期	(1)认为能够完成课程任务;(2)努力超越课程目标
	归属感	学生在STEAM课程学习过程中,自我认可以及感受到外界认可的心理	(1)对自我能力的肯定;(2)被外界(同伴、老师、家长等)认可和欣赏的感受
	价值感	学生在STEAM课程学习过程中体会到并重视课程的价值	(1)认识到完成学习任务的重要性;(2)感受到并认可学习内容本身所传达的思想情感

STEAM课程的目标评价模式作为一种结果性的评价模式,具有一定的局限性。该评价模式及其指标体系只能衡量课程是否达到预期目标,对于在课程开展过程中的评价则存在一些不足,教育实践者在采取该模式及其指标体系进行评价时,需要结合自身需求和使用目的,尽量采取多种评价方法和模式共同进行评价,以弥补单一评价模式带来的局限与不足。

第三节　STEAM课程的CIPP评价模式

本节以斯塔弗尔比姆的CIPP评价模式为立论依据,契合STEAM课程开发背景、设计、实施、成果的全过程,构建出STEAM课程的CIPP评价模式,并在此基础上确立STEAM课程的CIPP评价模式指标体系。

一、基于CIPP评价模式的STEAM课程评价

CIPP评价模式由斯塔弗尔比姆提出,包括背景评价、输入评价、过程评价与成果评价,简称CIPP评价模式。评估的项目施测人员根据这四类综合性变量组成的系统评价模式开展各类评估项目,以期开发、发展和改进各类评估项目。

(一)CIPP评价模式的基本阐释

1965年,美国国会通过了《初等与中等教育法案》,致力于改善身体、心理、经济、种族等方面处于弱势群体或不利地位的学生的学习环境,以整体提高美国中小学教学教育质量。斯塔弗尔比姆领导的俄亥俄州立大学教育评价中心与哥伦布市公立学校签订合同,对该地区的学前教育、中小学的数学和阅读改进项目以及课后学习项目进行评估。斯塔弗尔比姆起初采用泰勒的目标评价模式,但是发现该模式并不适用《初等与中等教育法案》中所资助的相关方案,由于各州基础教育实施的实际情况不同、学生及其利益相关者的需求也不同,单一的目标评价很难关注于此。因此,他们于1966年在批判泰勒目标评价模式的基础上创立了CIPP评价模式,其又被称为决策导向型模式,该评价模式的核心概念就是背景、输入、过程和成果的评价。该评价模式具有鲜明的服务导向性,确保评估利益相关者的有效参与,澄清他们对评估的需求,获得用于设计反馈性方案和其他评价的信息,帮助指导评价的有效实施,并最终给出评价的价值和优点。因此,CIPP评价模式的主旨是提供可靠的信息,帮助评价对象定期评价和改进。因此,CIPP评价模式不主张目标达成导向,而是主张决策导向或改进导向,其基本观点是评价目的不在于证明而在于改进。通过概述四类评价的目的、功能,可将其梳理为下表5-2:

表5-2　CIPP模式四种类型评价特征

	背景评价	输入评价	过程评价	结果评价
目标	界定机构或服务的背景;确认对象及其需求;确认满足需求的可能方式;诊断需求所显示的困难;判断目标能否充分满足了已知的需求	确认和评估系统的各种能力;确认和评估选择方案的策略;确认和评估实施策略的程序设计、预算及进度	确认或预测程序设计或实施中的缺点;为计划好的决策提供信息;记录和判断依次发生的各种事件及活动	搜集对结果的描述及判断;将其与目标以及背景、输入,及过程的信息相联系;解释其价值及意义
方法	使用系统分析、调查、文献评论、听证会、晤谈、诊断测验,以及德尔菲技术	调查和分析可用的人力和物力资源,解决问题的策略,及程序设计相应的可行性和经济性;利用文献探讨、访问典型方案、建议小组,以及小型试验等方法	控制活动中的潜在障碍,并对非预期的障碍保持警觉;对方案决策获得特殊的信息;描述真实的过程;与方案工作人员不断交流,并观察他们的活动	制订可操作性的、可测量的评价结果标准;搜集与方案有关的各种人员对结果的评断;并从质与量上加以分析
在变革过程中与做决策的关系	为计划所需的变革,决定方案实施的背景、与满足需要有关的目的或使用时机,以及与解决问题有关的目标提供判断结果的基础	为组织变革活动,选择资助来源、解决问题的策略,以及程序设计,提供判断方案实施状况的基础	为有效的过程控制,实施和完善方案设计及程序;并为以后解释结果,提供大量真正过程的记录	为决定继续、终止、修正或重组变革活动,提供清晰的有关效果(预期的与非预期的、积极的与消极的)的记录

斯塔弗尔比姆认为：教育活动中所需的评价应该是广义的，不应仅仅局限于确定目标是否达成，新的评价定义应该有助于方案的管理和改进。确信评价的最大目的在于对学校管理人员、方案主持人员和学校教师提供信息，以便在必要时对方案加以修正，评价是为做决策者提供信息服务的过程。因此，斯塔弗尔比姆认为评价是指描述、获取、报告和应用关于某个方案、项目、服务或其他利益目标的优点和价值的描述性和判断性信息的系统调查过程，其目的在于指导如何做出科学决策、支持问责制、传播有效的实践经验，增进对评价对象及其涉及现象的理解。

（二）STEAM课程的CIPP评价模式构成要素

在具体评价过程中，CIPP评价模式包括背景、输入、过程、成果评价四个步骤。四个步骤即是四类评价，它们相互结合构成CIPP评价模式。STEAM课程评价的CIPP模式也包含STEAM课程背景评价、STEAM课程输入评价、STEAM课程实施评价、STEAM课程结果评价。

1. STEAM课程背景评价

STEAM课程背景评价是指在确定的背景中评估STEAM课程开发者及实施者的需求、存在的问题、现有的条件和机会。"需求"包括为实现正当目的所必需或有用的东西；"问题"是在满足和继续满足目标"需求"方面所需要克服的障碍；"条件"包括当地可利用的帮助实现STEAM教育理念目标的专业知识和服务；"机会"尤其包括资助项目，这些项目可以用来支持满足需求和解决相关问题的努力。STEAM课程背景评价可用于描述评价STEAM课程实施前可能出现的各类现实可能；确定评价服务的预期受益人并评估其需求；确定满足需求的问题或障碍；确定可用于满足目标需求的地区资产和资源利用机会；评估教学计划的明确性和其他适当性。在STEAM课程评价体系中，背景评价就是要在全面描述、分析评价STEAM课程的前提下，探究STEAM课程的教育教学方法、手段和预期的目标是否与STEAM教育理念相吻合，是否与STEAM课程的需求相吻合，以及如何合理有效利用现有的教育教学资源满足或者解决评价对象的需求，从而促进STEAM课程建设。可见，STEAM课程背景评价属于诊断性评价。

2. STEAM课程输入评价

STEAM课程输入评价通过对预期STEAM课程目标所需要的问题、条件和机会进行搜索和批判性地检查，以确定所选课程的优缺点，并判断STEAM课程实施中的可行性和有效性，从而最终改善对预期STEAM教育理念实现的评价。STEAM课程输入评价包含以下几个阶段，这些阶段并无固定的顺序：首先审查满足STEAM教育理念和STEAM课程特定目标实践状态的信息；接着将使用STEAM教育理念来评价课程是否存在潜在可行性的解决方案策略；如果结论是否定的，则建议STEAM课程决策者寻求新的课程实施方案。在寻求创新方案时，评价人员根据STEAM教育理念对课程进行评级。随后，评价人员会对各类潜在可行性STEAM课程方案进行排序，并建议STEAM课程实施主体"如何将其最佳特点结合起来。"这一步骤主要回答"(1)采用了何种计划、程序和预算来满足这些需要，其实现目标的可能性有多大？(2)考虑过哪些备择方案？(3)为什么选择此方案而不选择其它方案？(4)所选方案的合理性、合法性、道德性程度有多大？(5)它潜在的成功程度如何？(6)预算资金能在多大程度上满足评定的需要？(7)各种人员的利用以及对外界资源的需要等"[1]。在STEAM课程评价中，输入评价主要是指对预期的STEAM教育理念的需求、问题、条件和机会的评价，如实施STEAM课程评价时所使用的经费、仪器设备、课程软件等进行的诊断性评价。

3. STEAM课程实施评价

STEAM课程实施评价本质上是对STEAM课程评价实施执行情况的检查。STEAM课程评价本身包括STEAM课程实施执行情况的过程记录及存在的程序问题甚至是变更，从而实现反馈的目的。STEAM课程实施评价一方面向有关人员提供反馈信息，即STEAM课程实施方案是否按STEAM教育理念有效执行。另一方面是帮助STEAM课程开发人员发现课程方案实施过程中存在的问题，并及时在STEAM课程方案的执行中做出纠正。STEAM课程实施评价的关注点在于STEAM课程方案实施的程序；STEAM课程本身及实施过程中的调整；记录STEAM课程实施过程。STEAM课程实施评价运用于教育教学中，主要是对STEAM课程实施动态性评价，发现并解决STEAM教育过程中存在的各种问题，并及时反馈给教育行动执行者和计划者，据此进一步完善和调整该行动的动态过程。因此，STEAM课程实施评价属于形成性评价。

4. STEAM课程结果评价

STEAM课程结果评价是衡量、解释和判断STEAM课程实施的结果，以及该结果是否满足STEAM教育理念与STEAM课程目标的达成度，即确定多大程度上满足了所有受益人的利益需要的一种评价方式。STEAM课程结果评价关注评价观察到的是否符合预期的成果；如何看待STEAM课程目标的价值和优点；STEAM课程目标达成的结果是否满足方案预期对象需要的程度等。STEAM课程结果评价是指对STEAM教育目标达成度的评价。"例如，对学生的主动参与、学习成绩、学生对所在教育机构综合质量是否满意等方面的评价，属于结果性评价。"[2]

---

[1] 肖远军.CIPP教育评价模式探析[J].教育科学,2003(3):42-45.
[2] 陈雅川,孙蔷蔷.基于CIPP评价模型的学前教育指标体系研究[J].比较教育研究,2019(5):98-105.

四类评价存在着一定的关联性。STEAM课程背景评价是在了解评价对象整体状况的基础上,考虑STEAM课程的需求、问题、条件和机会,从而提出需要改进的策略;STEAM课程输入评价是在STEAM课程背景评价的基础上,具体分析评估STEAM课程方案实施的需求、条件和方案;STEAM课程实施评价是对STEAM课程方案实施过程中出现的问题向相关人员进行反馈;STEAM课程成果评价是利用所收集的信息,全面分析、衡量各种STEAM课程方案的实施效果。可以看出CIPP评价模式运用于STEAM课程评价中,不是以具体的教学目标来评价,而是为如何改进教学、提升教学质量进行评价。

(三)STEAM课程的CIPP评价模式实施流程

STEAM课程的CIPP评价模式将STEAM课程评价视为一项系统性的工具,用于决策时收集或提供有价值的信息,从而改进STEAM课程,使其充分彰显STEAM教育理念,更具可行性和科学性。为了更加清晰地理解STEAM课程的CIPP评价模式,重新审视CIPP评价模式,斯塔弗尔比姆将CIPP评价模式视作一种改进系统的策略,详细地列出了评价操作者为决策者提供有价值信息服务的实施操作流程图,见图5-1。

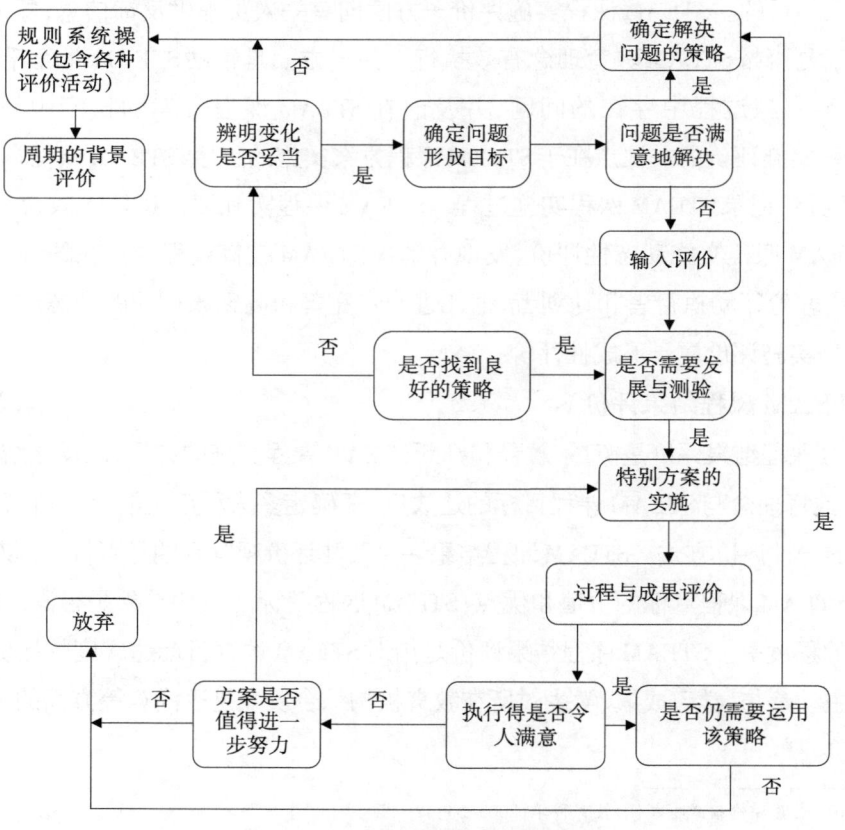

图5-1　CIPP评价模式实施流程图

从图5-1的左上角开始，CIPP评价模式认为学校或其他教育机构的日常运行包含了各种评价活动（即图5-1的"规则系统操作"），机构在进行各种教育评价活动时离不开周期性的背景评价（即"周期的背景评价"）。

在STEAM课程背景评价中，主要确定STEAM课程开发者及STEAM课程实施者的需求，评判或诊断满足其需求所面临的问题或困难；分析研判其满足需求所具备的资源与机会等，按照斯塔弗尔比姆的观点，背景评价的原动力或许来自机构内部有规律的"机构状态"的评定——需要评定，也许来自对机构工作的某些不满的方面所作出的反应。STEAM课程背景评价作为诊断性评价，有助于STEAM课程实施主体或STEAM课程开发者是否根据评价收集的信息进行改进（即"辨明变化是否妥当"），如果不进行改进，那么STEAM课程开发者将继续按照既定的方案推进；如果做出了改进的决定，那么STEAM课程实施者在确定机构需要的基础上，与STEAM课程开发者共同确定需要解决的问题并明确目标（即"确定问题、形成目标"）。接下来，考虑提出的解决策略是否可以解决问题（即"问题是否满意地解决"），如果可以解决，那么就来到"确定解决问题的策略"环节，从而按照"规则系统操作"。如果不能解决则要进行"输入评价"。

在"输入评价"中，针对STEAM课程开发者和实施者的需求及其面临的问题，以及其拥有的资源条件和机会，假定问题解决的策略，根据STEAM课程背景评价环节收集到的信息进行可行性与科学性研判，并提出良好策略的建议。STEAM课程输入评价之后就是需要确定"是否找到良好的策略"，若是否定性结论，那么需要重新回到"辨明变化是否妥当"环节，重新考虑改进是否需要；如果是肯定性结论，那么STEAM课程评价人员确定是否需要通过测验确定下来（即"是否需要发展与测验"），如果需要进一步测试，就要进入"特别方案的实施"，即斯塔弗尔比姆所强调的"现场测试"。该测试属于"过程与成果评价"。

在STEAM课程实施评价或STEAM课程结果评价阶段，主要是评判"执行的是否令人满意"，如果满意需要确定"是否仍需要运用该策略"，如果依然是肯定性答案，则可以"确定解决问题的策略"，从而来到"规则系统操作"的常规阶段。但如果是否定性结论，那么该策略就要被"放弃"，同样的执行得不令人满意，也会进入到"方案是否值得进一步努力"环节，若否，则要放弃，如果是就要重新来到测试环节，进入新一轮的过程与成果评价环节中。在这里需要做说明的是，执行得不令人满意的状况有两种：其一是STEAM课程实施的成本过高，在斯塔弗尔比姆看来，这是不值得继续进一步去努力的，因为机构所做的决策通常是在资助经费的基础上所做的；其二是STEAM课程开发者和实施者的背景条件在实施评价过程中发生了很大变化，即便执行的STEAM课程方案令人满意并取得了成功，但是STEAM课程开发者和实施者结合当时的背景条件认为不需要继续推进先前所预期的变革了,在这种情况下也会终止。

二、STEAM课程的CIPP评价模式指标体系

(一)CIPP评价模式适切STEAM课程评价

CIPP评价模式作为决策导向的评价模式,强调将课程评价视作改进课程实施的手段,具有鲜明的决策型、形成型和改进型功能。该评价模式广泛应用于学校教育发展过程中,供教育政策决策者、学校校长、教师等使用,并显示出其较强的适切性。同样,CIPP评价模式适切于STEAM课程评价。

1. CIPP评价模式的决策特性适切STEAM课程评价目标的达成多样性

STEAM课程在设计理念方面将STEAM课程定位于培养创新型人才,目前已被多个国家列入教育改革发展的战略目标,如美国将培养创新型人才列入基础教育阶段国家教育改革发展战略。STEAM课程通过融合不同学科课程的教育教学实践,引导学生在课程实施中创设真实问题情境,打破传统单一学科的壁垒、摆脱固定思维的束缚,在教育信息化手段的辅助下实现有效学习,从而培养他们解决真实问题的能力与创新创造能力。虽然STEAM课程是通过整合多学科知识实现促进学生批判性思维与创新能力的发展,但是STEAM课程由于贯通基础教育阶段,在课程实施中注重多元主体的共同参与,STEAM课程评价关于创新型人才培养的定位会因课程评价主体、创设问题情境以及处于不断发展状态中的学生而出现不同。因此,从这个意义上看,STEAM课程评价在其课程目标中关注的创新型人才培养的标准不是唯一确定的。这需要在课程评价过程中适时调整课程目标,以适应发展中的学生。对此,CIPP评价模式摒弃泰勒的目标导向,转向评价的决策导向,能够很好地回应并解决上述问题,为课程设计者与实施者改进STEAM课程设计与实施提供了重要依据。在斯塔弗尔比姆看来,"评价不应局限在评定目标达到的程度,而应该是为课程决策提供有用信息的过程。因而他强调,重要的是为课程决策提供评价材料[1]"。

2. CIPP评价模式的形成特性适切STEAM课程评价的目标过程适配性

CIPP评价模式中的过程评价,属于形成性评价,即在教育教学过程中,采用及时反馈的方式有针对性地进行修正。而成果评价,通过测量、解释和评判课程实施的效果,收集与成果相关的信息,并把这些信息与背景、输入、过程评价中的信息联系起来,从而最

---

[1] 施良方.课程理论——课程的基础、原理与问题[M].北京:教育科学出版社,1996:157.

终对其做出判断与解释。成果评价并不完全属于终结性评价,"在斯塔弗尔比姆看来,成果评价仍然是质量控制的一种手段,而不只是最终的鉴定。"[1]过程评价用于指导课程评价的实施,成果评价则是在背景、输入和过程评价的基础上,为进一步的改进提供的新一轮循环服务。STEAM课程因其注重"在做中学",强调基于项目与问题创设情境的特性,在课程实施过程中根据其培养学生创新思维与创造力的课程目标,不断地调适创设的情境、实施的项目与聚焦的问题。这些构成了STEAM课程评价关注的重点,在评价的操作流程中与CIPP评价模式相匹配。具体概述二者的契合点如下:STEAM课程评价为体现STEAM教育理念,在课程实施过程中需要关注"教师怎样分配资源,怎样改变教材实现学科融合,怎样获得并维持多方支持,怎么使用教学工具"等问题,突出课程设计与实施是基于学生客观真实的情境创设与生成,围绕课程目标不断调适课程的实施的理念。简而言之,即在STEAM课程评价中强调有关创设的课程实施活动是否按照STEAM课程计划及既定课程目标有效实施,调适的关注点在于课程实施过程是否采用相对有效的方式整合、利用相关资源等。

3. CIPP评价模式的改进功能适切STEAM课程评价的决策服务性目的

传统的教育评价侧重于评价的诊断性和终结性功能,而CIPP评价模式更加关注评价的形成性和改进性功能,通过评价为决策服务。CIPP评价模式的基本观点是评价不是为了证明而是为了改进,并把评价视作决策改进服务的一种工具,有助于使方案更有效地为方案使用者服务。正如斯塔弗尔比姆所言"使用CIPP模式是为了促进发展,帮助机构里一些认真负责的领导和工作人员系统地获得和使用反馈信息,以便满足对他们说来是很重要的那些需要,或至少能使他们尽可能利用那些可资利用的资源"[2]。当前我国基础教育阶段为实现教育质量的全面提升,培养学生的实践能力与创新精神,STEAM课程评价在课程设计理念上,评判其是否具有鲜明的STEAM教育理念特征,在课程实施环节关注其是否注重过程性,在课程效果方面尤为关注通过对课程设计、课程实施环节的评价而收集获取的信息,从而为新一轮STEAM课程方案改进提供新的决策。显而易见,STEAM课程评价对课程设计、课程实施及其效果的评价过程契合CIPP评价模式的背景、输入、过程与成果的四个评价阶段。此外,需要说明的是CIPP评价模式集中于持续不断地为机构决策者提供评价,而非针对个别学习行为的学习者,这同样适用于STEAM课程的改进服务是针对课程决策机构的特点。CIPP评价模式对STEAM课程进行可行性和科学性评价提供了必要的借鉴。

---

[1] 施良方.课程理论——课程的基础、原理与问题[M].北京:教育科学出版社,1996:158.
[2] 瞿葆奎.教育评价[M].北京:人民教育出版社,1989:298.

(二)STEAM课程的CIPP评价模式指标体系的构建

STEAM课程的CIPP评价指标体系是指与CIPP评价模式的背景评价、输入评价、过程评价和成果评价四个评价要素相匹配,在CIPP评价模式的框架下,由师生多元共同主体参与、基于项目或问题的STEAM课程开发的四个环节——STEAM课程背景、STEAM课程设计、STEAM课程实施与STEAM课程效果的价值判断过程。

STEAM课程的CIPP评价指标体系包括背景评价、输入评价、过程评价与成果评价,注重体现STEAM教育理念,由STEAM课程背景评价、STEAM课程设计评价、STEAM课程实施评价和STEAM课程效果评价四个一级指标,中小学校、教师、学生等十二个二级指标以及四十个三级指标构成,见表5-3。

表5-3 STEAM课程的CIPP评价模式的指标体系

一级指标	二级指标	三级指标
STEAM课程背景评价(背景评价)	中小学校	所在区域STEAM教育实施现状
		决策者理解、认同STEAM教育理念
		推进实施STEAM课程的现实需求
		学校具备实施STEAM课程所具备的教学资源条件
		学校开设有支持STEAM课程开设要求的相关课程
	教师	教师认同、理解STEAM教育理念
		教师具备较强多学科的专业基础知识
		教师具有STEAM课程的教学能力
	学生	学生对课程具有较高的学习兴趣
		学生家长对STEAM教育的接受程度
STEAM课程设计评价(输入评价)	课程目标	符合国家基础教育课程标准
		体现STEAM教育理念
		表述完整、清晰、准确,具备评价的可操作性
	课程内容	遵循学生的身心发展规律,符合学生认知阶段特征
		课程内容融合多学科知识、贴近学生生活经验
		教材编写结构合理、逻辑清晰
STEAM课程设计评价(输入评价)	教学组织与设计	教学组织与教学设计可培养学生创新精神、实践能力
		围绕真实问题进行教学设计并组织教学
		教学设计能融合多学科知识
		教学组织与设计要素完整、结构清晰
		教学方法以学生为中心,教学重、难点突出
STEAM课程实施评价(过程评价)	教师教学	教师教态自然、亲切;语言准确、清晰、生动、直观
		教学设施设备恰当运用、操作娴熟
		具备较强的教学组织与设计能力
		教师积极回应学生反馈,并在反馈时注意学生个性化差异
		教师教学方法促进学生创新意识和实践能力的发展

续表

一级指标	二级指标	三级指标
STEAM课程实施评价(过程评价)	学生学习	学生参与学习的热情高
		学生学习形式多样,注重小组合作学习
		学生在学习过程中获得社区、家长的支持力度
	课堂教学氛围	课堂秩序井然、氛围热烈、民主、和谐
		课堂互动有深度,师生、生生互动频繁
STEAM课程效果评价(成果评价)	学生成长	学生学习兴趣有较大提高
		学生知识积累有一定提高
		学生问题探究意识和能力、创新思维和实践能力、团队协作能力有所发展
	教师发展	教师对STEAM教育理念有更深入的理解
		教师具备开发STEAM课程的意识与基础能力
		教学组织与教学反思能力得到提升
	学校改革	培养创新型人才及其教学成果获奖
		凝练人才培养特色
		所在区域传播STEAM教育理念

　　STEAM课程背景评价,也就是CIPP评价模式中的背景评价,主要基于中小学STEAM课程开设的背景实施评价,即通过关注中小学校、教师和学生对STEAM教育理念的了解与认同,及其实施STEAM课程的相关条件进行诊断性评价。其中针对中小学校,主要通过观测"所在区域实施STEAM教育的现状"来评判STEAM课程在基础教育阶段推行的社会基础;通过观测"推进实施STEAM课程的现实需求"来分析STEAM课程实施的现实需求点;然后又从STEAM课程开设的主观认识、物质条件、课程建设等方面评价中小学推进STEAM课程的相关背景。针对二级指标中的教师,主要从教师的主观认识、知识储备以及教学能力来分析;针对学生主要是围绕着学生的学习兴趣来分析,同时又延展至学生家长的主观认识,从观测学生家长的主观认识程度同样也能评价STEAM课程推进的社会基础。

　　STEAM课程设计评价,即CIPP评价模式的输入评价,主要围绕着STEAM课程目标、STEAM课程内容、STEAM课程教学组织与设计三个二级指标展开。首先,在STEAM课程目标设计评价中,主要是关注STEAM课程目标是否符合国家基础教育阶段的课程标准,能否体现STEAM教育理念,在表述中是否完整,在评价过程中是否具备可操作性。其次,在STEAM课程内容评价中,评价的关注点在于课程内容的选择是否遵循适龄学生的身心发展规律,并有助于为开展基于项目或问题的学习(PBL)提供决策服务;同时STEAM课程内容评价还关注内容本身是否融合了多学科知识,是否贴近了学生生活经验,上述评价的观测点都在评判课程内容是否体现STEAM教育理念;STEAM课程内容具体体现在教材编写方面,还要关注其是否结构合理、逻辑清晰。最后,在STEAM课程教学组织与设计评价中,首要的还是从教育理念方面评价教学组织与设计是否有助于培养学生的创新精神与实践能力;在具体设计与组织环节中还要关注其是否恰当融合多学科知识、是否能够围绕真实问题开展教学;STEAM课程教学设计中的教学方法设计需要围绕学生,以学生为中心选取适切的教学方法。

  STEAM课程实施评价,即CIPP评价模式中的过程评价,也是STEAM课程评价指标体系中的关键环节。STEAM课程实施评价涵盖了STEAM课程实施的主体及过程,包括教师教学、学生学习和课堂教学氛围三个二级指标。首先,在教师教学评价中,关注教师的教态是否自然、亲切;教师的语言是否准确、清晰,尤其是教师的教学能否体现直观性原则,做到教学语言贴近生活;此外,还要关注教师是否具备基本的STEAM教学能力,尤其是其是否熟练、恰当地运用教学设施设备,同时还要关注教师能否在教学中做到以学生为中心,是否及时关注学生的个性化发展,是否注重促进学生创新意识和实践能力的发展。第二,在学生学习评价中,围绕着"学生参与学习的热情高;学生学习形式多样,注重小组合作学习;学生在学习过程中能够获得社区、家长的支持力度"来实施评价。最后,在课堂教学氛围评价中,既要注重评价课堂教学的形式,又要注重关注课堂教学氛围中的实质,即通过关注课堂秩序是否井然、课堂氛围是否热烈、民主来评判STEAM课程实施过程的外在评价,还要通过分析课堂互动是否有深度,师生、生生互动是否频繁来评价STEAM课程实施过程的实质效果。也为最后的STEAM课程效果评价奠定基础。

  STEAM课程效果评价,即CIPP评价模式的成果评价,也是整个评价指标体系中最具决策导向价值的评价,是对整个STEAM课程评价实施过程的形成性评价和取得成果的终结性评价,评价的结果将服务于STEAM课程的改进,同时也为中小学校及相关的教育行政主管部门提供政策依据。在该评价环节中,主要包括了学生成长、教师发展与学校改革三个二级指标。首先,在学生成长评价中,定位于围绕着学生的动态性发展来实施评价,主要是围绕着学生学习兴趣是否有较大提高、学生知识积累是否有一定增加、学生问题探究意识和能力、学生创新思维和实践能力、学生团队协作能力是否有所发展实施评价。其次,在教师发展评价中,主要围绕着教师对STEAM教育理念是否有更深入的理解、教师是否具备开发STEAM课程的意识与基础能力、教学组织与教学反思能力是否获得提升来展开。最后,在学校改革评价中,主要定位在STEAM课程是否有助于学校的改革发展,由表及里地集中在关注于学校实施STEAM课程是否培养创新型人才,是否获得了STEAM教学的认可;此外STEAM课程是否有助于学校凝练人才培养特色,是否有助于在所在区域传播STEAM教育理念,这体现得更多的是实施STEAM课程为所在学校及区域带来的社会效益。

第六章

STEAM 课程评价的应用

STEAM课程评价的目的是为了改进、完善和发展STEAM课程,因此,STEAM课程评价过程实质上就是评价者依据评价标准,发现问题、解释问题和解决问题的过程,在此过程中不断加深对STEAM课程问题的认识,形成关于STEAM课程开发的新思想、积累新的课程经验。第五章基于目标评价模式和CIPP评价模式分别构建了STEAM课程的目标评价模式指标体系和STEAM课程的CIPP评价模式指标体系。由于STEAM课程的CIPP评价模式指标体系中的课程背景评价在逻辑上对STEAM课程的目标评价模式体系具有逻辑的包含关系,因此,除了第一节以外,其他三节都主要运用STEAM课程的CIPP评价模式指标体系对公开发表的部分优秀STEAM课程开发案例进行评价应用,进而于总结STEAM课程开发的成功经验,发现需要进一步完善改进的问题,为其他STEAM课程开发者提供借鉴经验。需要说明的是,由于本章所选用的案例均为公开发表的优秀STEAM课程案例,所以本章的评价将着眼于评价分析STEAM课程背景与课程设计。

第一节 "皮影戏工作坊"STEAM课程设计与评价

一、"皮影戏工作坊"STEAM课程的设计

(一)"皮影戏工作坊"STEAM课程的目标分析

为了使课程利于解读和实施,设计更加条理清晰,确定课程采用项目式教学的方法展开教学实践。

1. 总体目标

"皮影戏"课程严格依据《普通高中美术课程标准(2017年版2020年修订)》,有机融入STEAM跨学科教育理念,通过消解传统学科边界构建多维整合的课程体系。为确保学生有效适应项目化学习模式,教学设计采取"文化认知奠基—实践能力迁移"的递进路径:教师首先依托人教版高中美术教材《美术鉴赏》第九课《美在民间——中国民间美术》进行系统教学,引导学生全面认知民间美术的多元形态、历史脉络、文化价值及艺术特质,深化对传统文化保护与创新使命的理解;继而聚焦湖北皮影戏传承的现存挑战,创设情境化工作坊项目,组织学生探究皮影戏的艺术流派、表演范式与制作工艺,通过小组协作完成主题

构思、剧本创作、角色设计及皮影制作,在反复调试与创意优化中融合传统技法与现代思维,最终以完整剧目展演实现成果输出,完成从理论学习到艺术实践的全链条学习闭环。

本项目在完整实施周期内,始终贯穿多维能力培养目标:通过系统性训练"发现问题、提出问题、分析问题、提供问题解决方案及判断方案可行性、解决问题的能力"的全流程问题解决路径,潜移默化地塑造工程思维与科学探究能力。在实践层面上,着重引导学习者建立跨学科知识迁移机制,培养运用复合型知识技能应对现实挑战的思维习惯,特别强化在多元化复杂场景中,对关键信息的结构化梳理与精准捕捉能力。在团队协作环节上,通过分组攻克阶梯式技术难题的实操过程,有助于养成协作意识,形成克服困难、持之以恒的态度和精益求精的工匠精神。成果展示阶段创新性采用登台秀的方式,依托多维评价体系(含作品展示、口头交流、完成评价量规),使学习者在知识可视化的过程中显著提升自我认同感,在跨领域经验共享中拓宽认知边界,初步养成职业规划意识,最终实现知识习得、能力进阶与职业启蒙的立体化教育成效。

2. 融合STEAM素养的教学培养目标

(1)学科知识与技能。

学习民间美术的基本概念、常见类型和艺术特色,提升艺术审美能力;了解皮影戏的历史发展、传承方式和完整制作过程,重点掌握皮影人物独特的造型特点(艺术素养)。讨论发现皮影戏在现代传承中遇到的困难,用多学科知识设计解决方案,培养科学思维和工程应用能力(科学素养和工程素养)。合作完成从剧本创作、角色设计到皮影雕刻、组装的全流程制作,锻炼艺术创作和手工制作技能;学习添加背景音乐和音效,用摄像机记录完整的皮影戏表演,并展示创作成果,综合运用艺术表现力和技术实践能力(艺术素养和技术素养)。

(2)教学方法与学生实施过程。

通过调研和资料收集,深入了解传统皮影戏的制作方法,总结出皮影戏当前面临的实际困难,并运用科学思维提出切实可行的解决办法(科学素养)。采用项目式学习方法,根据学生们提出的问题及解决方案,选取其中典型并且可操作的问题;邀请皮影戏工作坊艺人现场示范教学,指导学生在原有皮影造型基础上进行创新改进,既保证艺术美感,又考虑实际操作可行性(艺术素养和工程素养)。集体讨论确定表演方案,最终在舞台会演中完整呈现改良后的皮影戏,既展现了传统技艺的新面貌,又锻炼了实际动手能力和团队协作能力(艺术素养和技术素养)。

(3)文化理解与价值观。

通过理论与实践相结合的方式,帮助学生全面认识民间美术,学习民间美术的不同类别、发展历史、文化内涵和独特美感,培养对传统文化的热爱和保护意识,同时学会用创新的眼光看待传统艺术(艺术素养)。在动手实践环节时,将科学知识融入每个制作步骤,学会用科学方法解决实际问题;通过反复尝试和改进作品,培养不怕困难、坚持到底的做事态度以及追求完美的工匠精神,在小组合作中学习科学分工和管理方法,提高团队协作效率(科学素养)。在整个学习过程中,逐步建立工程思维模式,养成主动探究的习惯,学会综合运用多学科知识解决生活中的实际问题,又训练了在复杂情况下快速找到关键信息的能力(工程素养、艺术素养等)。

(二)"皮影戏工作坊"STEAM课程的方案编订

1. 融入STEAM教育理念的教学思路

本课程以人教版高中美术教材《美术鉴赏》第九课《美在民间——中国民间美术》为理论基础,开展"皮影戏工作坊"主题教学活动。课程目标是培养学生的动手实践能力和创新应用能力,同时增强保护非物质文化遗产的意识,学会将不同学科知识融会贯通。考虑到高一学生已经具备基本的美术欣赏能力,能够开展相关的美术鉴赏学习,课程采用任务驱动的教学方式,帮助学生把已经掌握的知识运用到实践中。由于每周只有一节美术课,故对课时安排进行了灵活调整,设计了多种教学方案,以适应本地美术教育的实际情况。在具体教学安排上,重点把握以下几个方面:

(1)设置具有留白环节的课程内容。

PBL(项目式学习)课程的实施需要分步骤、分层次推进,对教师的教学能力提出了较高要求。在开展"皮影戏工作坊"主题教学时,采用"项目单元"的教学方式。教师不仅要传授知识,更要扮演"学习引导者"的角色,通过设置具体问题来推动教学进程。具体来说,基于学科采用问题驱动的方式,在问题和建立项目之间展开教学和学生的学习活动,并以工作坊的模式进行制作和创新皮影,完成教学活动。

在整个课程的三阶段教学中,只有在第一阶段《美在民间——中国民间艺术》中采用常规的讲课方式,其他环节都采用新的教学方法。在这些环节中,教师不再站在讲台上讲课,而是融入学生的实践活动中,主要扮演协助者的角色。这种教学方式特别设计了一些"留白环节",也就是不直接告诉学生完整的解决方案,而是留下一些需要思考和探索的空间。通过填补这些知识空白,一步步完善自己的方案,最终完成整个皮影戏创新项目。在这个过程中,教师的作用是引导学生自己发现问题、解决问题,而不是直接给出答案。

经过多次尝试和调整,教师决定把问题交给学生来发现和解决,让他们主动提出实际问题,并尝试找到可行的解决方案。这种"留白"的教学方式能激发学生解决问题的兴趣,促使他们寻找最佳方案。比如在第一阶段,设置的问题是,"为什么皮影戏越来越不受欢迎?该怎么解决这个问题?"学生列出了很多原因和解决办法,但大多是从社会角度分析的，还不够全面系统。教师希望通过这个"留白"问题引导学生思考两个关键点：第一，皮影戏缺乏创新，没有运用现代科技和机械原理来改进表演方式，导致跟不上时代发展，不符合现代人的审美；第二，皮影戏没有融入流行元素，难以引起年轻人的兴趣，逐渐被时代淘汰。由于和流行文化脱节，皮影戏很难获得大众喜爱。为了让学生更集中地思考问题，教师把研究范围缩小到"湖北皮影戏"。学生需要重点了解湖北皮影戏的造型特点、制作工艺和表演方式。这样，在分析第一阶段的问题时，就能更容易发现具体的技术难题，从而提出更有针对性的创新方案，使解决方案更加深入和可行。

"留白"问题的出现并不是按照固定顺序来的，也不像项目目标那样完成一个就解决一个。这些问题是相互关联的，可能在解决一个问题的过程中又发现新的问题。比如在第二阶段，有个小组在编写皮影戏剧本时遇到了难题：传统皮影戏的剧本比较固定，角色单一，内容大多是老故事，不够有趣。他们决定根据自己小组的条件来改编剧本。在修改剧本的过程中，他们又发现新的问题：演出时间太长，表演的学生容易疲劳。刚开始，他们打算通过删减剧情和简化动作来解决。后来在教师的指导下，他们想到可以设计一个操作皮影的装置，用机械代替人手操作简单的角色。这样，在解决剧本问题的过程中，又发现了表演方式的问题，两个"留白"问题相互联系，形成了"发现问题—尝试解决—制订方案—解决问题"的完整过程。

（2）整合具有"通道"作用的学习资源。

在皮影戏工作坊课程中，学习资源的选择和使用非常关键。对学生来说，皮影戏是一个全新的学习领域。虽然很多同学是湖北本地人，但调查显示大家对这项传统艺术并不了解。而且皮影戏作为非物质文化遗产，目前发展得并不太好，可供参考的资料也比较有限。在准备课程材料时发现，如果按照传统的教学方式，要么教师单纯讲解，要么学生直接动手制作，很容易导致两个问题：一是做出来的皮影千篇一律，缺乏创意；二是学生只学会了制作皮影的技巧，没有真正理解这门艺术的价值。如果只是这样，用这么多课时来学习皮影戏的意义有限。

在收集课程资料的过程中，通过多方面询问有幸拜访到国家级非物质文化遗产项目皮影戏（云梦皮影戏）代表性传承人秦礼刚，他不仅分享了宝贵的皮影戏资料，还亲自传授了很多制作经验，为本课程提供了重要的资源支持。在这个过程中确定了其教学形式：采用工作坊的方式，通过项目式学习来开展皮影戏课程，让学生在动手实践中学习，更好地理解和传承这门传统艺术。

结合课本知识和校外资源，采用工作坊的形式开展教学，首先集体学习民间美术的基础知识，掌握课程要求的基本技能。通过学习皮影的造型特点和制作过程，对皮影戏有全面的了解。然后进行项目分组，各小组围绕皮影戏面临的主要问题和可能遇到的困难展开讨论。学生需要自己查找资料,参考项目评估表,制订可行的解决方案。在这个过程中,要使用学习任务单记录学习内容,填写工作日志跟踪进度,最终完成问题的解决。

在和学生分享这些学习资料的过程中,这些资料就像一条"知识通道",贯穿整个项目的始终。它们不仅为接下来的项目开展提供了基础,还帮助学生收集和整理了需要的材料。通过这条"通道",学生可以从不同渠道获取需要的内容,并把学到的知识系统地组织起来,为完成项目做好准备。

(3)展开具有"进阶"效果的教学活动。

首先,学生要学习人教版高中美术教材《美术鉴赏》第九课《美在民间——中国民间美术》的内容,掌握民间美术的基本知识和欣赏方法。同时初步了解皮影戏的不同种类和发展历史,重点认识湖北皮影戏的特色。这个阶段是学生"发现问题、了解制约因素"的过程,也是大量吸收知识、形成初步概念的阶段。在这个过程中,教师会在适当的时候给学生展示事先准备好的评估表,上面清楚地写着作品要求和限制条件。通过阅读这个表格,学生知道最终要完成一部皮影戏表演,但具体怎么编剧本、怎么做皮影还不清楚。他们需要组建一个项目小组,组里要有不同特长的同学,比如有的擅长画画,有的擅长写作,有的动手能力强。这样项目设计的准备工作就完成了。

在这个过程中,学生会发现湖北皮影戏不受欢迎、不被大众了解的原因。他们可以找出自己感兴趣的问题,提出各种疑问。不过,并不是所有问题都能解决。教师需要引导同学们选择那些既有学习价值又容易操作的问题进行研究。只有解决了这些问题,项目才能继续推进。这就是教师给学生设计的"开放式任务"。当学生通过头脑风暴形成"初步概念"时,其实已经进入项目的下一个阶段:运用各科知识来解决问题。教师会给学生提供"工作日志",用来记录自学到的知识,并检查学习效果。通过讨论和深入研究,学生会进一步学习皮影的制作方法。

其次,由于学生没有接触过传统皮影制作,对老艺人手工制作的皮影不太了解,所以教师以工作坊的形式在美术教室中开展活动,让各项目小组边学边做。在制作过程中,学生会特别注意之前讨论过的那些影响皮影戏发展的问题,在小组内交流想法,提出创新建议。教师要求学生在每个学习阶段都要更新小组的工作记录,写下解决问题的方案,并配上设计草图。整个项目不断改进和完善,会让学生的创意和动手能力得到持续锻炼,对于他们创意实践能力的培养也是一个"进阶"的过程。教师还会适时邀请皮影戏艺人现场指导,或者通过视频连线的方式提供专业建议,让学生在感受专业技艺的基础上开展创作,充分发挥工作坊教学模式的优势。

最后,学生不断测试和改进制作的皮影,为正式演出做好准备。动手能力强的学生可以负责设计演出海报,其他学生则一起商量表演方式、舞台效果等细节。在这个过程中,学生的团队合作和沟通能力得到了很好的锻炼。最终学生用PPT展示整个项目的完成过程，包括遇到的问题、解决的方法，以及在项目中的收获和感想，通过这种方式对整个皮影戏项目进行总结和分享。

2. 课程内容设计

"皮影戏工作坊"STEAM课程采用PBL项目式教学模式和STEAM-SOS模式开展教学活动，分三个循序渐进的学习阶段开展。每个阶段之间紧密联系，学生需要完成前一阶段的任务才能进入下一阶段。具体安排如下。

第一阶段：学习中国民间美术知识，了解皮影戏的历史和文化，开始设计项目方案。

第二阶段：学习传统皮影的制作方法，分析传统皮影的特点，完善项目设计，尝试创作新的皮影戏。

第三阶段：设计皮影角色造型，搭建表演舞台，进行皮影戏演出和交流，设计演出宣传方案。

按照课程安排，除了第一节课《美在民间——中国民间美术》外，教师每节课都会准备多媒体课件。这些课件包含了相关的图片和视频资料，方便学生学习。在前两个阶段的学习中，教师会逐步教学生怎么写项目计划书。教师会在合适的时候给学生展示项目评分标准和评价表，帮助学生了解具体要求。如果发现学生在项目进行中缺少某些知识或技能，教师也会及时补充讲解，确保项目顺利进行。

（三）"皮影戏工作坊"STEAM课程的教学实施方法

1. 教学计划

（1）课时安排。

"皮影戏工作坊"STEAM课程一共设计了16个课时。具体如表6-1所示。

表6-1 课时计划表

项目阶段	课程内容		课时安排
第一阶段活动	学习《美在民间——中国民间美术》		1课时
	民间艺术——皮影戏	了解皮影戏艺术形式	2课时
		工程设计步骤（困境探究）	
第二阶段活动	传统皮影戏制作		3课时
	项目设计（方案制订与皮影戏创新）		4课时
第三阶段活动	皮影制作与剧本编写（宣传与拍摄）		5课时
	展示与交流		1课时

（2）教学流程设置。

在课程正式实施之前，检查教学准备，确立每个阶段学生和教师的主要活动，并以流程框架图（图6-1）的形式呈现。

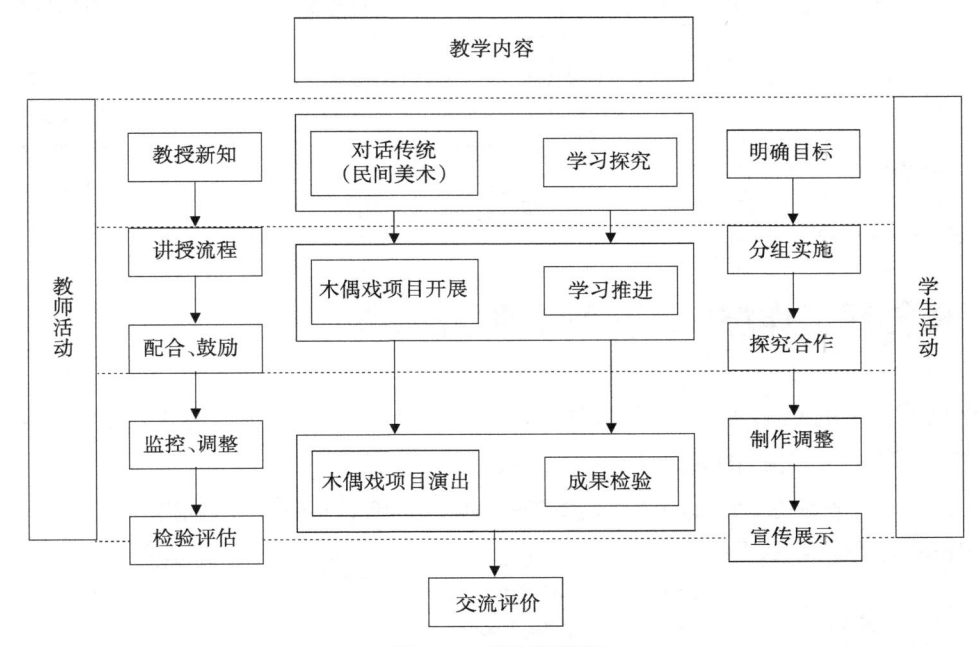

图6-1　流程框架图

在课程进行中，不仅要提出实际生活中的问题，还要教会学生解决问题的步骤和方法，学会利用各种资源，包括社会资源和个人身心方面的资源等。这说明素养的培养是和日常生活学习分不开的，需要通过不断实践来养成解决问题的好习惯。在皮影戏课程里，教师的教学和学生的学习是同步进行的。教师不仅要讲解新知识，还要花大量时间指导学生完成项目，以助学生使用项目学习。此外，每个阶段都有明确的学习目标，学生通过完成这些目标来检验学习成果。这样的安排让各个阶段紧密联系，使整个课程成为一个完整的系统。

2. 评价方式

学生可以在教学活动中尝试完成不同层次的项目式学习任务，每个层次又分为几个短期的项目。各个活动阶段需要设置不同性质的评价单辅助学生自主学习，也可以作为检测工具来检测这一阶段学习的效率。这些记录表不仅可以检查学习效果，还能反映学生的学习情况，为下一步的学习计划提供参考。

表6-2 评价任务表

项目阶段	评价单	表格性质
第一阶段活动	《美在民间——中国民间美术》学习单	知识点自测
第二阶段活动	《湖北民间美术——皮影戏》学习任务表	问题清单
	《湖北民间美术——皮影戏》项目日志	记录进度
	《湖北民间美术——皮影戏》项目方案	项目方案
第三阶段活动	组内分工分责表	分工问责
	团队评价量规	组内评价
	组内互评表	组间评价
	学生自测表	自我评价

二、"皮影戏工作坊"STEAM课程的评价

根据第五章的STEAM课程评价指标体系，本部分对"皮影戏工作坊"STEAM课程的设计与实施进行评价，评价的具体要点和结果如表6-3所示。

表6-3 "皮影戏工作坊"STEAM课程的评价指标与评价结果

一级指标	二级指标	三级指标	评价结果
知识与能力目标	跨学科知识体系的掌握	学生能够协调学科事实、核心概念、相关技能形成学科知识网络	皮影戏工作坊的课程目标分为总体目标、融合STEAM素养的教学培养目标和项目目标，具有层次性，表述清晰。目标内容符合学生心理发展水平，具有可操作性，便于开展教学。通过对目前所倡导的STEAM教育中所涵盖的教育理念、教学模式、评价方式等较为新颖概念的研究，结合美术学科"图像识读、美术表现、审美判断、创意实践、文化理解"核心素养，设计开发具有湖北民间美术特色的皮影戏工作坊课程。在非物质文化遗产进课堂这一背景下，尝试"皮影戏"中涉及美术学科知识的部分与科学素养、技术素养、工程素养和数学素养的对接，促进学生学习方式及思维的转变。STEAM教育理念下皮影戏工作坊的课程设计有助于培养学生的文化理解能力、综合素养、团结合作意识和能力，有效促进学校美育、家庭美育和社会美育的结合。
	跨学科思维的培养	学生能够从学科整合角度分析、解决问题，实现多学科思维的融会贯通	
	抽象扩展思维的培养	学生能够超越知识的结构性限制，概括现象或问题的抽象特征，生成一般性结论并迁移应用至新的问题情境中	
	批判性思维的培养	学生能够在辩证理性和开放精神的指导下，基于事实依据对事物进行理性的分析评估	
	科学精神的培养	学生在STEAM课程学习后形成理性、质疑、探究的价值标准与行为表现	
	人文精神的培养	学生在STEAM课程学习后获得人文领域的知识能力、情感态度和价值取向	
	创新能力的培养	学生利用已有知识与条件，在STEAM课程学习中进行有价值的探索并获得具有创新意义的思想观念、理论方法或产品	

续表

一级指标	二级指标	三级指标	评价结果
探究与方法目标	课程学习方法	学生有效形成自己的学习方法探究STEAM课程	课程内容选择较为充分地体现了皮影戏工作坊的课程总目标，融合STEAM素养的教学培养目标。充分利用了学校所在地区的特色文化，以工作坊的形式开展学习活动，教学内容与学生实际生活息息相关。 教师充分具有采用不同教学方式的意识。教师采用了讲授法、直观演示法、任务驱动法、参观教学法、现场教学法、合作探究法等，进行差异化教学和个性化指导。 该课程以学习清单、学习任务表、项目日志、项目方案、组内分工分责表、团队评价量规、组内互评表、学生自测表等形式进行评价，还有成果展示进行教学评价。 该课程一共分为三个阶段，共16个课时。课时分配合理，为课程实施预留了较充分的灵活空间，教师充分了解了STEAM课程实施的具体步骤，但具体的课程实施细则还不够完整。 在皮影戏工作坊课程实施过程中会遇到一些课堂管理方面的问题，需要向学校的美术教师多学习和请教，故该教师的STEAM课程的教育教学能力处于中等水平。因为不是学校的在编教师，所以在组织活动过程中，人力、物力资源都存在一定的局限性。
	有效学习策略	学生运用学习策略进行STEAM课程学习的自我监控和自我调节	
	团队沟通与协作	学生在团队中能够与他人进行有效沟通与交流，并与他人实现良好协作	
	积极课堂行为	学生在STEAM课堂中的积极行为表现	
	成果展示与表达	学生在展示分享STEAM课程学习成果的环节，能够有效表达思想、情感、想法和意图	
	课外资源管理	学生在课外管理STEAM学习中可用资源与环境的行为	
态度与情感目标	学习动机	学习动机源于学生对课程活动本身的兴趣和需要，不依靠外界条件就能激发学习行为	该课程先是以人教版美术课中的课程为基础，让学生了解民间美术；再以湖北皮影戏文化为导向开展项目式学习，了解皮影戏种类、表演形式、皮影制作流程等；接着通过小组合作的方式，确立演出主题，拟定实施方案，设计皮影形象；最后以登台秀的方式展示成果。整个课程内容设计符合学生心理发展水平，激发了学生的学习兴趣，增强了学生的成就感和效能感。
	学习信念	学生在STEAM课程学习后形成正确、积极的学习观念与态度	
	积极情绪	学生在STEAM课程学习过程中积极的情绪体验	
	积极预期	学生对完成STEAM课程任务的积极预期	
	归属感	学生在STEAM课程学习过程中自我认可以及感受到外界认可的心理	
	价值感	学生在STEAM课程学习过程中体会到并重视课程的价值	

"皮影戏工作坊"STEAM课程教学过程是在借鉴工程设计过程的主要环节基础上设定而成的。在这个过程中，在一级教学目标中学生了解到民间美术的审美趣味后，可以在后续项目的完成过程中充分了解并且体验"湖北皮影戏"的审美风格和完成皮影的制作，他们在工程、科学、技术等各个领域都有所发展，并且可以借鉴某个领域的知识来解决实际生活中存在的问题。就教学目标来看，更加多元、更有深度。虽然在教学过程中，各科目仍然分开教学，但在学生完成项目的过程中，会融合之前学习到的一些其他领域的内容，在美术课堂中，也可以由此逐步培养学生的逻辑思维和强化实践创新素养，改变美术学科教学边缘化的问题，让学生可以理解到学习内容与生活息息相关，从而借助STEAM教学，优化教师教学目标，改变学生观念。

从对调查问卷教师和学生回答进行质性和量化分析可知，"皮影戏工作坊"STEAM课程的设计比较完整，课程目标的达成度相对较高，整体评价良好。教师对文化理解和知识获取方面、美术表现与审美判断方面、问题解决方面、学生对课程整合和教学模式反馈方面等进行数据统计与分析，能明显了解到学生对美术学科的喜爱和重视程度上升，在生活中注重对审美的提升，加强了学生间的合作交流，对于问题解决方面和知识间的联系方面的认识有明显提高。"皮影戏工作坊"STEAM课程与美术学科要求的学生核心素养建立联系，不仅促进了学生学术知识的发展，还增加了"不考的知识"的储备以及能力方面的发展，在情境中养成学科整合、合作学习、独立思考、问题解决意识，实现学生身心的全面发展。

第二节 "白鸽无人机"STEAM课程设计与评价

一、"白鸽无人机"STEAM课程的设计

（一）"白鸽无人机"STEAM课程目标

"白鸽无人机"STEAM课程目标主要是引导学生结合现有无人机的设计结构、飞行特点等，有针对性地观察白鸽的生理特征、运动飞行等特征，从中寻找到二者的相似点后实

施选择性实践创造活动,进而在无人机的白鸽仿生式设计中感知自然世界、理解自然世界的基础上,发展学生的创新性思维。

1. 基础知识与技能目标

学生通过学习"白鸽无人机"STEAM课程,丰富对白鸽等周边常见生物等的认识与了解,从而能够深刻理解模仿白鸽等生物制作飞行机的特点、导向、探测、控制、调节、能量转换、结构力学、流体力学等生物学、物理学不同学科知识。学生在课程学习中通过直接参与该课程的设计,掌握搜索、提炼、分析、设计的整体思路和技能。

2. 创新思维与科学精神目标

"白鸽无人机"STEAM课程的实施,需要学生们积极转变思维,灵活掌握在无人机设计中的仿生技术,创新思维、发散思维借用仿生技术来解决生活中存在的同类问题。学生通过参与白鸽仿生式设计,切实获得科学创新创造的情感体验,养成大胆创新、小心求证、认真负责的科学态度。与此同时,学生通过白鸽的仿生式设计无人机,可以更为充分地跨学科了解白鸽等鸟类生物的特征及其飞行的原理特点,进而从不同学科知识的习得掌握中认识大自然、敬畏大自然。

3. STEAM教育理念目标

(1)科学(S):涉及白鸽的生物学特征、白鸽的飞行原理等。

(2)技术(T):3D设计与打印技术、激光切割技术、测量技术、绘图技术等。

(3)工程(E):计算机工程等。

(4)艺术(A):不同于传统无人机,"白鸽无人机"既需要符合飞行原理,又要呈现出白鸽本身的形象特点,这本身就需要该无人机要美观,能够体现出足够的艺术性。

(5)数学(M):"白鸽无人机"的传感器、摄像头等飞行结构的配合,都需要精确的测量和数值的估算。

(二)"白鸽无人机"STEAM课程的学习者特征

1.掌握基本的物理、生物、数学等学科基础知识的高中生。

2.具有一定的创新性思维。

3.有自己的认知能力和独立见解,学习能力强。

4.对新鲜事物具有较强的好奇心。

5.有较强的自律能力。

(三)"白鸽无人机"STEAM课程的内容组织

"白鸽无人机"STEAM课程的教学过程,建立于项目式学习(PBL)的基础上,如在课程学习中对白鸽生物特征(如飞行特征)的学习、白鸽飞行的仿生结构改进、利用白鸽飞行特点设计无人机飞行传感器等,都符合项目式学习(PBL)的要求。主要包括以下四个阶段:

1. 第一阶段:学习白鸽无人机的设计原理

教师通过2—4课时的课堂讲授,让学生了解"白鸽无人机"这一主题项目设计背后的原理——仿生学设计。学生初步了解仿生学基本概念和原理后,在教师的组织下,分组收集无人机设计的各类仿生方向,并为学生布置分组合作学习、成果汇报等任务。

2. 第二阶段:系统学习白鸽无人机的仿生设计技术

教师通过2课时的课堂讲授,向学生介绍仿生工具(如3D打印技术、激光切割技术、测量技术、绘图技术)的使用方法,再用4课时左右的实践教学,向学生描述并呈现出仿生白鸽的作品样例。

3. 第三阶段:制作白鸽无人机

教师组织学生深入学习,掌握白鸽的生物特征,通过分组学习的方式让学生自主搜索有关白鸽特征的资料,提炼出有用的信息,分析白鸽与无人机的飞行原理,并初步形成白鸽无人机设计的基本思路。教师组织所有学生探讨各组的白鸽无人机仿生设计报告,对其合理性、科学性做出评价与指导后,组织学生使用计算机,设计白鸽无人机设计图纸。最后组织学生使用3D打印机、激光切割机、测量仪器设备制作无人机的飞行硬件作品。

4. 第四阶段:白鸽无人机成品汇报与交流

利用6课时的教学实践,组织各组学生展示白鸽无人机的仿生成品,并重点介绍白鸽无人机在日常生活中的价值与意义。学生对比分析其他各组作品的优缺点后,再对其设计成品进行再优化、更新。

(四)"白鸽无人机"STEAM课程的环境设计

1. "白鸽无人机"STEAM课程的实施形式设计

课程主要由"理论课程、实践课程和汇报交流课程"组成。

理论课程主要向学生介绍仿生学原理与基本概念、仿生价值与意义、仿生的发展历史、已有仿生作品介绍、仿生的基本使用流程等内容,旨在强化学生对仿生的深入认知与理解。

实践课程主要是组织学生参与到白鸽无人机设计的项目式学习中,通过实施项目式学习,引导学生自主探索白鸽无人机仿生式作品的设计与成品制作。在此过程中教师扮演着白鸽无人机成品设计的指导角色。

汇报交流课程主要是组织学生在完成白鸽无人机的初步设计后交流分享,在该过程中学生们可以相互学习彼此的经验与建议,同时教师针对共性问题予以指导。总体而言,汇报交流课程是对学生进行形成性评价的关键环节。

2."白鸽无人机"STEAM课程的课时调整与教学场地

"白鸽无人机"的仿生设计课程需要集中课堂教学时间,不宜分散教学。

理论课程和成品汇报答辩课程的教学场地可在配有多媒体设备的教室开展;实践课程的教学场地则需要配备有3D打印机、计算机、激光切割机、测量仪器等设备的STEAM教室。

3."白鸽无人机"STEAM课程的工具与资源

课程教学主要采用项目式学习,在教学过程中要为学生布置明确的项目式学习任务,如明确为学生布置需要自行查阅资料的范围。为此,在学习过程中该课程需要网络资源、电子图书资源等。网络资源、电子图书资源的检索与使用能够充分锻炼学生的信息获取与甄别能力。

4."白鸽无人机"STEAM课程的师资安排

可以选择有STEAM教室,教学经验且思维灵活的教师开展教学,也可采用多个学科教师指导的形式,从多个方面给予学生更多的建议。假如条件允许可以选择多个学习过STEAM项目的学生作为助教,进行辅助学习。

(五)"白鸽无人机"STEAM课程的总结与评价

"白鸽无人机"STEAM课程的目的是要促进学生创新性思维的发展,进而实现学生全面、终身、可持续的发展。课程评价应立足于学生的发展性评价,强调评价方式多元、评价主体多元。为此,本课程评价可以参考借鉴白凌燕等学者的《仿生课程》的评价方式(见图6-2、表6-4)[1]。

---

[1] 白凌燕,王星华,董黎明,焦宝聪.基于STEAM教育理念的课程设计研究——以《仿生设计》课程为例[J].中国教育信息化,2020(16):55-58.

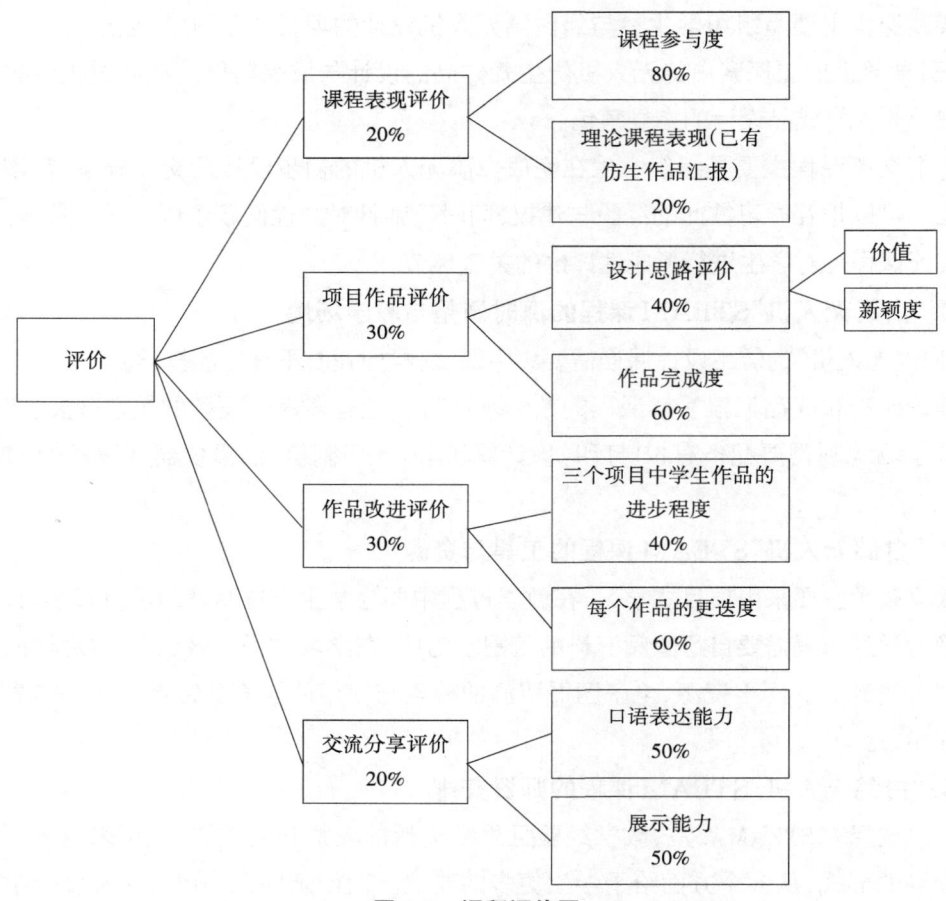

图 6-2　课程评价图

表 6-4　项目作品评价表

项目	评价指标	自评	学生评	师评	分值
设计创意 （25）	创意新颖				10
	有实用价值				10
	设计原创				5
技术应用 （35）	生物特征原理仿制				15
	作品应用技术合理				10
	作品结构合理				10
艺术表现 （15）	外形美观				6
	材料颜色搭配合理				3
	结构组装美观				6
展示表述 （15）	语言表达流畅				7
	作品展示介绍充分				8
迭代（10）	作品完成度				10
合计					100

| 总分 | | | | | |

从图6-2可知,该课程的课程表现评价、设计思路评价、作品完成度、作品改进评价均采用50%师评、20%自评以及30%学生评价的方式进行,其余评价项目采用教师评价。此外,在实施评价时,本着促进学生全面、终身、可持续发展的目的,应适时对评价体系进行调整。

二、"白鸽无人机"STEAM课程的评价

鉴于"白鸽无人机"STEAM课程案例主要通过自主开发设计的STEAM课程案例展示STEAM课程设计过程,暂未涉及对STEAM课程实施和STEAM课程效果的评价。因此,本案例借助CIPP课程评价模式,仅对"白鸽无人机"STEAM课程的背景与设计两部分进行评价。

(一)"白鸽无人机"STEAM课程背景的评价

"白鸽无人机"STEAM课程背景评价,主要包括背景分析和需求分析两个维度。背景分析主要评价是否具备了开发"白鸽无人机"STEAM课程的相关条件,需求分析主要评价"白鸽无人机"STEAM课程在开发中是否考虑了学生需求和社会需求。"白鸽无人机"STEAM课程进行课程开发时,从课程目标设计、学习者特征、课程内容组织、课程环境设计、课程总结与评价五个部分进行,仅对学习者特征进行了简单分析,没有考虑学校的具体需求和STEAM课程开发的相关背景条件,即为何要仿生无人机。这可能会导致所开发设计的"白鸽无人机"STEAM课程脱离本校和学生的实际情况,影响实施效果。

(二)"白鸽无人机"STEAM课程设计的评价

"白鸽无人机"STEAM课程设计评价,主要包括课程目标、课程内容选择、课程内容组织、学习活动安排、课程教学方式和课程评价方式六个方面。对"白鸽无人机"STEAM课程设计的具体评价见表6-5。

表6-5 "白鸽无人机"STEAM课程设计的评价结果

维度	指标	评估要点	评价结果
课程设计评价	课程目标	符合国家基础教育阶段的课程标准; 目标注重问题解决和创新能力培养; 目标具有可操作性,便于教学实施; 目标具有层次性;	"白鸽无人机"STEAM课程目标没有分析其与国家课程标准要求的一致性,但在具体内容中体现出了一致性; "白鸽无人机"STEAM课程目标注重问题解决和创新能力培养; "白鸽无人机"STEAM课程目标具有层次性,表述清晰,在可操作性上还需进一步完善。

续表

维度	指标	评估要点	评价结果
	课程内容选择	目标表述清晰,不易产生歧义,课程内容与课程目标保持一致;课程内容体现跨学科性,知识覆盖兼顾深度与广度;内容有助于学生的智力发育,并具备趣味性和可操作性;内容类型丰富多样,培养学生的综合能力及核心素养;能最大限度地利用课程资源;与社会生活保持联系。	"白鸽无人机"STEAM课程内容与课程目标的一致性较好;《白鸽无人机》选择的课程内容能较好体现跨学科性;"白鸽无人机"STEAM课程内容有助于学生的智力发育,具备较好的趣味性和可操作性;"白鸽无人机"STEAM课程内容类型较为丰富多样,有助于培养学生的综合能力及核心素养;"白鸽无人机"STEAM课程内容是否最大限度地利用已有课程资源没有体现出来;"白鸽无人机"STEAM课程内容与社会生活的联系度较高。
	课程内容组织	强调多学科知识整合,注重知识的综合运用;课程结构上注重课程整合,实行模块化划分;内容组织符合知识内在逻辑性;内容符合学生心理发展水平。	"白鸽无人机"STEAM课程内容组织较为强调多学科知识整合和知识的综合运用;"白鸽无人机"STEAM课程内容组织按照学习阶段逐渐加大难度,基本体现了模块化划分;"白鸽无人机"STEAM课程内容组织由易到难,符合知识内在逻辑性和学生心理发展水平。
	学习活动安排	学习活动以真实的项目或问题为驱动;课时安排合理,为STEAM课程实施预留空间;学习活动步骤安排合理、实施细则完整。	"白鸽无人机"STEAM课程的学习活动设计了真实的项目或问题解决活动;"白鸽无人机"STEAM课程共安排了39个课时,课时安排较为合理,为STEAM课程实施预留了较大空间;"白鸽无人机"STEAM课程的学习活动步骤安排比较合理、实施细则还需进一步细化;
	课程教学方式	以实践探究为主,讲授为辅;教师运用的教学手段多样。	"白鸽无人机"STEAM课程的教学方式以实践探究为主,教师讲授为辅;"白鸽无人机"STEAM课程的教学手段较为多样。
	课程评价方式	注重学生学习中的表现和任务完成情况。	"白鸽无人机"STEAM课程的评价方式注重学生学习中的表现和任务完成情况。

1. "白鸽无人机"STEAM课程目标设计评价

评价要点主要关注课程目标是否符合国家基础教育阶段的课程标准,是否注重问题解决和创新能力培养,是否具有可操作性、便于教学实施,是否具有层次性,目标表述是否清晰。

该课程案例中,明确提出了要在生物学、物理学等跨学科学习中深化发展学生的创新性思维,这一点在表述上是清晰的,未产生歧义。

2. "白鸽无人机"STEAM课程内容选择评价

评价的关注点在于课程内容的选择是否与课程目标保持一致,课程内容是否体现跨学科性,是否有助于学生的智力发育,内容类型是否丰富多样,是否培养学生的综合能力及核心素养,是否与社会生活保持联系。

该课程案例中的内容选择与课程目标一致性较好,无论是仿生设计原理的学习、仿生技术的掌握,还是白鸽无人机成品的制作与交流,既能体现课程内容的跨学科性、知识覆盖的广度,又与课程目标自洽,培养了学生的综合素质与创新精神。

3. "白鸽无人机"STEAM 课程内容组织的评价

课程内容组织评价的关注点是该课程是否强调多学科知识整合,注重知识的综合运用及课程整合,实行模块化划分,内容组织是否符合知识内在逻辑性和学生的心理发展水平。

"白鸽无人机"STEAM 课程在内容的组织上非常强调生物学、物理学、数学、美学等多学科知识整合和知识的综合运用;此外,该课程内容的组织按照学习阶段逐渐加深难度,由易到难,如文献资料的收集、分组研讨式学习等,符合知识内在逻辑性和学生心理发展水平。

4. 学习活动安排的评价

评价关注的要点是关注学生的学习活动是否以真实的项目或问题为驱动,课时安排是否合理,学习活动步骤安排是否合理,实施细则是否完整。

该课程以无人机这一项目为依托,以无人机设计如何体现其美观与使用等现实问题为驱动,通过设计较为合理的 39 个课时,来组织学生进行学习活动。整体而言,学习活动安排体现了教师是不同学科跨界的整合者、白鸽无人机设计情境的生成者、学生分组设计成品的平等参与者等基本的 STEAM 教育理念。

5. "白鸽无人机"STEAM 课程教学方式评价

评价主要关注该课程是否以实践探究为主、讲授为辅,教师运用的教学手段是否多样。

在课程案例实施中可以发现,该课程以学生的实践探究为主,教师的指导辅助性讲授为辅;此外,还应看到"白鸽无人机"STEAM 课程的教学手段较为多样。

6. "白鸽无人机"STEAM 课程评价方式

主要考查是否注重学生学习中的表现和任务完成情况。可以看出,"白鸽无人机"STEAM 课程的评价方式注重学生学习中的表现情况和任务完成情况。

综上,"白鸽无人机"STEAM 课程设计在课程背景与设计两部分的评价整体效果较好,但这不意味着"白鸽无人机"STEAM 课程绝对适用于各类学校的 STEAM 教育活动中。为此,还需相关学校在借鉴"白鸽无人机"开展仿生设计 STEAM 课程时,在借鉴其课程背景分析、课程设计思路的基础上,重点关注并考查此类课程实施的过程与成果等,进而结合所在学校形成对该课程案例的全方位评价。

第三节 "吊脚楼的前世今生"STEAM课程设计与评价

一、"吊脚楼的前世今生"STEAM课程的设计[①]

(一)"吊脚楼的前世今生"STEAM课程的目标

STEAM教育的本质是跨学科的学习,即创设真实情境,引导学生运用多学科知识,通过探究式学习解决问题,这种教育模式更加关注学生综合能力的发展。因此,我们依据以培养"全面发展的人"为核心的"中国学生发展核心素养"制订了"吊脚楼的前世今生"的课程目标。"中国学生发展核心素养"分为文化基础、自主发展、社会参与三个方面,综合表现为人文底蕴、科学精神、学会学习、健康生活、责任担当、实践创新等六大素养。据此制订的课程目标如下:

1. 文化基础目标

文化基础目标可以分为人文底蕴目标和科学精神目标两部分。①人文底蕴目标:理解吊脚楼的文化价值,关注吊脚楼的安全性与舒适性,提高对建筑的审美意识。②科学精神目标:用理性思维分析吊脚楼的分布与选址、结构与功能,激发学生好奇心与想象力,大胆设计吊脚楼改造方案。

2. 自主发展目标

自主发展目标可分为学会学习目标和健康生活目标两部分。①学会学习目标:培养学习兴趣,养成良好的学习习惯,形成自主学习与终身学习的意识。②健康生活目标:在探究式学习中学会管理情绪,提高抗挫折能力,在研学和实践课程中学会珍爱生命。

3. 社会参与目标

社会参与目标可以分为责任担当目标和实践创新目标两部分。①责任担当目标:在小组合作中培养责任意识,尊重中华民族的优秀文化成果,积极参与跨文化交流。②实践创新目标:善于发现问题和提出问题,并运用已有技术和知识解决实际问题。

[①] 此案例改编自刘馨橘、陈新、钟秉峰载于《中学地理参考》(2019年第19期)的《基于STEM理念的"吊脚楼的前世今生"课程设计与教学实践》,已获得作者授权。

(二)"吊脚楼的前世今生"课程的内容与理念解读

1. 课程内容

遵循学生认识地理事物时由表及里、由前到后、由理论到实践的认知习惯,将"吊脚楼的前世今生"课程设计为四个阶段,分别为初识吊脚楼、解密吊脚楼、还原吊脚楼和重塑吊脚楼(见表6-6)。

表6-6 课程内容组织

阶段	具体内容	任务形式	课时分布	授课地点
初识吊脚楼	吊脚楼的历史演变与文化内涵	学习单	2课时	STEAM教室
	吊脚楼的地区分布与建造选址	绘制分布地图	4课时	机房
	渝你相约,初识偏岩	研学单	2+2课时	偏岩古镇
解密吊脚楼	半干栏式建筑的受力分析	实验单	2课时	STEAM教室
	榫卯结构的设计	设计图纸	2课时	STEAM教室
	吊脚楼的结构与功能区分	设计图纸	2课时	STEAM教室
	渝你相约,再会卢作孚	研学单	2+2课时	卢作孚纪念馆
还原吊脚楼	地基的处理与筑台	环境模型	2课时	STEAM教室
	吊脚楼的模型搭建	吊脚楼木艺模型	2+2课时	STEAM教室
	3D设计与打印吊脚楼	吊脚楼3D打印模型	2+2课时	机房、3D打印室
重塑吊脚楼	吊脚楼的现状与利弊分析	学习单	2课时	STEAM教室
	Arduino编程、传感器学习	智能化吊脚楼模型	2课时	机房
	吊脚楼的防灾减灾改造			STEAM教室
	渝你相约,携手洪崖	研学报告	2+2课时	洪崖洞吊脚楼群

"初识吊脚楼"主要涉及地理、历史等学科,从吊脚楼所处的自然与人文地理环境着手,要求学生了解吊脚楼的选址与建造意义。"解密吊脚楼"主要涉及物理、数学、工程等学科知识,从吊脚楼的内部结构着手,要求学生认识并设计"榫卯"结构,利用三视图、比例尺等知识绘制吊脚楼的平面结构图。"还原吊脚楼"以实践为主,要求学生根据前两个阶段学习的内容搭建模型,包括自然环境模型、吊脚楼的木艺模型和3D打印模型。"重塑吊脚楼"要求学生关注吊脚楼的现状,探究传统吊脚楼的利弊,并利用计算机编程、传感器等智能化手段和设备对传统建筑进行改造,使其在现代社会发挥更大的价值和作用。

2. STEAM理念解读

STEM理念是20世纪80年代美国为提升国家竞争力而提出的,是科学(Science)、技术(Technology)、工程(Engineering)和数学(Mathematics)等学科的融合。笔者认为,在基于STEM理念的项目式学习中,科学、数学学科是基础,技术学科是手段和方式,工程学科是作品的呈现方式,四者是相辅相成、相互配合的关系。此外,由STEM演化为STEAM的过程中增加的字母"A"代表人文艺术,它不仅指对工程作品的艺术修饰,更重要的是体现出以人为本、人文关怀的思想。"吊脚楼的前世今生"课程充分体现了上述学科的融合。

(1)科学：地理学中聚落的选址、物理学中建筑力学的基本原理、经济学中的成本分析与核算、计算机科学中的编程学基础等。

(2)数学：三视图、比例尺、测量方法、精算与估算等。

(3)技术：3D设计与打印技术、榫卯结构与木艺技术、绘图技术、测量技术等。

(4)工程：建筑工程、计算机工程等。

(5)人文艺术：建筑的美化、对吊脚楼居民的人文关怀、论文写作与语言表达等。

（三）"吊脚楼的前世今生"STEAM课程的实施与评价

1. 课程实施方案

由于STEAM课程具有融合性、体验性、探究性等特征，其课程目标与内容也与传统课程存在明显区别，因此实施课程时在课程形式、课时安排、师生构成、场地设备等方面都需要做特别考虑和特殊安排。

(1)课程形式。"吊脚楼的前世今生"STEAM课程以项目式学习为依托，以传统民居吊脚楼的古今演变为核心内容，可划分为理论课程、实践课程、研学课程、汇报课程和总结课程五种类型（见图6-3）。

课程形式	项目式课程				
课程类型	理论课程	实践课程	研学课程	汇报课程	总结课程
课程内容	学科延伸课程 知识拓展课程 学科先修课程	实验课程 设计课程 实操课程 自主学习课程	观摩式研学 体验式研学 参与式研学 活动比赛式研学	阶段性汇报 中期汇报 结题汇报	知识总结 能力总结 素养总结 教师评语

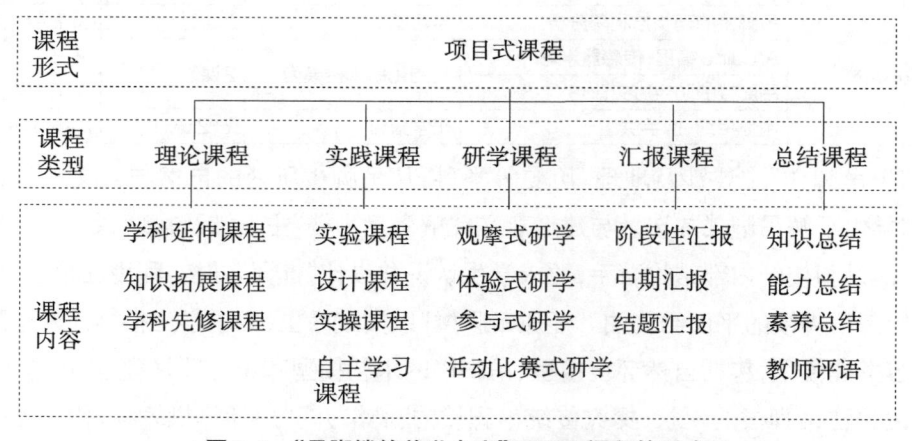

图6-3 "吊脚楼的前世今生"STEAM课程的形式

理论课程包括学科延伸课程（对各学科已学内容的深入探究和应用，如数学中的三视图、比例尺知识）、知识拓展课程（对各学科课标要求以外的内容拓展学习，如物理学中建筑物的受力分析）、学科先修课程（对中学阶段国家规定课程以外的课程学习，如经济学中的成本核算分析）。实践课程指学生参与、体验、探究、制作等活动，包括实验课程、设计课程、实操课程和自主学习课程。研学课程指师生走进博物馆、科研机构，走到户外场所边看边学，包括观摩式研学、体验式研学、参与式研学和活动比赛式研学。汇报课程指学生将所学知识或完成的作品以海报、幻灯片、实物、论文等方式呈现，根据汇报时间和内容可分为阶段性汇报、中期汇报和结题汇报。总结课程可以根据需要安排在各阶段课程结束后、项目中期或项目末期,包括知识、能力、核心素养等方面的自我总结和教师评语评价。

(2)课时安排。由于完成一次实践任务或研学活动需要较长的时间,建议课程安排以2课时(90 min)/次为宜,特殊课程可根据需要加以调整。

(3)师生构成。由于STEAM课程涉及学科复杂,对教师素养要求高,因此可配备多位教师分阶段实施课程。我们采用"3+N"的教师搭配方案,"3"指3位常驻教师,负责课程设计、课程管理与课程评价,"N"指多位不同专业背景的"飞行教师",负责专业课程的授课与指导。由于课程重探究与实践过程,参与课程的学生不宜过多,以不超过30人为宜。

(4)场地与设备。本课程配备三种专用教室,分别为理论教室、实操教室和计算机教室。理论教室配备桌椅、多媒体等设施设备,方便学生开展理论知识学习;实操教室配备工具箱、医药箱、储物间、展示柜等,方便学生进行木艺实践和作品陈列;计算机教室方便学生进行编程、3D设计、查阅资料等。除以上三种专用教室外,还有实验室、美术教室、研学场所等配合课程实施。

2. 课程评价方案

"吊脚楼的前世今生"STEAM课程采用多元化和交互式的评价方式。多元化指采用过程性评价与结果性评价相结合的评价方式(见图6-4)。交互式评价方式指在评价的过程中采用自评、互评、师评相结合的方法,以此保证评价结果的公平性,提高评价的信度与效度。

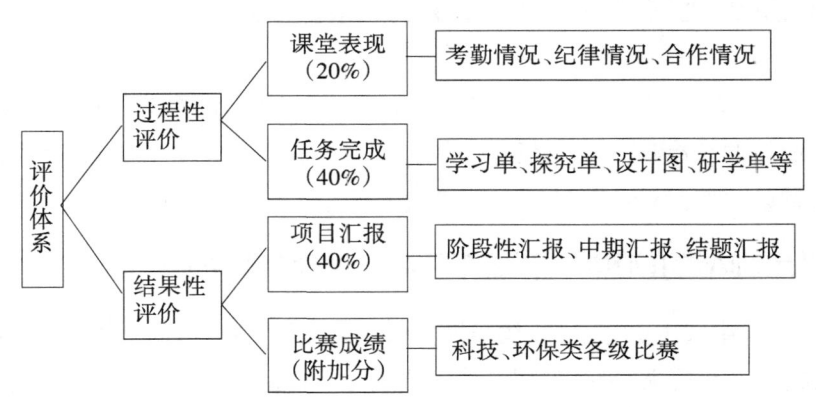

图6-4 "吊脚楼的前世今生"STEAM课程的评价方式

此外,在各阶段课程结束后,我们还会依据"中国学生发展核心素养"的要求,针对每位学生的各项指标开展自评、互评和师评,最终形成学生"核心素养评价雷达图"(见图6-5)。从中可分析学生在各阶段核心素养的发展状况和动态变化,以便对课程做出及时调整。

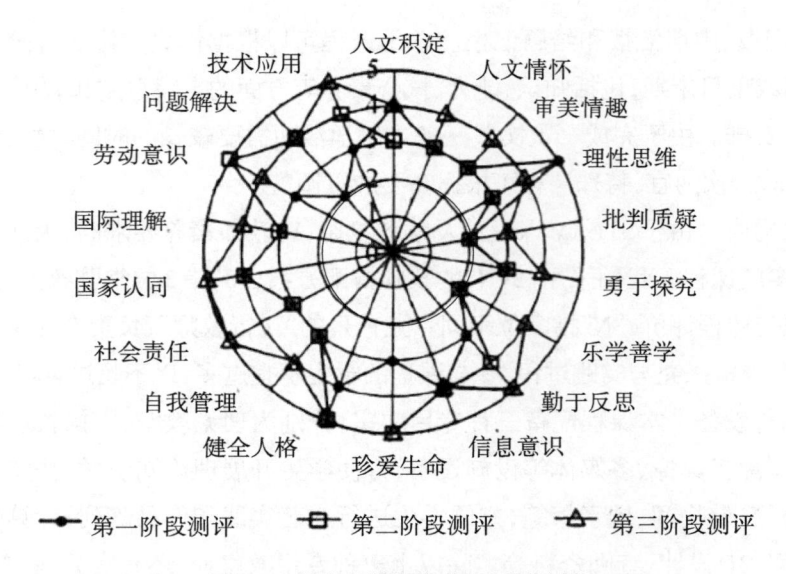

图 6-5　某学生核心素养评测雷达图

建筑是人类一切造型创造中最庞大、最复杂的一类，它代表的民族思想和艺术尤为显著和重要。"吊脚楼的前世今生"STEAM 课程将川东民居吊脚楼作为主要研究对象，旨在促使学生在融合学习、体验学习、探究学习的过程中传承和发扬中华优秀传统文化，养成自主学习的习惯，提高核心素养水平和综合能力。

二、"吊脚楼的前世今生"STEAM 课程的评价

由上述"吊脚楼的前世今生"STEAM 课程案例可以看到，该案例的开发主要涉及课程背景和课程设计两个维度，案例材料中没有呈现课程实施和课程效果。因此以下仅对 STEAM 课程背景、STEAM 课程设计两个维度进行评价。

（一）"吊脚楼的前世今生"STEAM 课程背景的评价

2017 年 1 月，中共中央办公厅、国务院办公厅印发了《关于实施中华优秀传统文化传承发展工程的意见》，要求"挖掘整理传统建筑文化，鼓励建筑设计继承创新"。巴渝地区的吊脚楼是其先民为适应地形、气候等条件，在巴山渝水间创造的独特建筑形式，是川东民居的代表，也是巴渝文化的"活化石"。如今，传统民居正在城市化的浪潮中逐渐消失。吊脚楼建筑在当今社会还有哪些存在方式？怎样才能使它发挥更大的作用？带着这些问题，我们设计和开发了基于 STEAM 理念的"吊脚楼的前世今生"课程，并与学生一起，以项目式学习的方式开展了课程实践。

从上述文字可以发现，在开发与设计"吊脚楼的前世今生"STEAM课程时，考虑的主要背景是国家对中华优秀传统文化传承发展的倡议，以及当地(巴渝地区)的独特建筑形式和地方文化(巴渝文化)。而对STEAM课程背景评价中强调的背景分析和需求分析两个维度考虑不足，尤其对学生的需求缺少分析和调研。

(二)"吊脚楼的前世今生"STEAM课程设计的评价

STEAM课程设计评价，主要包括课程目标、课程内容选择、课程内容组织、学习活动安排、课程教学方式和课程评价方式六个方面。在STEAM课程目标设计评价中，主要关注STEAM课程目标是否符合国家基础教育阶段的课程标准，是否注重问题解决和创新能力培养，是否具有可操作性、便于教学实施，是否具有层次性，目标表述是否清晰。在STEAM课程内容选择评价中，评价的关注点在于课程内容的选择是否与课程目标保持一致，课程内容是否体现跨学科性，是否有助于学生的智力发育，内容类型是否丰富多样，是否有助于培养学生的综合能力及核心素养，是否与社会生活保持联系。在课程内容组织的评价上，关注是否强调多学科知识整合，注重知识的综合运用，是否注重课程整合，实行模块化划分，内容组织是否符合知识的内在逻辑性和学生心理发展水平。对学习活动安排的评价主要关注学习活动是否以真实的项目或问题为驱动，课时安排是否合理，学习活动步骤安排是否合理、实施细则是否完整。课程教学方式评价主要关注是否以实践探究为主、讲授为辅，教师运用的教学手段是否多样。课程评价方式主要考查是否注重学生学习中的表现和任务的完成情况。对"吊脚楼的前世今生"STEAM课程设计的具体评价见表6-7。

表6-7 "吊脚楼的前世今生"STEAM课程设计的评价结果

维度	指标	评估要点	评价结果
课程设计评价	课程目标	符合国家基础教育阶段的课程标准； 目标注重问题解决和创新能力培养； 目标具有可操作性，便于教学实施； 目标具有层次性； 目标表述清晰，不易产生歧义。	"吊脚楼的前世今生"STEAM课程目标是在分析了国家课程标准要求和核心素养的培养要求后确定的，体现了与国家教育目标的一致性； "吊脚楼的前世今生"STEAM课程目标注重问题解决和创新能力培养； "吊脚楼的前世今生"STEAM课程目标具有层次性，表述清晰，操作性较强。

续表

维度	指标	评估要点	评价结果
	课程内容选择	课程内容与课程目标保持一致； 课程内容体现跨学科性，知识覆盖兼顾深度与广度； 内容有助于学生的智力发育，并具备趣味性和可操作性； 内容类型丰富多样，有助于培养学生的综合能力及核心素养； 能最大限度地利用课程资源； 与社会生活保持联系。	"吊脚楼的前世今生"STEAM课程内容与课程目标的一致性较好； "吊脚楼的前世今生"STEAM课程内容能较好体现跨学科性； "吊脚楼的前世今生"STEAM课程内容有助于学生的智力发育，具备较好的趣味性和可操作性； "吊脚楼的前世今生"STEAM课程内容类型较为丰富多样，有助于培养学生的综合能力及核心素养； "吊脚楼的前世今生"STEAM课程内容充分运用了本地的传统建筑和文化资源； "吊脚楼的前世今生"STEAM课程内容与社会生活的联系度较高。
	课程内容组织	强调多学科知识整合，注重知识的综合运用； 课程结构上注重课程整合，实行模块化划分； 内容组织符合知识内在逻辑性； 内容符合学生心理发展水平。	"吊脚楼的前世今生"STEAM课程内容组织较为强调多学科知识整合和知识的综合运用； "吊脚楼的前世今生"STEAM课程内容组织按照学习阶段逐渐加深难度，基本体现了模块化划分； "吊脚楼的前世今生"STEAM课程内容组织由易到难，符合知识内在逻辑性和学生心理发展水平。
课程设计评价	学习活动安排	学习活动以真实的项目或问题为驱动； 课时安排合理，为STEAM课程实施预留空间； 学习活动步骤安排合理、实施细则完整。	"吊脚楼的前世今生"STEAM课程的学习活动设计了真实的项目或问题解决活动； "吊脚楼的前世今生"STEAM课程共安排了38个课时，课时安排较为合理，为STEAM课程实施预留了较大空间； "吊脚楼的前世今生"STEAM课程的学习活动步骤安排比较合理，实施细则还需进一步细化。
	课程教学方式	以实践探究为主，讲授为辅； 教师运用的教学手段多样。	"吊脚楼的前世今生"STEAM课程的教学方式以实践探究为主，教师讲授为辅； "吊脚楼的前世今生"STEAM课程的教学手段较为多样。
	课程评价方式	注重学生学习中的表现和任务完成情况。	"吊脚楼的前世今生"STEAM课程的评价方式注重学生学习中的表现和任务完成情况。

第四节 "光影千年·陕西皮影戏"STEAM课程设计与评价

一、"光影千年·陕西皮影戏"STEAM课程的设计

(一)课程基本信息

(1)课程名称:光影千年·陕西皮影戏。

(2)适用对象:初中二年级学生(14—15岁)。

学情分析:学生已具备基础物理光学知识(如光的直线传播)、简单数学测量能力及美术绘画基础,但对编程和工程设计的系统性应用尚不熟悉。

(3)课时安排:16课时(每周2课时,共8周)。

项目导入:2课时。

项目工坊:10课时(传统技艺4课时+数字创新6课时)。

项目出品:4课时(含展演与评价)。

(4)课程定位:STEAM课程。

跨学科整合:融合物理、信息科技、美术、历史、数学五大学科。

项目式学习:以"设计数字化互动皮影剧场"为核心任务,贯穿课程始终。

文化传承:聚焦陕西非物质文化遗产,结合《白鹿原》等地域文学作品。

(二)课程目标

1.总目标

(1)知识融通。

理解皮影戏的光学原理(如影子成像规律)、材料力学特性(如牛皮纸承重性)。

掌握陕西皮影的历史脉络(如华县皮影的"碗碗腔"流派)、艺术特征(雕刻纹样、角色分类)。

(2)创意实践。

运用Scratch编程设计互动剧本,实现角色动作自动化。

通过3D建模与打印技术,制作立体可动皮影模型。

(3)文化认同。

感悟陕西皮影"非遗"的文化价值,形成保护与传承意识。

通过展演活动增强团队协作能力与公众表达能力。

2. STEAM素养目标

科学素养:探究光源角度、距离与影子大小的定量关系;分析皮影关节结构的力学稳定性。

技术素养:掌握Scratch编程逻辑(事件触发、循环结构);熟练使用3D建模软件基础功能。

工程素养:设计多层皮影舞台机械结构,优化换景系统(如舵机联动控制)。

艺术素养:学习陕西皮影雕刻技法(如"推刀""镂空");设计符合戏曲美学的角色造型。

数学素养:运用比例尺计算影人尺寸(头身比1:5);通过几何构图优化舞台布景对称性。

(三)课程内容与活动设计

阶段一:项目导入——光影探秘(2课时)

设计意图:通过文化感知与科学实验激发兴趣,建立课程核心问题——"如何用现代技术活化传统皮影戏?"

活动1:皮影文化初探(1课时)

1. 教师活动。

(1)播放《陕西皮影:指尖上的光影艺术》,重点讲解华县皮影的"五人忙"表演形式。

(2)展示实物皮影(如《封神榜》角色),引导学生观察雕刻纹样(如"雪花纹""万字纹")。

2. 学生任务。

(1)分组讨论并填写"皮影文化特征表",记录历史起源、角色分类、雕刻技法等信息。

(2)测量传统皮影尺寸,计算头身比例(1:5),绘制比例分析图。

3. STEAM元素。

艺术:纹样美学分析;数学:比例计算与几何构图。

活动2:光学实验"影子的秘密"(1课时)

1. 实验设计。

(1)变量控制:固定光源高度,调整物体与光源距离(20cm、40cm、60cm),记录影子长度。

(2)工具:手电筒、镂空模板(陕西皮影经典角色)、卷尺、实验记录单。

2. 产出。

(1)实验报告(含数据表格与折线图),总结"距离影子长度"关系。

(2)小组汇报(用实验结论解释皮影戏幕布尺寸设计原理)。

阶段二:项目工坊——匠造皮影(10课时)

单元1:传统技艺体验(4课时)。

设计意图:通过动手实践理解传统工艺,为后续数字化创新奠定基础。

活动1：皮影雕刻与上色（2课时）

1. 工具与材料。

牛皮纸（替代兽皮）、雕刻刀（安全型）、颜料、激光切割机（教师辅助操作）。

2. 步骤。

(1) 临摹设计：选择陕西皮影经典角色（如《三战吕布》中的吕布），临摹轮廓线稿。

(2) 雕刻实践：使用雕刻刀完成镂空纹样，教师示范"推刀"技法（沿线条匀速推进）。

(3) 上色技巧：学习传统矿物颜料调配方法，重点渲染服饰花纹（如红色代表忠勇）。

3. 产出。

传统皮影作品（每组12件）+设计草图（含纹样解析）。

活动2：关节结构优化（2课时）

1. 任务：对比传统线缀与现代铆钉连接方式，优化皮影关节活动性。

2. 实验设计。

(1) 力学测试：分别用棉线、尼龙线、铆钉连接关节，测试拉伸承重（挂载砝码）。

(2) 数据分析：记录不同材料的断裂临界值，绘制柱状图。

3. 工程改进：选择铆钉作为关节连接材料，设计可拆卸结构（便于后期数字化改造）。

单元2：数字皮影创新（6课时）。

设计意图：引入编程与3D技术，实现传统艺术的现代化表达。

活动1：Scratch互动编程（3课时）

1. 任务：编写《白鹿原·田小娥》互动剧本，实现角色自动对话与动作。

2. 编程要点。

(1) 事件触发：通过"当绿旗被点击"启动剧情，设置按键控制角色移动。

(2) 角色动画：使用"造型切换"模块模拟皮影动作（如抬手、行走）。

(3) 音效设计：导入陕西碗碗腔片段，同步剧情播放。

3. 产出：可交互数字剧本（.sb3文件），支持角色对话、动作及背景切换。

活动2：3D建模与打印（3课时）

1. 软件教学。

(1) Tinkercad入门：讲解基本操作（拉伸、旋转、组合）。

(2) 建模技巧：将2D皮影线稿转换为3D模型，设置关节活动轴（厚度2mm）。

2. 打印实践。

使用PLA材料打印模型，组装可动关节（铆钉连接）。

3. 数学应用。

计算模型缩放比例（原尺寸1:10），确保关节间距适配铆钉直径。

阶段三：项目出品——光影剧场（4课时）

单元1：舞台工程搭建（2课时）。

1. 任务：设计可调节光源的多层舞台，实现自动换景功能。

2. 工程步骤。

(1) 结构设计：用亚克力板搭建三层舞台（高度差15cm），每层安装LED灯带。

(2) 自动化控制：使用Arduino UNO控制舵机，编程实现幕布升降。连接光敏传感器，根据环境光强度自动调节灯光亮度。

单元2：联合展演与评价（2课时）。

活动1：班级皮影剧场（1.5课时）

1. 展演要求。

(1) 每组表演5分钟，包含传统剧目（如《劈山救母》）与数字剧目（Scratch互动）。

(2) 融合声光特效（Audacity剪辑配乐、Arduino控制灯光）。

2. 评分标准。

表6-8　评分标准

维度	指标描述	分值
文化还原度	角色造型、纹样是否符合陕西皮影特征	20
技术应用	编程逻辑合理性、3D模型精度	30
艺术表现	剧情创意、舞台灯光协调性	25
团队协作	分工明确性、问题解决效率	15
现场答辩	对改进迭代过程的清晰阐述	10

活动2：多维评价与反思（0.5课时）

表6-9　评价表

指标	自评(20%)	组评(30%)	师评(50%)	总分
文化理解	角色造型、纹样是否符合陕西皮影特征	20		
技术应用	编程逻辑合理性、3D模型精度	30		
创意表现	剧情创意、舞台灯光协调性	25		
团队贡献	分工明确性、问题解决效率	15		

反思任务：填写《项目改进计划书》，提出至少3项优化建议（如"增加传感器实现观众互动"）。

（四）教学资源开发

1. 文化资源包

实物资源：陕西皮影真品（合作博物馆借展）、纹样拓印模板。

数字资源：陕西皮影戏经典剧目库（含剧本、音频、AR扫描素材）。非遗传承人线上工作坊(直播雕刻与表演技巧)。

2. 技术工具包

硬件:激光切割机(安全模式,预设雕刻路径)、3D打印机(PLA耗材)、Arduino套件(含舵机、传感器)。

软件:Scratch 3.0(离线版)、Tinkercad(教育账号)、Audacity(音效剪辑教程)。

3. 学习支持材料

《皮影工匠手册》:分章节详解雕刻步骤、编程案例、安全规范(如"雕刻刀握持姿势图示")。

项目进度表:每周任务清单、里程碑节点(如"第4周完成3D建模")。

(五)课程评价方案

1. 过程性评价(60%)

课堂表现:考勤、实验参与度、协作贡献(组长记录)。

阶段作品:传统皮影(20%)、Scratch剧本(30%)、3D模型(30%)、舞台设计图(20%)。

2. 总结性评价(40%)

剧场展演:评委组(教师+学生代表)按评分表打分。

答辩汇报:需展示迭代过程(如"从线缀到铆钉的改进依据")。

3. 附加激励

优秀作品可参与校级"非遗创新展",并推荐至市级STEAM竞赛。

(六)特色与创新

1. 地域文化深度结合

引入《白鹿原》剧情,设计"田小娥数字化重生"项目,连接文学与科技;与陕西非遗中心合作,提供实地研学机会(如华县皮影剧团观摩)。

2. 技术工具差异化设计

针对初中生认知水平,选用Scratch替代复杂编程工具,提供"积木式"代码模块;3D建模采用Tinkercad教育版,内置陕西皮影模板库,降低入门难度。

3. 跨学科新结合点

科学与艺术:分析不同镂空图案(如"雪花纹"密集度)对透光率的影响,优化幕布设计。

工程与数学:计算舞台舵机的扭矩需求(公式:`扭矩=力×距离`),确保换景流畅性。

(七)课程实施保障

1. 师资团队跨学科协作

信息技术教师:主导编程与3D建模教学。

美术教师:指导雕刻技法与色彩搭配。

物理教师:讲解光学实验与机械原理。

2. 场地与设备

STEAM教室分区:传统工坊区(雕刻台、颜料架)、数字创作区(电脑、3D打印机)、剧场展演区(移动幕布、灯光设备)。

安全措施:激光切割机操作需教师授权,学生佩戴护目镜;电路实验前进行安全培训。

3. 家校合作

邀请家长参与"皮影剧场开放日",展示学生成果,增强课程社会影响力。

二、"光影千年·陕西皮影戏"STEAM课程的评价

(一)"光影千年·陕西皮影戏"STEAM课程背景的评价

随着东西方文化交流的频繁,西方文化大量涌入我国,甚至在一定程度上冲击着我国年轻一代对传统文化的传承与发扬。因此,传承、发扬中华优秀传统文化,成了当前教育发展中不容忽视的问题。2014年教育部印发了《完善中华优秀传统文化教育指导纲要》(以下简称《纲要》),2017年中共中央办公厅、国务院办公厅共同印发《关于实施中华优秀传统文化传承发展工程的意见》(以下简称《意见》),是对我国当代教育具有里程碑意义的重要文件。《纲要》称:"加强中华优秀传统文化教育,是深化中国特色社会主义教育和中国梦宣传教育的重要组成部分。"《意见》提出:"把中华优秀传统文化全方位融入思想道德教育、文化知识教育、艺术体育教育、社会实践教育各环节,贯穿于启蒙教育、基础教育、职业教育、高等教育、继续教育各领域。"皮影戏是我国优秀传统文化的代表,如何在东西方文化交流中更好地传承与发扬。对此,"光影千年·陕西皮影戏"STEAM课程一方面引导学生通过感受中华优秀传统文化的魅力,另一方面通过课程学习培养学生的动手能力、创新能力等,让学生从以往单一学科知识的学习向多学科融合的STEAM跨学科学习方式转变,使学生能够成为有理念、会动手、善思考、爱创造的社会主义建设者和接班人,并且能从课程中点燃兴趣、发现自我、爱上传统文化。随着我国政府对STEAM教育的不断重视,各个地方也对STEAM教育的发展提出了更高的要求,因此"光影千年·陕西皮影戏"STEAM课

程的开发,有助于提高本校乃至本地区的STEAM教育水平,并且为STEAM教育的本土化研究提供更多有价值的创新尝试和结论积累。

(二)"光影千年·陕西皮影戏"STEAM课程设计的评价

"光影千年·陕西皮影戏"STEAM课程设计的评价基于CIPP评价模式,主要涵盖了课程目标、课程内容选择、课程内容组织、学习活动安排、课程教学方式和课程评价方式六个方面。在对"光影千年·陕西皮影戏"STEAM课程设计进行评价时,关注"光影千年·陕西皮影戏"STEAM课程目标是否符合国家基础教育阶段的课程标准,有无体现问题解决和创新能力培养的要求,是否具有可操作性、便于教学实施,是否具有层次性,目标表述是否清晰。在"光影千年·陕西皮影戏"STEAM课程内容选择评价中,关注"光影千年·陕西皮影戏"的"项目导入""项目工坊""项目出品"等课程内容的选择是否符合基于STEAM教育理念的课程目标,课程内容是否体现跨学科性,是否有助于学生的智力发育,内容类型是否丰富多样,是否培养学生的综合能力及核心素养,是否与社会生活保持联系。在"光影千年·陕西皮影戏"STEAM课程内容组织的评价上,关注是否强调多学科知识整合,注重知识的综合运用,是否注重课程整合,实行模块化划分,内容组织是否符合知识内在逻辑性和学生心理发展水平。对学习活动安排的评价主要关注学习活动是否以真实的项目或问题为驱动,课时安排是否合理,学习活动步骤安排是否合理、实施细则是否完整。课程教学方式评价主要关注是否以实践探究为主、讲授为辅,教师运用的教学手段是否多样。课程评价方式主要考察是否注重学生学习中的表现和任务完成情况。对"光影千年·陕西皮影戏"STEAM课程设计的具体评价如下表所示。

表6-10 "光影千年·陕西皮影戏"STEAM课程设计的评价结果

维度	指标	评估要点	评价结果
课程设计评价	课程目标	符合国家基础教育阶段的课程标准; 目标注重问题解决和创新能力培养; 目标具有可操作性,便于教学实施; 目标具有层次性; 目标表述清晰,不易产生歧义。	"光影千年·陕西皮影戏"STEAM课程目标"在实践活动中理解和运用科学、数学等学科知识解释现实问题;应用优化迭代、计算思维及批判性思维,完成项目作品的创意设计与实践;理解中华优秀传统文化的特质与价值,认同科技的创新应用,感受科技与文化融合的独特魅力"是在分析了国家课程标准要求和核心素养的培养要求后确定的,体现了与国家教育目标的一致性; "光影千年·陕西皮影戏"STEAM课程目标中的理解中华优秀传统文化的特质与价值,认同科技的创新应用,感受科技与文化融合的独特魅力"注重问题解决和创新能力培养; "光影千年·陕西皮影戏"STEAM课程目标总体具有层次性,表述清晰,操作性较强。

续表

维度	指标	评估要点	评价结果
课程设计评价	课程内容选择	课程内容与课程目标保持一致； 课程内容体现跨学科性，知识覆盖兼顾深度与广度； 内容有助于学生的智力发育，并具备趣味性和可操作性； 内容类型丰富多样，有助于培养学生的综合能力及核心素养； 能最大限度地利用课程资源与社会生活保持联系。	"光影千年·陕西皮影戏"STEAM课程内容与课程目标的一致性较好； "光影千年·陕西皮影戏"STEAM课程内容能较好体现跨学科性，具体体现在"光影探秘、匠造皮影、光影剧场"； "光影千年·陕西皮影戏"STEAM课程内容益智有趣，有助于学生的智力发育，具备较好的趣味性和可操作性； "光影千年·陕西皮影戏"STEAM课程内容类型较为丰富多样，有助于培养学生的综合能力及核心素养； "光影千年·陕西皮影戏"STEAM课程内容充分传承和弘扬了中华优秀传统文化； "光影千年·陕西皮影戏"STEAM课程内容"光影探秘、匠造皮影、光影剧场"均紧密联系学生的生活。
	课程内容组织	强调多学科知识整合，注重知识的综合运用；课程结构上注重课程整合，实行模块化划分； 内容组织符合知识内在逻辑性、符合学生心理发展水平。	"光影千年·陕西皮影戏"STEAM课程内容组织中都非常强调知识在STEAM元素中的分布，较为强调多学科知识整合和知识的综合运用； "光影千年·陕西皮影戏"STEAM课程内容组织按照项目式学习开展，体现出内在逻辑性、在课程结构上非常强调各个板块的融合，体现出了模块化； "光影千年·陕西皮影戏"STEAM课程内容组织由易到难，符合知识内在逻辑性和学生心理发展水平。
	学习活动安排	学习活动以真实的项目或问题为驱动； 课时安排合理，为STEAM课程实施预留空间； 学习活动步骤安排合理、实施细则完整。	"光影千年·陕西皮影戏"STEAM课程的学习活动设计均采用项目式，基于真实的项目或问题解决活动； "光影千年·陕西皮影戏"STEAM课程共安排了16课时，课时安排较为合理，为融入STEAM理念预留了较大空间； "光影千年·陕西皮影戏"STEAM课程的学习活动步骤安排比较合理、实施细则还需进一步细化；
	课程教学方式	以实践探究为主，讲授为辅； 教师运用的教学手段多样。	"光影千年·陕西皮影戏"STEAM课程的教学方式以实践探究为主，教师讲授为辅； "光影千年·陕西皮影戏"STEAM课程的教学手段较为多样。
	课程评价方式	注重学生学习中的表现和任务完成情况。	"光影千年·陕西皮影戏"STEAM课程的评价方式注重学生学习中的表现和任务完成情况。

参考文献

[1]徐金雷,顾建军.从STEM的变式透视技术教育价值取向的转变及回归[J].教育研究,2017(4):78-85.

[2]吕达,周满生.当代国外教育改革著名文献(美国卷·第1册)[M].北京:人民教育出版社,2004.

[3] National Science Board.Undergraduate Science Mathematics and Engineering Education[EB/OL].

[4]李刚,吕立杰.从STEM教育走向STEAM教育:艺术(Arts)的角色分析[J].中国电化教育,2018(9):31-39+47.

[5]范文翔,张一春.STEAM教育:发展、内涵与可能路径[J].现代教育技术,2018(3):99-105.

[6]赵慧臣,陆晓婷.开展STEAM教育,提高学生创新能力——访美国STEAM教育知名学者格雷特·亚克门教授[J].开放教育研究,2016(5):4-10.

[7]GEORGETT YAKMAN.What Is the Point of STEAM? A Brief Overview of STEAM Education[EB/OL].[2020-9-1].https://www.academia.edu/8113832/What Is the Point of STEAM A Brief Overview of STEAM Education.

[8]魏晓东,于冰,于海波.美国STEAM教育的框架、特点及启示[J].华东师范大学学报(教育科学版),2017(4):40-46+134-135.

[9]孙江山,吴永和,任友群.3D打印教育创新:创客空间、创新实验室和STEAM[J].现代远程教育研究,2015(4):96-103.

[10]王娟,吴永和."互联网+"时代STEAM教育应用的反思与创新路径[J].远程教育杂志,2016(2):90-97.

[11]Yakman G,Lee H.Exploring the exemplary STEAM education in the U.S.as a practical educational framework for Korea[J].Journal of the Korean Association for Science Education,2012,(6):1072-1086.

[12]赵慧臣,周昱希,李彦奇,等.跨学科视野下"工匠型"创新人才的培养策略——基于美国STEAM教育活动设计的启示[J].远程教育杂志,2017(1):94-101.

[13]刘仲林.天地交而万物通[M].桂林:广西师范大学出版社,2004.

[14]Haynes,Carolyn.Innovations in Interdisciplinary Teaching[M].Westport:Greenwood Press,2002.

[15]中华人民共和国教育部.中共中央、国务院印发《中国教育现代化2035》[EB/OL].[2019-02-03].http://www.moe.gov.cn/jyb_xwfb/s6052/moe_838/201902/t20190223_370857.html

[16]波尔·达林.教育改革的限度[M].刘承辉,译.重庆:重庆出版社,1991.

[17]马健生.教育改革动力研究——新制度主义的视角[M].长春:吉林人民出版社,2005.

[18]郑金洲.教育文化学[M]北京:人民教育出版社,2000.

[19]汪玮,周育海.多重逻辑下的制度变迁:一个案例的探析[J].浙江社会科学,2013(9):97-104+158.

[20]朱德全,李鹏.论统筹城乡职业教育的多重治理逻辑[J].西南大学学报(社会科学版),2013(04):43-52+173-174.

[21]牛利华,张阿赛.略论教育改革中的教师阻力——一种转向事实背后的分析[J].东北师大学报(哲学社会科学版),2012(3):174-178.

[22]李宝庆,吕婷婷,樊亚峤.高中学业水平考试的阻力与化解[J].中国教育学刊,2016(3):57-64.

[23]汪辉勇.公共价值论[M].合肥:合肥工业大学出版社,2014.

[24]周兴国,辛治洋.论教育改革的制度阻力[J].教育科学研究,2009(1):18-22.

[25]胡卫平,首新,陈勇刚.中小学STEAM教育体系的建构与实践[J].华东师范大学学报(教育科学版),2017(4):31-39+134.

[26]郑葳.中国STEAM教育发展报告[M].北京:科学出版社,2017.

[27]宋乃庆,高鑫,陈珊.基础教育STEAM课程改革的路径探析[J].课程·教材·教法,2019(7):27-33.

[28]秦艳荣.STEM教育:不仅仅是一种教育模式[J].中国出版,2018(20):72.

[29]李王伟,徐晓东.作为一种学习方式存在的STEAM教育:路径何为[J].电化教育研究,2018(9):28-36.

[30]陈忞,陈珍国.A-STEM:跨学科融合教育价值重构[J].教育发展研究,2019(6):15-22.

[31]王冀生.转变思想观念是教育战线的一次思想解放[J].高等教育研究,1998(3):27-30.

[32]李贤,谢少华.基础教育改革的障碍及其超越[J].教育发展研究,2010(6):30-35.

[33]埃德蒙·惠特克.经济思想流派[M].上海:上海人民出版社,1974.

[34]明庆华,程斯辉.教育改革必须突破的难点:教育改革主体的自我变革[J].教育理论与实践,2009(13):17-19.

[35]尹弘飚.论课程变革的制度化——基于新制度主义的分析[J].高等教育研究,2009(4):75-81.

[36]约翰·罗尔斯.正义论[M].何怀宏译.北京:中国社会科学出版社,1988.

[37]青木昌彦.比较制度分析[M].周黎安,译.上海:上海远东出版社,2001.

[38]宋乃庆,罗士琰,肖林.新时代中国好教师培育刍议[J].中国大学教学,2018(7):17-21+35.

[39]李春密,王硕.STEM教师培养的国际比较研究——以中、美、英、德为例[J].教师教育研究,2018(4):122-128.

[40]沈跃春.跨学科悖论与悖论的跨学科研究[J].江淮论坛,2003(1):19-23.

[41]田娟,孙振东.跨学科教学的误区及理性回归[J].中国教育学刊,2019(4):63-67.

[42]Raksapol Thananuwong (2015). Learning Science from Toys: A Pathway to Successful Intergrated STEM Teaching and Learning in Thai Middle School[J].K-12 STEM Education,2015(2):75-84.

[43]李雁冰."科学、技术、工程与数学"教育运动的本质反思与实践问题——对话加拿大英属哥伦比亚大学Nashon教授[J].全球教育展望,2014(11):3-8.

[44]陈重穆,宋乃庆.淡化形式,注重实质——兼论《九年义务教育全日制初级中学数学教学大纲》[J].数学教育学报,1993(2):4-9.

[45]苗梦莹.美国STEM课程案例及其启示研究[D].徐州:江苏师范大学,2018.

[46]谢丽,李春密.整合性STEM教育理念下的课程改革初探[J].课程·教材·教法,2017(6):63-68+62.

[47]胡加森.小学STEM课程中探究能力培养的教学设计研究——以3D打印课程为例[D].上海:上海师范大学,2018.

[48]余胜泉,胡翔.STEM教育理念与跨学科整合模式[J].开放教育研究,2015(4):13-22.

[49]李春密,赵芸赫.STEM相关学科课程整合模式国际比较研究[J].比较教育研究,2017(5):11-18.

[50]傅骞,刘鹏飞.从验证到创造——中小学STEM教育应用模式研究[J].中国电化教育,2016(4):71-78+105.

[51]李其利.基于STEM课程理念,孵化研究型课题[J].生物学教学,2019,44(7):55-57.

[52]秦瑾若,傅钢善.STEM教育:基于真实问题情景的跨学科式教育[J].中国电化教育,2017(4):67-74.

[53]李义茹,彭援援.STEAM课程的发展历程、价值取向与本土化建设[J].现代教育技术,2019,29(9):115-120.

[54]杨明全.STS课程:类型、特征及改革走向[J].教育研究,2007(8):74-79.

[55]邹正.把"STEM+"理念融入全课程——江苏南京外国语学校的"STEM+"课程探索[J].人民教育,2017(1):60-63.

[56]董泽华.试论我国中小学实施STEM课程的困境与对策[J].全球教育展望,2016(12):36-42+62.

[57]郑东芳.基于设计思维的STEM课程设计模式构建与应用研究:以乐高经典4C模式的优化扣例[D].上海:华东师范大学,2018.

[58]宋怡,马宏佳,孙美勤.美国"变革方程"引领下的STEM课程项目:开发、应用与共享机制[J].外国中小学教育,2017(9):60-68.

[59]郭明俏.美国"校外STEM课程"研究[D].重庆:西南大学,2017.

[60]崔雪梅,王悦琴.韩国融合人才教育(STEAM)及启示[J].湖南中学物理,2016(4):1-4.

[61]胡英慧.学前儿童STEAM教育课程设计及案例研究[D].长春:东北师范大学,2018.

[62]杨彦军,饶菲菲.跨学科整合型STEM课程开发案例研究及启示——以美国火星教育项目STEM课程为例[J].电化教育研究,2019(2):113-122.

[63]詹青龙,许瑞.国外STEM教育研究的热题表征与进路预判——基于ERIC(2005-2015)的量化考察[J].中国电化教育,2016(10):66-73.

[64]魏亚丽,宋秋前.STEM教育研究:热点、分布及趋势[J].外国中小学教育,2019(1):10-19.

[65]谭辉旭.实践课程论研究[D].重庆:西南大学,2008.

[66]李荣阁.人的全面发展的理论与实践研究[D].长春:东北师范大学,2006.

[67]王罕哲.马克思实践哲学研究[D].哈尔滨:黑龙江大学,2016.

[68]徐晓丽.从杜威的教育哲学视角解读美国STEM教育[J].开封教育学院学报,2019(2):168-169.

[69]余文倩.基于STEAM教育与创客教育整合的小学科学课程设计研究[D].武汉:华中师范大学,2019.

[70]许建领.课程综合化存在的心理学基础[J].课程·教材·教法,2001(2):32-36.

[71]杨心德,徐钟庚.教学设计中的任务分析[M].杭州:浙江大学出版社:2008.

[72]王坚.STEAM教育理念下的物理教学初探[D].武汉:华中师范大学,2017.

[73]丁传炜.研究性学习课程资源开发探索[D].扬州:扬州大学,2006.

[74]施良方.课程理论——课程的基础、原理与问题[M].北京:教育科学出版社,1996.

[75]艾兴.建构主义视野下的课程知识课程研究[D].重庆:西南师范大学,2004.

[76]彼得·狄肯斯.社会达尔文主义:将进化思想和社会理论联系起来[M].涂骏,译.长春:吉林人民出版社,2005:149.

[77]李成保.社会发展中的主体境遇[D].北京:中共中央党校,2013.

[78]曹茂甲.建国70年来我国基础教育课程改革价值取向的变迁[J].上海教育科研,2019(5):16-22.

[79]阮青.价值取向:概念、形成与社会功能[J].中共天津市委党校学报,2010,12(5):62-65+70.

[80]李广,马云鹏.课程价值取向:含义、特征及其文化解析[J].东北师大学报(哲学社会科学版),2010(5):167-171.

[81]刘旭东.现代课程的价值取向研究[D].兰州:西北师范大学,2000.

[82]泰勒.课程与教学的基本原理[M].施良方,译.北京:人民教育出版社,1994.

[83]王燕.课程价值取向之"应然"兼评新基础教育课程改革的价值追求[D].南京:南京师范大学,2003.

[84]中共中央马克思恩格斯列宁斯大林著作编译局.马克思恩格斯选集(第一卷)[M].北京:人民出版社,1995.

[85]王策三.认真对待"轻视知识"的教育思潮——再评由"应试教育"向素质教育转轨提法的讨论[J].北京大学教育评论,2004(3):5-23.

[86]曾密成,夏媛媛,黄甫全.STEAM课程开发的误区与匡正[J].基础教育参考,2019(24):38-41.

[87]黄甫全.现代课程与教学论学程(下册)[M].北京:人民教育出版社,2006.

[88]李业平,等.论思维和STEM教育[J].数学教育学报,2019(3):70-76.

[89]陈琦.教育心理学[M].北京:高等教育出版社,2011.

[90]CAI J, HWANG S. Learning to teach through mathematical problem posing: Theoretical considerations, methodology, and directionsfor future research[EB/OL]. International Journal of Educational Research, https://doi.org/10.1016/j.ijer.2019.01.001.

[91]伍远岳,谢伟琦.问题解决能力:内涵、结构及其培养[J].教育研究与实验,2013(4):48-51.

[92]靳玉乐.课程论第2版[M].北京:人民教育出版社,2015.

[93]Bybee, R.W.(2010).Advancing STEM education: A 2020 vision.Technology and engineering teacher, 70(1), 30.

[94]尹钰钿.美国中小学STEM教育课程研究[D].上海:上海师范大学,2019.

[95]袁磊,王健博乐.基于学科课程重构的小学STEAM课程设计[J].现代远距离教育,2019(2):25-32.

[96]何玉海,王传金.论课程标准及其体系建设[J].教育研究,2015(12):89-98.

[97]左菊,孙泽文.课程内容选择:取向、依据及其环节[J].教育与职业,2012(12):135-137.

[98]杨开城.课程开发:一种技术学的视角[M].北京:北京师范大学出版社,2018.

[99]Ge X, Lfenthaler D, Spector J M.Emerging technologies for STEAM education:full STEAM ahead[M].Berlin: Springer International Publishing,2015.

[100]Perignat E, Katzbuonincontro J.From STEM to STEAM: Using Brain-Compatible Strategies to Integrate the Arts[J].Arts Education Policy Review, 2018, 119(2): 107-110.

[101]朱宁波,齐冰.学科课程内容组织的逻辑体系及其处理原则探析[J].辽宁师范大学学报(社会科学版),2007,(1):61-63.

[102]郑高洁.论课程内容的组织[J].成都大学学报(教育科学版),2007,(12):20-21.

[103]祝智庭,雷云鹤.STEM教育的国策分析与实践模式[J].电化教育研究,2018(1):75-85.

[104]黄璐,赵楠,戴歆紫.STEM课程校本开发的国际经验与启示[J].现代远距离教育,2020(1):91-96.

[105]杨开城,窦玲玉,李波等.STEM教育的困境及出路[J].现代远程教育研究,2020(2):20-28.

[106]钟柏昌,张禄.项目引路(PLTW)机构的产生、发展及其对我国的启示[J].教育科学研究,2015(5):63-69.

[107]武敬,徐华英.STEM课程设计与指导[M].天津:天津教育出版社,2019.

[108]杨艳.基于QCE模型的小学综合实践STEM课程设计与开发研究[D].石家庄:河北师范大学,2018.

[109]王玲玲.基于STEM的小学科学课程设计研究[D].上海:华东师范大学,2015.

[110]胡佳怡.从"问题"到"产品":项目式学习的再认识[J].基础教育课程,2019(9):29-34.

[111]伯曼.多元智能与项目学习[M].夏惠贤等,译.北京:中国轻工业出版社,2004.

[112]巴克教育研究所.项目学习教师指南:21世纪的中学教学法第2版[M].任伟,译.北京:教育科学出版社,2008:4-5.

[113]黄明燕,赵建华.项目学习研究综述——基于与学科教学融合的视角[J].远程教育杂志,2014(2):90-98.

[114]刘景福,钟志贤.基于项目的学习(PBL)模式研究[J].外国教育研究,2002(11):18-22.

[115]王林发.研究型教师培养的"项目学习"教学模式[J].教育研究,2010(8):105-109.

[116]吴刚平.校本课程开发[M].成都:四川教育出版社,2002.

[117]靳玉乐,李森.现代教育学[M].成都:四川教育出版社.2015.

[118]黄希庭.心理学导论第2版[M].重庆:西南师范大学出版社.2007.

[119]列夫·维果茨基.思维与语言[M].李维,译.北京:北京大学出版社.2010.

[120]边玉芳等.教育心理学[M].杭州:浙江教育出版社.2009.

[121]黄显华,雷秉坤.寻找课程论和教科书设计的理论基础[M].北京:人民教育出版社,2002.

[122]雷钠特·N.凯恩,杰弗里·凯恩.创设联结:教学与人脑[M].吕林海,译.上海:华东师范大学出版社,2004.

[123]崔允漷,林荣凑.校本课程开发:课程故事[M].上海:华东师范大学出版社.2007.

[124]王纬.校本课程开发的理念与实践[M].兰州:甘肃人民出版社.2008.

[125]李学书.STEAM跨学科课程:整合理念、模式构建及问题反思[J].全球教育展望,2019(10):59-72.

[126]张武珍.点亮心传播爱——基于STEAM视角的小学校本课程开发与实践[M].广州:华南理工大学出版社.2018.

[127]官黎明.试论校本课程评价的原则[J].现代教育科学,2004(6):1-3.

[128]国家教育行政学院.基础教育新视点[M].北京:教育科学出版社,2003.

[129]郭芬芬.创造力培养视野下的STEAM课程评价研究[D].北京:中央民族大学,2018.

[130]陈玉琨.教育评价学[M].北京:人民教育出版社,1998.

[131]周建平.对话式教学评价初探[J].现代教育科学,2004(2):88-90.

[132]单华.校本论[M].大连:辽宁师范大学出版社,2009.

[133]瞿葆奎.教育学文集 第16卷 教育评价[M].北京:人民教育出版社,1989.

[134]朱德全,宋乃庆.教育统计与测评技术(第6版)[M].重庆:西南师范大学出版社,2018.

[135]罗伯特·M.卡普拉罗,等.基于项目的STEM学习:一种整合科学技术、工程和数学的学习方式[M].王雪华,屈梅,译.上海:上海科技教育出版社,2016.

[136]陈玉琨,赵永年.教育评价[M].北京:人民教育出版社,1998.

[137]布卢姆.教育评估[M].邱渊,等,译.上海:华东师范大学出版社,1987.

[138]何克抗.中国特色创新型教育信息化理论与实践[M].北京:人民教育出版社,2019.

[139]李雁冰.课程评价论[M].上海:上海教育出版社,2002.

[140]支敏.教育评价的基本原理与运用[M].贵阳:贵州人民出版社,2006.

[141]一帆.教育评价的泰勒模式[J].教育测量与评价(理论版),2012(8):37.

[142]孙天慈.STEAM教育:人文转向与现实取向[J].上海教育科研,2020(4):27-30.

[143]陈雅川,孙蕾蕾.基于CIPP评价模型的学前教育指标体系研究[J].比较教育研究,2019(5):98-105.

[144]关沁晖.基于CSE评价模式的高职微课评价体系构建[J].佳木斯职业学院学报,2017(11):23-24.

[145]魏晓宇.STEAM教育理念下木偶戏工作坊的课程设计与实施[D].济南:山东师范大学,2020.

[146]白凌燕,王星华,董黎明等.基于STEAM教育理念的课程设计研究:以《仿生设计》课程为例[J].中国教育信息化,2020(16):55-58.

[147]刘馨橘,陈新,钟秉峰.基于STEM理念的"吊脚楼的前世今生"课程设计与教学实践[J].中学地理教学参考,2019(19):8-10.

[148]王业鹏.基于传统文化的初中STEAM课程实践研究:以《现代皮影戏》为例[D].沈阳:沈阳大学,2020.

[149]赵蓉.基于TTF模型论英语数字化游戏教学的可行性[J].电化教育研究,2009(6):113-116.

[150]田爱奎,杨瑛霞,夏天,等.数字化游戏学习的发展及展望[J].电化教育研究,2006(1):37-41.

[151]胡铁生,黄明燕,李民.我国微课发展的三个阶段及其启示[J].远程教育杂志,2013(4):36-42.

[152]林雯.微课教学设计的原则与三个关键问题探讨[J].中国教育信息化,2016(6):26-30.

[153]陆学艺.历史上最具影响力的社会学名著20种[M].西安:陕西出版社,2007.